1945 年 9 月 2 日上午 9 时，停泊在东京湾的
美国战列舰"密苏里"号

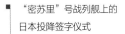

"密苏里"号战列舰上的
日本投降签字仪式

盟军最高统帅麦克阿瑟将军
主持受降仪式

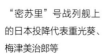

"密苏里"号战列舰上
的日本投降代表重光葵、
梅津美治郎等

1 日本外相重光葵代表日本天皇和政府在投降书上签字

2 在"密苏里"号战列舰参加受降仪式的美军官兵和各国记者

3 日本陆军参谋总长梅津美治郎代表参谋本部在投降书上签字

4 在"密苏里"号战列舰上的受降仪式

5 盟军最高统帅麦克阿瑟将军在受降书上签字

6 中国代表、国民政府军事委员会军令部部长徐永昌上将在受降书上签字

一天的断代史 1945·9·3

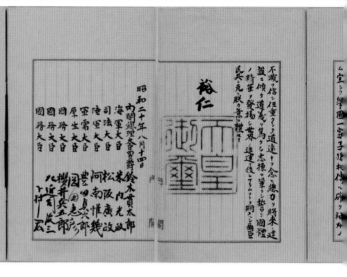

日本《停战诏书》

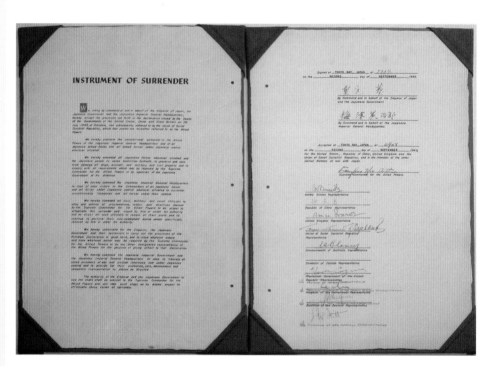

1945年9月2日在美国海军战列舰密苏里号上，
日本向九个同盟国签署投降文件

朕深ク世界ノ大勢ト帝國ノ現狀トニ鑑ミ非常ノ措置ヲ以テ時局ヲ收拾セムト欲シ茲ニ忠良ナル爾臣民ニ告ク

朕ハ帝國政府ヲシテ米英支蘇四國ニ對シ其ノ共同宣言ヲ受諾スル旨通告セシメタリ

抑々帝國臣民ノ康寧ヲ圖リ萬邦共榮ノ樂ヲ偕ニスルハ皇祖皇宗ノ遺範ニシテ朕ノ拳々措カサル所曩ニ米英二國ニ宣戰セル所以モ亦實ニ帝國ノ自存ト東亞ノ安定トヲ庶幾スルニ出テ

他國ノ主權ヲ排シ領土ヲ侵スカ如キハ固ヨリ朕カ志ニアラス然ルニ交戰已ニ四歳ヲ閲シ朕カ陸海將兵ノ勇戰朕カ百僚有司ノ勵精朕カ一億衆庶ノ奉公各々最善ヲ盡セルニ拘ラス戰局必スシモ好轉セス世界ノ大勢亦我ニ利アラス加之敵ハ新ニ殘虐ナル爆彈ヲ使用シテ頻ニ無辜ヲ殺傷シ慘害ノ及フ所眞ニ測ルヘカラサルニ至ル而モ尚交戰ヲ繼續セムカ終ニ我カ民族ノ滅亡ヲ招來スルノミナラス延テ人類ノ文明ヲモ破却スヘシ斯ノ如クムハ朕何ヲ以テカ億兆ノ赤子ヲ保シ皇祖

皇宗ノ神靈ニ謝セムヤ是レ朕カ帝國政府ヲシテ共同宣言ニ應セシムルニ至レル所以ナリ朕ハ帝國ト共ニ終始東亞ノ解放ニ協力セル諸盟邦ニ對シ遺憾ノ意ヲ表セサルヲ得ス帝國臣民ニシテ戰陣ニ死シ職域ニ殉シ非命ニ斃レタル者及其ノ遺族ニ想ヲ致セハ五内爲ニ裂ク且戰傷ヲ負ヒ災禍ヲ蒙リ家業ヲ

失ヒタル者ノ厚生ニ至リテハ朕ノ深ク軫念スル所ナリ惟フニ今後帝國ノ受クヘキ苦難ハ固ヨリ尋常ニアラス爾臣民ノ衷情モ朕善ク之ヲ知ル然レトモ朕ハ時運ノ趨ク所

日本《停战诏书》

原子弹轰炸广岛

抗战胜利日

胜利者与失败者的心态

1 1945 年 9 月 3 日，重庆，4 万多人举行规模空前的抗战胜利日大游行

2 1945 年 9 月 3 日，重庆，驻华美军参加重庆人民抗战胜利日大游行

3 1945 年 9 月 3 日，重庆，参加胜利日游行的中国军人

4 1945 年 9 月 3 日，重庆人民高举同盟国领袖的头像庆祝抗战胜利

5 常州人民与并肩作战的外国友人庆祝抗战胜利

6 东北人民庆祝抗战胜利大游行

- 1 北平人民庆祝抗战胜利
- 2 广州人民欢庆抗战胜利
- 3 上海群众游行庆祝抗战胜利
- 4 台湾人民庆祝抗战胜利
- 5 延安人民庆祝抗战胜利
- 6 武汉人民庆祝抗战胜利
- 7 西安人民庆祝抗战胜利
- 8 张家口人民庆祝抗战胜利

一天的断代史

1945·9·3

■ 《大公报》醒目的大字标题"日本投降矣！"
并用整版报道了日本投降的消息

1945 年 8 月 10 日《中央日报》号外

《中央日报》报道日本投降

抗战胜利日

胜利者与失败者的心态

1945 年 9 月 3 日，《新华日报》刊登毛泽东同志的题辞：
"庆祝抗日胜利中华民族解放万岁"

1945 年 8 月 10 日
《新华日报》号外

1945 年 9 月 3 日新华日报
刊登反法西斯战争胜利

落日

抗战胜利日

安 平◇著

中国出版集团

研究出版社

图书在版编目 (CIP) 数据

抗战胜利日：一天的断代史与反思 / 安平著. --
北京：研究出版社，2024.1

ISBN 978-7-5199-1607-7

Ⅰ.①抗… Ⅱ.①安… Ⅲ.①抗日战争 – 史料 – 中国
Ⅳ.①K265.06

中国国家版本馆CIP数据核字(2023)第233446号

出 品 人：赵卜慧
出版统筹：丁　波
责任编辑：张　琨
助理编辑：韩棣尧

抗战胜利日
KANGZHAN SHENGLIRI
一天的断代史与反思

安平　著

研究出版社 出版发行
（100006　北京市东城区灯市口大街100号华腾商务楼）
北京中科印刷有限公司印刷　新华书店经销
2024年1月第1版　2024年1月第1次印刷
开本：710毫米×1000毫米　1/16　印张：22.5　插页：10
字数：180千字
ISBN 978-7-5199-1607-7　定价：88.00元
电话（010）64217619　64217652（发行部）

再版序言

一

《胜利日》（本书第1版书名是《胜利日》，此次再版改为《抗战胜利日》）出版后不久，我收到了中国新闻史学会名誉会长赵玉明先生①的来信。那时候我还在媒体工作，每日忙里偷闲，写写画画，重温着自己的"作家梦""学者梦"，虽然素仰赵先生的大名，但是广播电视媒体和新闻史学界，毕竟鸿沟天然，相隔甚远，我一直关注的中国史、日本史和日本新闻史领域，也与赵先生鲜有交集，一时间非常惶恐。赵先生在信中指出了《胜利日》在史料运用方面的一个不足，并鼓励我要运用好自己的历史专业优势和日语优势，做好东北地区广播史研究，字里行间的殷殷期盼与鼓励，至今难忘。

2016年11月，赵先生到辽宁大学开会，其间又多次与我电话联系，可惜因电话号码有误，浪费了赵先生的很多时间

---

① 赵玉明（1936—2020），著名新闻教育家、新闻史学家、国务院学位委员会新闻传播学科（首届）评议组成员，中国传媒大学（原北京广播学院）前副校长、教授、博士生导师，中国新闻史学会名誉会长。代表作有《中国现代广播简史》《中国广播电视通史》（主编兼主要撰稿人）、《中国广播电视史教程》（合著）及《赵玉明文集》（四卷本），主编有《中国广播电视图史》《中国现代广播史料选编》《日本侵华广播史料选编》《中国抗战广播史料选编》《新修地方志早期广播史料汇编（上、下）》《广播电视简明辞典》等。

和精力，几经辗转，最后找到了我的办公电话，不巧我当时未在沈阳。赵先生在2017年1月的来信中，说那次未能见面甚感遗憾，当时带去的《日本侵华广播史料选编》也未能交给我。其实，甚感遗憾的是我，失去了一次当面请教的宝贵机会。

我与赵先生从书信交流、电话沟通到第一次见面，竟相隔了四年。2018年年底，我离开媒体到高校工作。转年的11月17日，到北京参加中国新闻史学会2019年学术年会，满心欢喜，以为终于能见到先生，提前打电话联系，未想到赵先生说身体原因，可能不会出席。在学术年会会场，我四处张望，希望出现奇迹，偶然间听到有人说赵先生可能会参加18日的北京外国语大学第一届马克思主义新闻观研究与实践高端论坛。于是第二天，我赶到了北外，在论坛开始前终于见到了赵先生：匆匆问候、简单介绍、合影留念，之后又匆匆分别。我以为有了这第一次见面，以后还会有更多的机会当面请教。未想到，2020年8月，赵先生竟然仙逝。

我从1990年开始学习中国史、日本近现代史、近代日本新闻史，兜兜转转，30年"深度纠缠"于中日两国的过往，近15年来尤其关注新闻史。每每想起与赵先生因《胜利日》而结缘，念及先生对东北新闻史后学的关注与提携，深感"先生之风，山高水长"。以上点滴，权作对赵玉明先生的怀念吧。

二

从1840年鸦片战争开始，古老的中国在西方列强的坚船利炮下，被迫洞开国门，一步一步地沦为半殖民地半封建社会。为了中华民族的崛起，一代又一代中国人经历了艰辛探索，付出了惨痛代价，终于迎来了国家独立和民族解放！

回顾并书写这段历史，不仅是史学家的责任，也是新闻人的使命。记者，记录者也。见证历史瞬间，记录历史事件，参与历史进程，记者幸甚，当无负记录天职！但是，记者又并非单纯的记录者，更是发现者和思想者。因为昨天的新闻，就是今天的历史，倘若把新闻当作历史来写，就会多一份历史的责任；若能做一个发现者和思想者，那么这段历史留给后人的启示，已经超越了历史记录的那一份历史责任！《抗战胜利日》要展示的不仅是胜利者的狂欢、失败者的疯狂，更为重要的是"抗战胜利日的反思"——那些还没有达成共识的历史认识，以及远未能解决的历史问题。

给人类带来浩劫的第二次世界大战已然永远地成为历史，但是战争的阴霾从未彻底散去，从20世纪延续而来的漫长的"战后"也并未彻底结束。挑战公理正义的势力一直都在告诉世人：战争并不遥远，历史也不是不可能重演。

1945年8月15日，当《大公报》在重庆以既醒目又令人振奋的特大号标题昭告天下：日本投降矣！9月2日，在东京湾美国战列舰"密苏里"号上亲历日本签字投降的《大公报》记者朱启平，就用12天的时间到横须贺、横滨、东京等地"天天走，天天看，天天听"，发现"战败国充满决战空气，何其反常！""无论是日本政府还是人民，在检讨这场战争时，没有一个非议这场侵略战争的本身，他们的检讨只集中在何以战败这一点。"他们认为战败的原因一是美国使用了原子弹，二是苏联对日参战。通过实地调查、发现，记者朱启平的结论是"目前日本的投降是临时休战，忍气吞声，伺机再起"①。

历史是最好的教科书，历史也总是惊人的相似。

三

"九一八"事变爆发后的第二天，中共满洲省委就发表了《为日本帝国主义武装占领满洲宣言》，这是国内号召武装抗日的第一篇宣言，也是世界历史上第一篇反法西斯战争宣言（又称"九一九宣言"，以下简称"《宣言》"）。②《宣言》指出：这是日本为实现其"大陆政策"，把"满蒙"变为殖民地的蓄意行动。"只有工农兵劳苦群众自己的武装军队，只有在中国共产党领导下，才能将日本帝国主义驱逐出中国。"③当天《宣言》就以中、韩、日三种文字秘密油印，由共产党员和进步学生散发到沈阳街头巷尾，张贴在墙上、门上、电线杆上……唤醒了迷茫中的东北民众。杨靖宇、魏拯民、赵尚志、周保中、李兆麟、冯仲云、赵一曼等为代表的中国共产党人直接领导的东北红色游击队、东北人民革命军、东北抗日联军，团结东北各阶层爱国群众，开展了十四年前仆后继、艰苦卓绝的抗日斗争。需要特别说明的是，考虑到当年的新闻报道和抗战歌谣中有"八年抗战"的提法，本书对史料提及的"八年抗战"未做删减，也是作为一种"历史遗存"予以保留吧。

历史本来就是生动的，经过历史亲历者亲口讲出来，则

---

① 朱启平：《日本投降是暂时的休战》，《大公报》1945年10月2日、3日、4日。

② 刘勇：《回望"九一八"：民族危亡时，他们擎起抗战大旗》，《光明日报》2021年1月28日。

③ 张洁，张璐：《中共满洲省委率先发表抗日宣言》，《中国社会科学报》2016年9月19日。

更加"感同身受"的生动。本书再版之际，我又回顾了有关当事人的传记、日记、口述、自述、回忆录和作为历史草稿的《解放日报》《大公报》《苏浙日报》《申报》以及日本《每日新闻》《朝日新闻》等媒体的新闻报道。站在史料坚硬的基石之上，这些富含情感的个人体验、个性化表述，丰富了历史的细节，也让历史有了温度。

《抗战胜利日》告诉读者的既是一部真正沉重的抗战史，也是一段最为厚重的国耻教育史。以胜利缅怀先烈，就是对侵略者做出的最有力回击；以胜利凸显中华民族不畏强暴、英勇抗击侵略的伟大民族精神，也是让我们更加珍惜今天和未来的和平。

最后，感谢为此书再版热心联络和付出辛劳的研究出版社丁波副总编辑、张琨编辑及其他工作人员。

安　平

2021年4月28日于渤海大学

Contents | **目录**

中篇　疯狂日本

下篇 胜利日的反思

●天皇没有战争责任吗？试看天皇是如何掌控军部和战争的。

开篇语

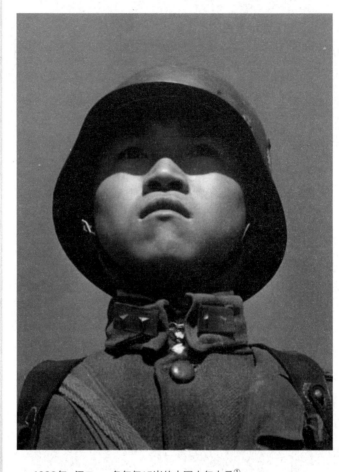

1938年，汉口，一名年仅15岁的中国少年士兵①

① 这张闻名于世的《中国士兵》照片出自著名战地记者罗伯特·卡帕之手，并成为1938年5月16日美国《生活》杂志的封面，"15岁的中国少年士兵"让美国及全世界了解了中国人民坚持抗战的决心，从而赢得了广泛的支持。

1937年7月7日，卢沟桥事变爆发，日本悍然发动了全面侵华战争。在中国共产党推动下，以国共合作为基础的抗日民族统一战线正式形成。中国抗战军民众志成城，保家卫国，英勇抗击日本侵略者。剧作家、诗人田汉创作了《送出征壮士歌》，形象地描绘了军民团结、斗志昂扬的感人景象：

　　这里有几件衣服，这里有一点干粮，欢送我们的勇士，去到神圣的战场。敌人好比无厌的虎狼，但我们也不是绵羊。武装也许敌人的好，但斗志是我们的强。我们没有踌躇，我们没有彷徨，前进便是胜利，后退便是死亡！

　　现在没有平时与战时，没有前方与后方，我们不分男女老少，都要举起我们的刀枪。站在你们一道，捍卫我们的家乡。我们没有踌躇，我们没有彷徨，前进便是胜利，后退便是死亡！请收下这几件衣服，用了这一点干粮，争取伟大的胜利，在神圣的民族战场。①

　　彼时中国，积贫积弱，抗战艰苦卓绝。穷苦百姓只能用"几件衣服、一点干粮"，支援壮士走上战场；武器不如敌，我们依靠的是坚强斗志，是男女老少都举起刀枪，是不分平时与战时、前方与后方的全民抗战、全面抗战，在这场关乎民族存亡的生死大决战中，前进便是胜利，后退便是死亡！

---

　　① 《商务日报》1937年8月1日，第12版。转引自周勇，任竞主编：《抗战大后方歌谣汇编》，重庆：重庆出版集团 重庆出版社2011年版，第3—4页。

透过这首歌谣，我们仿佛看到一张张同仇敌忾、共赴国难的出征壮士的面庞，那么鲜活年轻，那么淳朴善良；仿佛听见刀光剑影的战场上，在枪林弹雨中，抗战将士浴血奋战的怒吼，弥漫的毒气弹下痛苦的呻吟，还有那些花季少女被强掳为慰安妇的屈辱哭声……更有多少年凄凉悲惨的家国记忆，鲜血淋漓地从历史深处走来：日据台湾，50年殖民地苦难；伪满洲国东北民众，14年亡国奴生活；全面抗战，8年一寸河山一寸血。四万万同胞，曾经弯曲的脊梁上镌刻了多少近代中国的斑斑血痕，所幸这些令人激愤的往事，俱已化作1945年抗战胜利的狂欢。

在重庆，抗战胜利的消息传来，市民们纷纷走出家门鸣放鞭炮，狂欢歌舞，夜晚的山城灯火辉煌如同白昼。9月3日，国民政府在校场口隆重举行了"陪都庆祝胜利大会"。驻渝美军驾驶着摩托车充当先导，街道上高高挂起了中、美、英、法、苏五国国旗，会后有10万扬眉吐气的民众，欢腾雀跃地参加胜利大游行，当电力公司拉响解除警报的长音，各大工厂和轮船上汽笛鸣起，嘉陵江上的军舰也鸣放礼炮101响，"和平之声"在这座承受过日本侵略者轰炸的城市上空回荡——向全世界宣告中华民族的伟大胜利！国民政府秘书长王子壮赋诗感慨：破碎河山庆忽全，终从薪胆力回天。神州八载驱倭战，三岛群酋伏马前。见雪累朝羞辱史，宁忘惨状杀烧年。南京尸骨长沙火，永记东洋罪恶篇。①

就在此前一天，即9月2日，在停泊于东京湾的"密苏里"号战列舰上，日本与盟国签订了投降书，正式宣告了日

---

① 庞培法：《浴血八年翻旧页 还我河山写新诗——欢庆抗战胜利诗词集锦》，《党史文汇》2011年第9期。

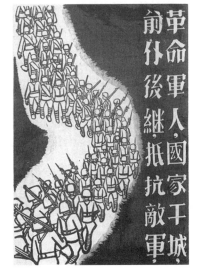

▲ 国民政府军事委员会抗战海报

本帝国主义的彻底失败。国民政府主席蒋介石在当天的日记中写道："雪耻的日志不下十五年，今日我国最大的敌国日本已经在横滨港口向我们联合国无条件的投降了，五十年来最大之国耻与余个人历年所受之逼迫与侮辱至此自可湔雪净尽。"①

日本投降了，"陕北的天空从来没有那么蓝过"。宝塔山下，延水河畔，人们像潮水一样涌出了山沟和窑洞，奔走相告、纵情欢乐；人们寻找着一切可以当作火把的东西，有人扭起了秧歌，有人唱起了抗日歌曲，有人撕开了棉袄，扯出棉花蘸了油当火把，狂欢的人群用无数火把映红了宝塔山，欢乐的人群如同一条条蜿蜒的火龙，游进了延安城。在延安各界庆祝胜利集会上，边区政府主席林伯渠用激动的声音宣告："我们中国和日本50年的血海深仇，今天已清算了。我们已得到了胜利！"时任陕甘宁边区政府参议的钱来苏赋诗感怀：皤头终见九州同，十四年来愿不空。民族腾欢初解放，独夫故步未开封。墨魔累妇悬人彘，帝业屠孙视祖龙。孤愤草赓初喜集，更期民主刷新风。②

面对突然来到的抗战胜利，毛泽东十分兴奋，抗战之后的中国向何处去？他在中共七大的报告中已经有了明确的阐述，那就是"建设一个光明的新中国，建设一个独立的、自由的、民主的、统一的、富强的新中国"，如今终于可以付诸实践——延安窑洞的灯火彻夜通明，毛泽东和他的战友们已经投入到新一轮的紧张工作中。

在北平，齐白石老人听到了日本投降的喜讯：胸中一口闷气，长长地吐了出来，心里头顿时觉得舒畅多了。这一乐，81岁的他一宿都没睡着，他说："常言道，心花怒放，

---

① 《蒋介石日记》（手稿），1945年9月2日，美国斯坦福大学胡佛研究所档案馆藏。1928年济南"五三惨案"后，蒋介石开始在每天日记的起始处写下"雪耻"两字，几无中断，故其称"雪耻的日志不下十五年"。

② 庞培法：《浴血八年翻旧页 还我河山写新诗——欢庆抗战胜利诗词集锦》，《党史文汇》2011年第9期。

也许有点像。"他还特意作了一首七言律诗表达感慨：柴门常闭院生苔，多谢诸君慰此怀。高士虑危曾骂贼，将军识字未为非。受降旗上日无色，贺劳樽前鼓似雷。莫道长年亦多难，太平看到眼中来。[①]一代名伶程砚秋坚决拒绝为日本人演戏，宁愿在青龙桥做了菜农，抗战胜利后他欣然登台为民众演出。"极度高兴"的叶圣陶在胜利日想到了他仇恨的"前账"，自己在52年来感受到国人受了日寇不知多少的侵害，就是自己一家也受了日寇好几回的直接损伤。这仇恨的前账可以结一结了。[②]

　　也是在北平，8岁的刘治生亲眼目睹了这一天里日本人的变化。早晨，他还在街头看到日本宪兵，到了中午的时

---

① 齐白石：《齐白石自传》，南京：凤凰出版传媒集团 凤凰出版传媒股份有限公司 江苏文艺出版社2012年版，第106页。庞培法：《浴血八年翻旧页 还我河山写新诗——欢庆抗战胜利诗词集锦》，《党史文汇》2011年第9期。

② 叶圣陶：《胜利日随笔》，转引自王季平主编：《八·一五这一天》，北京：光明日报出版社1985年版，第463页。

候，收音机里传来日本投降的消息，大人们都在奔走相告，胡同里的人多了起来，热闹起来。到了下午，街上已经看不到一个日本宪兵，而是贴满了标语，都是兴高采烈的中国人。"当时北平的胡同里住着不少日本人，往日里看他们耀武扬威，这时候可全成了过街老鼠——人人喊打。"①

▲ 1945年8月，上海，市民涌上街头，购买联合国旗，"庆祝世界和平 庆祝光荣胜利"

在上海，人们满含热泪又笑又唱又跳，以燃放爆竹的方式欢庆着胜利。蓄须明志、罢唱多年，坚决不给日本人演戏的京剧大师梅兰芳剃掉胡须，宣布重新登台演出。爱国戏《一片爱国心》《抗战第一年》《自由万岁》《祖国》《祖国万岁》纷纷上演，历史剧《文天祥》《蔡松坡》和曾经被敌伪禁演的《岳飞》再度搬上舞台，观者如潮。田汉也赋诗赞誉梅大师"八载留须罢歌舞，坚贞儿辈出伶官。轻裘典去休相

① 闵捷，张琴，金旼旼，于晓华，肖春飞，朱薇，邓喆倩，韩润磊：亲历者口述实录：1945年8月15日 难忘胜利那一天。
http://news.xinhuanet.com/newscenter/2005-08/14/content_3350324.htm（2015-1-24）

虑，傲骨从来耐岁寒"。①上海宝山农民叶林根是从镇上读报的先生那里听来了日本投降的消息。和其他人的欢天喜地不同，亲人们都在日军的铁蹄下悲惨地死去，他独自一人来到父亲、母亲、哥哥、奶奶的坟前，敬上一炷香，洒上一杯酒："你们的仇报了！"说完，他号啕大哭起来。②

在昆明，人们的热情瞬间就燃烧成了一片片火海，街上已经挤得水泄不通，人们追着兵车喊"胜利""和平"，手里有什么就挥舞什么，大学生们表现得最狂热，他们高喊着，跳跃着。③国立西南联大的学生何兆武还记得戴眼镜、着蓝褂、留长胡须的先生就是闻一多，听到抗战胜利的消息，闻先生立即找了一家理发店，"这么漂亮的胡子剃掉？""动手吧，老板，您知道，抗战胜利啦！"他七年前的誓言，刮掉了七年的美髯，闻先生突然从一个老头变成了中年人，精神抖擞。④在联大"学生服务处"工作的王麦初正在接待一对老教授夫妇，听到抗战胜利的消息，他高兴得跳起来，举杯庆贺，不会喝酒的他也喝了好几杯。街上响起了鞭炮声，校内校外都沸腾了，人们欢呼雀跃，喊着口号："日本鬼子打垮了""日本佬滚出去"。⑤

在广州，远征军老兵李长维回忆说，这天军队广播站传

---

① 梅兰芳的"上海故事"。
　　http://www.jfdaily.com/life/bw/201412/t20141209_1036861.html（2015-5-29）
② 闵捷，张琴，金旼旼，于晓华，肖春飞，朱薇，邓喆倩，韩润磊：亲历者口述实录：1945年8月15日 难忘胜利那一天。
　　http://news.xinhuanet.com/newscenter/2005-08/14/content_3350324.htm（2015-1-24）
③ 唐正芒：《抗战胜利时的西部文化界》，《百年潮》2005年第9期。
④ 参见王康：《"帮忙我把这把胡子剃掉"——闻一多事迹片段》，转引自王季平主编：《八·一五这一天》，北京：光明日报出版社1985年版，第452—454页。
⑤ 王麦初：《在迎接抗战胜利的日子里》，《老人天地》2005年第11期。

▶ 1945年8月15日，广州人民舞狮欢庆抗战胜利

出消息：日本天皇宣布无条件投降！家家户户放起"火炮"（即"鞭炮"），不知哪里冒出那么多红旗。因为身在部队，不能参加街上的游行，但全体将士得到准许喝酒。一喝就是好几天，食堂里多了肉和鱼。当时我已经升至师部中校参谋主任。60年过去了，至今我仍记得日本天皇投降诏书的大意，当年可以背诵全文。①

在成都，"满街的人群像洪水般的激流，到处都在汹涌着。许多人，脑筋已失去了主宰似的，拿出一长串鞭炮沿街飞跑，有的在敲锣，有的在打鼓，有的甚至把洗脸盆也拿出来乱拍乱捶，与狂欢高嚷的声音混合成洪亮的交响曲，直到午夜时分，尚有游人欢叫庆祝，比大年夜尤为热闹，疯狂欢乐之情状，为蓉市空前所未有"。《成都晚报》的这篇报道《胜利来临夜，成都狂欢时》可谓是声情并茂。

《新民日报》也发出了"胜利之声"——"全城都欢喜得疯狂了……无论是锣鼓、喇叭、口笛、口哨、脸盆、手掌、嘴、黄包车上的铃子，都为胜利发出了声音"。

在台湾，当台湾省行政长官陈仪向日本的台湾总督兼日军第十方面军司令安藤利吉下达受降命令，并宣布"从今天

① 闵捷，张琴，金旼旼，于晓华，肖春飞，朱薇，邓喆倩，韩润磊：亲历者口述实录：1945年8月15日 难忘胜利那一天。

http://news.xinhuanet.com/newscenter/2005-08/14/content_3350324.htm
（2015-1-24）

起，台湾及澎湖列岛已正式重入中国版图，所有一切土地、人民、政事皆已置于中华民国国民政府主权之下"的时候，台北40万民众"老幼俱易新装，家家遍悬

◀ 台北民众在接受日本投降仪式现场庆祝光复

灯彩，相逢道贺，如迎新岁，鞭炮锣鼓之声，响彻云霄，狮龙遍舞于全市，途为之塞"。"家家户户，欢欣无比，家家户户，祭祖谢神，向先民冥中告知台湾已归回祖国"。医学家、诗人姚伯麟赋诗庆祝：万户辉煌香烛夜，嗟予感怀泪盈襟。追思民族大英雄，排满精神抗日同。含笑重泉复古土，香花须祭郑成功。①

在西安，狂欢的人们涌上街头，又跑又跳又笑，纵情欢呼、忘我的喧嚣让大西北的初秋也暖意融融。1945年8月10日这一夜，西安的茶馆里免费喝茶，酒楼里免费喝酒，冷饮店的冰淇淋也不要钱，甚至路旁果摊卖"沙果"的也任人尝用，卖西瓜的把那像日本太阳旗的半截红瓤瓜，操刀狠狠切成了一片片，随便送给过路人解渴充饥。②

在合肥，当年25岁的王宣贵在苏北杏花县老圩区担任区委组织委员，15日那天，整个老圩沸腾起来。全区民众从四面八方涌向街头，不停地狂奔、狂喊。有人放起了鞭炮，

① 庞培法：《浴血八年翻旧页·还我河山写新诗——欢庆抗战胜利诗词集锦》，《党史文汇》2011年第9期。
② 唐正芒：《抗战胜利时的西部文化界》，《百年潮》2005年第9期。

有人挥舞着毛巾和农具，还有人提着洋瓷脸盆大敲特敲。锣鼓、喇叭、口笛、口哨、脸盆，能响的东西全都派上用场。当天夜里，兴奋的人们全都睡不着，好多乡亲举着火把聚集在一起游街、跳舞、唱歌。①

在兰州，人们的欢呼声、爆竹声响彻云霄，市民倾城而出，锣鼓声、掌声、歌声织成激动人心的胜利交响曲，家家户户张灯结彩、喜气洋洋；连续几天提灯游行，胜过任何节日；象征"国泰民安"的太平鼓，声震全城大地；兰州戏剧界人士免费公演三日，各剧院、影院等免费招待，商务印书馆兰州分馆特价售书：沪港版九折，内地版及杂志八折，新生书店全部图书一律半价。②

在贵阳，1924年出生在上海的徐根芳在中山西路一家汽车修理行做学徒，这一天他看到美军在中山西路新闻处贴出了一张新闻告示，说日本人投降了。常年生活在战争恐惧下的人们都不相信这个告示。徐根芳回忆说：

我虽然读书不多，但是颠沛流离的生活让我有了一些不同于常人的阅历。我看到这个新闻后，非常兴奋，知道我们的抗战终于胜利了！当时我就带着徒弟在大街上买了两卷鞭炮，徒弟一个，我一个，噼里啪啦的鞭炮声引来周围的人频频侧目。大家都在问："你为什么在大街上放鞭炮？"我兴奋地大声说："日本人投降了！日本人投降了！"大家见我这么高兴，都觉得这个消息可能是真的，于是一传十，十传

---

① 合肥亲历者见证日本投降历史瞬间。
　　http://news.sina.com.cn/c/2005-08-16/02517505454.shtml（2015-5-29）
② 唐正芒：《抗战胜利时的西部文化界》，《百年潮》2005年第9期。

百，大家伙都放起了鞭炮。当天晚上，贵阳四处响起了鞭炮声，就像过年一样，十分热闹。第二天，《中央日报》等报纸纷纷报道了日本投降的消息，贵阳市也举行了庆祝抗战胜利的游行。①

◀ 东北民众欢庆抗战胜利

在东北，日本投降的消息对于当了14年亡国奴的东北民众来说，是那样的石破天惊，令人不敢相信。17岁加入东北抗日联军的中国第一代女跳伞员庄凤，曾两度获得前苏联政府授予的卫国战争胜利纪念勋章，她回忆说：

"8月15日我们正在吃早饭，突然听到广播里说日本宣布无条件投降。这消息来得太意外，太突然了。大家激动得顾不上吃饭了，一阵欢呼，高兴得含着眼泪互相拥抱。当时大多数人都没想到日本会这么快投降。8月9日苏联对日宣战已经让多数人感到突然了，认为解放全东北至少还需要一年

---

① 徐根芳口述；刘奕采访记录：《1945，我在贵阳第一个放鞭炮》，《贵阳文史》2011年第6期。

的时间，没想到还不到一个星期，日本鬼子就投降了。"①

甚至远在东南亚苏门答腊岛小镇巴雅公务，化名赵廉的郁达夫也在当天晚上，秘密地通过收音机收听到了这一特大喜讯。16日一大早，郁达夫就跑到自己开办的酒厂，兴奋地告诉朋友们："日本投降了"，他还暗中召集当地华侨商议组织欢迎联军筹备委员会。②

抗战胜利的消息早已传遍世界。

8月14日深夜，最早得知日本投降的美联社，向全球发出令人振奋的新闻："第二次世界大战，历史上最惨烈的死亡与毁灭的汇集，今天随着日本的投降而告终。"③最先得到消息的记者们拥进总统办公室，他们把再也用不到的作战地图扔向了墙壁。在纽约，人们走上街头，奔走相告，几十万欢庆胜利的民众迅速淹没在时代广场。许多人在广场上整夜狂欢。无数素昧平生的男女，忘情地拥抱、亲吻，18岁的北卡罗来纳州海军基地水兵格伦·麦克达菲激动地揽过一个身着护士服的女士忘情地亲吻，这一幕恰好被《生活》周刊摄影师阿尔弗雷德·艾森施泰特抓拍下来，成为二战胜利的经

---

① 闵捷，张琴，金旼旼，于晓华，肖春飞，朱薇，邓喆倩，韩润磊：亲历者口述实录：1945年8月15日 难忘胜利那一天。
http://news.xinhuanet.com/newscenter/2005-08/14/content_3350324.htm（2015-1-24）

② 但是苏门答腊岛的情况很复杂，南方日军还有很强大的军事实力，打算坚持打下去。8月29日，早就怀疑赵廉就是郁达夫的日本宪兵绑架了他。9月17日，在抗战胜利的一个多月后，日本宪兵在武吉丁宜郊外一个名叫丹戎革岱的荒野上杀害了郁达夫。方忠：《郁达夫传》，上海：复旦大学出版社2012年版，第213—215页。

③ 1945年8月14日，美联社电文。转引自王作化，王晋阳：《第一个报道日本正式签字投降的中国记者》，《纵横》2005年第9期。

▲ 上图: 1945年8月15日, 纽约时代广场上狂欢和 "胜利之吻"
▼ 下左图: 杜鲁门总统宣布日本投降　下右图: 美国人民庆祝日本投降

典影像 "胜利之吻"。① 9月2日杜鲁门总统发表了广播演说:
四年前, 整个文明世界的心思与恐惧集中在美国另一块土地
上——珍珠港。那里曾发生对文明巨大的威胁, 现在已经清
除了。从那里通到东京的是一条漫长的、洒满鲜血的道路。
我们不会忘记珍珠港。日本军国主义者也不会忘记美国战列
舰密苏里号。②

　　苏联民众平静地接收到日本投降的消息。因为日本的

---

① 成勇编著:《目击世界100年》, 广州: 广东旅游出版社2002年版, 第193页。
② 杜鲁门: 日本投降日的广播演说
　　http://news.sohu.com/20050814/n226668103.shtml（2015-1-10）

失败早已在斯大林的预料之中，当157万苏蒙军在中苏边境4000公里战线上，猛烈攻击日本关东军的时候，斯大林已经把"为俄罗斯先辈复仇"当作这场战争胜利的战果之一，他说：40年前由日本背信弃义发动的日俄战争，使俄罗斯惨遭失败，如今终于等到了复仇的这一天，他命令苏联红军穷追猛打，毫不留情地消灭任何敢于抵抗的"日本强盗"。

全世界都在庆祝胜利。路透社写道："狂欢洋溢缅甸丛林中，日本领海盟国军舰上，太平洋岛屿基地飞机场上及自由世界各地。""只有日本这个法西斯国家，为深深的悲恸空气所笼罩。日本国内的军阀财阀等，用他们以前首相铃木的话，'只有哭泣而向日皇深深道歉'。"^① 在大连，集中听完广播的日本人个个如丧考妣，蔫头耷脑，有的坐下来就号啕大哭；在北平，日本鬼子兵虽没有了往日神气，但仍一副凶相地持枪望着在他们面前庆祝胜利的中国人；在上海，日军撤入军营，龟缩在营房、住宅里不敢再出来；在南京，在庆祝抗战胜利的鞭炮声中，日军开始销焚可能成为战后审判的证据；在东北长春伪满皇宫，溥仪签了一份不知出自何人之手的"退位诏书"后，带着满满一箱金子、钻石、珍珠、首饰和各种安眠药，仓皇出逃，^② 南京汪伪国民政府宣告解散，大小汉奸惶惶不可终日……

在这里，我们不叙述70年前的艰苦卓绝、家仇国难，也不述说千千万万个家破人亡、妻离子散，只想回顾当年我们在胜利日的那些狂欢，讲述那些被击败的"疯狂"，以及留下

① 李恒：《胜利时刻的回眸》。
　　http://bbs.tiexue.net/post2_5244499_1.html（2015-1-24）
② 爱新觉罗·毓嶦：《最后一周的伪满皇帝》，转引自王季平主编：《八·一五这一天》，北京：光明日报出版社1985年版，第231—232页。

的一些遗憾！因为，战争的硝烟虽然早已散尽，但是当今的世界并不太平，和平与发展依然面临着许多严峻的挑战。其中亚洲地区的不平静，就与当年美国从其全球战略出发，没有彻底清算日本的战争责任有着重大的关联，与"裕仁天皇没有受到战犯审判"、"日本实际上的有条件投降"和"日本至今无忏悔"有着重大的关联，这些"重大的关联"尤其需要我们在胜利日这一天认真面对、仔细反思。

1945年9月2日，在停泊于东京湾的美国"密苏里"号战列舰上，中美英苏等九国代表与日本代表举行签字受降仪式，标志着世界反法西斯战争取得了彻底的胜利，中国人民抗日战争胜利结束。

2015年9月3日，是中国人民抗日战争胜利70周年纪念日。① 在这一天，中国将举行盛大的纪念活动，表明中国政府维护国家主权和领土完整的坚定意志，展示中国人民维护

---

① 为了纪念抗战胜利，1945年9月1日，国民政府下令9月3日起放假一天，全国悬旗庆祝三天。1946年4月8日，中国国民党中常会和国防最高委员会常务会议临时联席会议同意将9月3日定为国定纪念日。为纪念这个日子，5月4日，由五四运动领袖人物和文教、科技界高级知识分子组成的政治性组织"民主科学座谈会"（1944年底发起组织）在重庆正式召开了九三学社成立大会。1948年9月8日，蒋介石签署总统令，规定9月3日为抗战胜利纪念日。

新中国成立伊始，政务院在《全国年节及纪念日放假办法》（1949年12月23日）中以8月15日为抗战胜利日。1951年8月13日，政务院发布《规定九月三日为抗日战争胜利纪念日的通告》，通告说："本院在一九四九年十二月二十三日所公布的统一全国年节和纪念日放假办法中，曾以八月十五日为抗日战争胜利日。查日本实行投降，系在一九四五年九月二日日本政府签字于投降条约以后。故抗日战争胜利纪念日应改定为九月三日。每年九月三日，全国人民应对我国军民经过伟大的八年抗日战争和苏军出兵解放东北的援助而取得对日胜利的光荣历史举行纪念。九月三日不放假。"再次确认了9月3日为抗战胜利纪念日。

2014年2月27日，第十二届全国人大常委会第七次会议首次以立法的形式，将9月3日确定为中国人民抗日战争胜利纪念日，使纪念抗战历史的行为上升到国家和法律层面。2015年5月13日，国务院发布关于中国人民抗日战争暨世界反法西斯战争胜利70周年纪念日调休放假的通知，为使全国人民广泛参与中央及各地区各部门举行的纪念活动，9月3日全国放假一天。

"二战"历史事实和战后国际秩序的强烈意愿，向全世界传递中华民族爱好和平、捍卫和平的正能量。

日本也将在8月15日这一天迎来第70个回避了"战败"字样的"终战纪念日"。我们隆重纪念抗战胜利，就是要对日本否认、歪曲和美化侵略历史的言行提出严正警告：只有直面侵略历史，忏悔罪行，真诚道歉，日本才能获得被侵略国家和民众的谅解，日本才能以正常国家的身份融入国际社会，"日本的战后"才能真正地结束！

1945年8月，重庆民众舞龙庆祝抗战胜利和游行的盟军军车

抗战八年胜利到

（王大娘补缸调）

——杰泥①

抗战八年胜利到，啊唷伊呵唷，哟唷哟唷伊呵唷。

敲起锣鼓放鞭炮，啊唷伊呵唷，哟唷哟唷伊呵唷。

男女老少满街跑，家家户户唱欢歌。我买花生你打酒，邀请亲戚好朋友。

我们开个庆祝会，龙门阵来摆一摆。民国廿年"九一八"，东北人民做牛马。

"七七"抗战卢沟桥，全国出征士气高。我们出力又出钱，汪精卫南京当汉奸。

我们越战越有劲，为了胜利把命拼。德意黑心胆包天，打了欧洲打苏联。

红军个个是英雄，同盟大军把柏林攻。纳粹德国先垮台，巨头会议柏林开。

海军陆军又空军，商量大计打东京。广岛吃了原子弹，苏联对日又宣战。

---

① 杰泥：《抗战八年胜利到（王大娘补缸调）》，《新华日报》1945年8月20日，第4版。转引自周勇，任竞主编：《抗战大后方歌谣汇编》，重庆：重庆出版集团　重庆出版社2011年版，第613—614页。

七路红军滚滚来，裕仁天皇吓破胆。马上跪地来求饶，只有投降路一条。

废除军阀又财阀，法西斯国连根拔。人民法庭审汉奸，伤天害理多少件。

大小傀儡都清理，卖国汉奸一齐算。抗战谁是第一功，武装同志真英雄。

抗战谁是第二功，我们四万万民众。同胞弟兄死得惨，为了民主也心甘。

头颅热血不白抛，他们的心愿要牢记。千辛万苦都吃穿，民主团结不容缓。

丰衣足食享太平，民族民权又民生。

1945年9月3日，重庆市民舞龙欢庆抗战胜利

上篇

狂欢的中国

哈哈笑

哈哈笑，胜利到，
唱凯歌曲，放鞭炮，
士兵吹起胜利号。
哥哥喜，妹妹跳，
爸爸妈妈同欢笑，
街头挤满男和女，
大大小小看热闹，
今年我们胜利了，
今年我们胜利了！

——汪继①

① 汪继：《哈哈笑》，《抗战歌谣》，国民图书出版社1945年版，第14页。转引自周勇，任竞主编：《抗战大后方歌谣汇编》，重庆：重庆出版集团 重庆出版社2011年版，第642页。

1945年8月，重庆民众举着领袖旗帜，庆祝日本投降。

第一章　沸腾的**重庆**

　　（1945年8月10日）七点钟左右，日本投降的消息被美国新闻处证实，美军总部的大孩子们首先跳了起来，开起吉普车沿街直闯！漫街遍巷的人，拥塞着、欢呼着……人全疯了，快乐啊！从中一路到新街口，张贴着本报号外的墙前，万头攒动，连不识字的赤腿汉也挤在里面，雨样的汗水把每个人的衣衫都和周围人的衣衫黏在一起，大家都咧开嘴笑！头上是一片欢乐的人海，每个人对每个人，每群人对每群人，都打着招呼"啊！啊！"互相道贺，大家的感情在泛滥！升华！熟朋友见面了破例的张臂拥抱，起码也亲密地互相拍拍肩："要回家了！"

　　　　　　　　——重庆《中央日报》1945年8月11日①

---

　　① 重庆《中央日报》1945年8月11日。转引自岳南：《南渡北归》，长沙：湖南文艺出版社2013年版，第172页。

- 陪都重庆早在8月10日就知道日本投降的消息，这一天的重庆，狂欢的人们，彻夜不眠。
- 美国士兵也加入了游行队伍，和中国民众一同欢笑着、欢呼着。
- 8月15日，中央通讯社总社"急电"播发了中国外交部公告：日本政府已正式无条件投降，重庆商业专科学校的学生罗通激一下子从床上跳起来；那天，小贩免费请路人吃馒头，同学写下血书：终于可以回家了！
- 这一天，重庆《大公报》以"既醒目又令人振奋"的特大号标题昭告天下：日本投降矣！
- 有识之士看到了抗战胜利后建国之路的漫长和艰辛。国民党元老邹鲁的心情虽然"和民国成立之日一样"激动万分，但是对于之后的建国问题却忧心忡忡；面对"太突然了，准备不足"的抗战胜利，蒋介石的"文胆"陈布雷久处政府权力中枢，深知"堪焦急之事真太多"。

◎ **日本投降了，国民政府主席蒋介石激动不已，立即召开了军事会议……**

重庆，战时陪都。

1945年8月10日早晨6时，百万苏军对驻扎在中国东北的关东军摧枯拉朽式进击，中国战场上的日军已经泥足深陷；本土广岛、长崎遭致毁灭性炸弹轰炸，盟军步步逼近，日本法西斯政府陷入了绝境，被迫请求中立国家瑞士、瑞典，向美、中、英、苏四国政府递交了乞降照会，宣布"有条件"地接受《波茨坦公告》各项条款。①

上午10时15分，日本政府要求投降的无线电波迅速传遍全世界。下午5时35分，驻重庆盟军总部首次接听到了东京"要求投降"的英语国际广播。

美国新闻处立即将这一特大喜讯通报给了中国国民政府。

几乎是同时，欣喜若狂的美国士兵们抑制不住亢奋，争先恐后地冲上了街头，他们叫喊着，舞蹈着，逢人便拉住，握手、拥抱……

这一天正是星期五，驻重庆英国新闻处正在放映一场电影，忽然有人跳起来高喊"日本投降了！"看电影的人群立刻像炸开了锅一样沸腾起来，人们兴高采烈地纷纷涌向街头——还有什么电影比抗战胜利能更吸引大家？②

日本投降的消息可谓突然又意外，不仅是国民政府高层

---

① 1945年8月10日，日本外相东乡通过中立国家瑞士、瑞典分别向美、中、英、苏四国政府发出的"乞降照会"，其内容并非"无条件投降"，因为日本在照会最后还声称：日本政府准备接受中美英三国政府于一九四五年七月廿六日在波茨坦所发表，其后经苏联政府赞成之联合宣言所列之条款，而附以一项谅解曰：上述宣言并不包含任何要求有损天皇陛下为至高统治者之皇权。这是日本政府内部主战派和主和派在8月10日之前反复争论、妥协之后达成的结果，并非8月14日日本政府决定投降时最后的意见。

② 敬业：《狂奔、狂叫、狂舞、狂欢——重庆人民欢庆抗战胜利纪实》，《四川档案》2005年第3期。

毫不知情，即便是国民政府主席蒋介石本人也一无所知[①] ——他也是从附近美军总部的阵阵欢呼声和鞭炮声中得知日本投降的消息。

这消息让他激动不已，匆匆地打发走了来访的墨西哥驻华大使后，蒋介石立即召开了军事会议，向前方各战区长官发电，同时他又命令吴铁城、陈布雷等开始筹备战后宣传事宜，紧急应对这一即将到来的历史时刻……

◎ 陪都重庆一片沸腾，《正气日报》记者李英眼中的胜利大游行……

重庆中央通讯社的记者们兴奋地驾驶着三轮车冲上了街头，他们敲锣打鼓，大声呐喊，将"日本投降了"的号外贴在重庆街头的高墙上，用最原始也是最有效的方式向民众报告"抗战胜利了"。

此时，还未及核实这一消息的准确与否，重庆各大新闻媒体已经按捺不住狂喜，争相通报喜讯。

下午6时，重庆中央广播电台以中波频道首先广播了日本

---

① 据蒋介石侍从室专门负责情报工作的唐纵在日记中记载："下午七时许，对面美军总部在马路上欢呼，下午七时许，移时馥华（南按：唐纵长女）归来报告，谓日本无条件投降。不久，鞭炮之声相继而起，美人在马路上跑跃，中国小儿围绕而呼，广播电台播出嘹亮之音乐……我赴陈公馆，陈家小孩在陈主任窗外燃放爆竹欢呼，陈主任大怒，责彼等孩子们不该如此，尚在研究如何证实消息。"见岳南：《南渡北归》，长沙：湖南文艺出版社2013版，第171—172页；[英]米特著；蒋永强，陈逾前，陈心心译：《中国，被遗忘的盟友：西方人眼中的抗日战争全史》，北京：新世界出版社2014年版，第348页。

投降的消息，紧接着在19时、20时、22时多次重播。因为当时能够收听到广播的人数极其有限，所以还是各大报纸一拥而上的"号外"发挥了重要作用。

《中央日报》仅仅用时30分钟就抢印出了"号外"在大街上叫卖；《国民公报》的"号外"更是走出城市，最先送到了城区，沿路民众争相抢看。

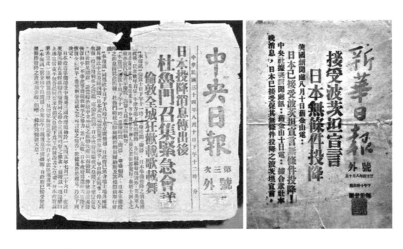

◀ 1945年8月10日，《中央日报》《新华日报》的号外，报道日本投降的消息

《正气日报》记者李英一接到日本投降的消息，立即销毁了刚浇好的纸版，重新编辑头条，赶印了两万多份号外，报童们忙碌得片刻不得闲，"报社员工和家属们全体出动，挥舞大旗，敲锣打鼓，燃放鞭炮，下了复兴关，绕过两浮支路，'胜利的号外'送到了两路口。这时的重庆市区已是一片沸腾，几十万军民自动走上街头游行庆祝胜利，工厂、轮船和汽车的汽笛喇叭不断长鸣，铁炮、鞭炮和军警向天发射的枪声，居民敲打锅碗盆瓢的打击声，与口号声、歌声汇合成一片。"

参加了胜利大游行的李英在《采访日本投降回忆》中，声情并茂地记录了抗战胜利的狂欢，现在读来，依然令人热血沸腾：

在重庆闹市区的"精神堡垒"（今解放碑），青年歌唱家斯仪桂拿起麦克风，引吭高歌郭沫若所填的《满江红》：

"怒气冲天，推窗望，战云变色。伏牖下，一腔孤愤，奋飞无翼，大好河山拼热土，许多膏血凭饕餮！莫昏昏，犹在睡梦中，嗟何及！庚子耻，犹未雪，卢沟辱，何时灭？恨老天沉醉，平津陷敌。壮士饥餐鹰虎肉，笑谈渴饮倭奴血。待今朝，重振金瓯，完无缺。"

歌声悲凉雄壮，感人肺腑，促人深思。①

随着广播、报纸号外和人们的口耳相传，"日本鬼子投降了""中国·抗战胜利"的喜讯很快就传遍了重庆的大街小巷。8月10日的古老山城沸腾了，百万市民在街头，彻夜狂欢。

▶ 1945年8月，重庆街头狂欢的民众，庆祝日本投降

---

① 李英：《采访日本投降回忆》，《世纪》2005年第5期。

◎ 这胜利来得不容易啊！ "抗战胜利大狂欢"的亲历者田苗记得流亡同胞都喝醉了酒，大声呼叫着我要回乡去见父母啊！……

激动人心的历史时刻，如果没有亲历者的述说，总会缺少许多温暖和感动。

那个暑假，正在相国寺观音桥育才学校音乐组学习钢琴的田苗，对"抗战胜利大狂欢"记忆犹新。她在《抗战胜利在重庆》中详细回忆了那段难忘的经历：

我听见一声喊"号外！"卖号外的人手一扬又叫："日本投降的号外！"我即冲出书店，抓到一张后他就被人群紧围，号外只有撒向天空了，人们都兴奋地抓抢着。

号外是32开大小，几个大字"日本准备投降"，正文只百余字，我记得大体是湖南前线某地的中央社电讯，说东京消息日本天皇已准备无条件投降。证实了胜利大厦的美军传说。

……

在黄家垭口号外传开后，我首先听见的也是："活出来了，不会被炸死了！"可见日机对山城平民百姓的残暴轰炸是多大的威胁，稍后才有外地逃亡来渝的难民高兴地叫喊可以还乡，看望家乡的父母妻儿了！大约胜利消息来得太快太突然，思想精神一下子沉入喜悦欢快中转不过弯来，居然是好久以后才听见放鞭炮。听见一声鞭炮响后，陆陆续续四面八方便都是鞭炮声大作了，但没有多久便很少鞭炮再响。据说是店子的鞭炮都已卖完。中一支路靠近神仙洞街那路口有家大油腊铺，大大小小好多饼鞭炮确实都已售尽。老板说没有准备，已派人去乡下进货了，可能半夜会有。

鞭炮声的响起，也就意味着庆祝开始了。

那天时间过得真快，好像才刚刚回屋，竟然已6点多钟了。吃点饭便又出门，见有成群的小学生已开始在玩押俘虏，大家持木棍作枪，押着走在前面的一两个或两三个，举着双手作投降姿势的"日本皇军"，吆喝着"打倒日本帝国主义"，俘虏则喊着"我投降，我投降！"这是他们平常就偶尔要玩的，此时又装扮起来就更认真也更有意义了。这也是庆祝胜利的一景吧！

我想走大街到城中心，那时的解放碑叫作精神堡垒，胜利后叫作抗战胜利记功碑，是群众活动的中心。但走到黄家垭口便被人群堵住难行，虽然没有人有计划来组织领导，但群众已自发出动游行了。入户门口也插上了国旗，街中间就是游行人群，两边人行道则是闲散观众，人挨人，人挤人走不动，连中间游行的也是寸步难行，移动得很慢。

游行的多是机关团体的自发组成队伍，临时匆忙，没有什么准备，有的连旗帜都没有，也很少有锣鼓或洋号洋鼓，有的赶制了一些手旗便不错了，有的则扎了举手投降的日军草把人，都靠饱满的热烈情绪充实着队伍，唱歌喊口号而已。那时正是暑假，没有大中学生的集体队伍。但后来听说，沙坪坝的大中学校留校学生也有匆匆上街庆祝的。

……

好容易我们这些看客人流也松动了些，我已挤到七星岗兴隆街口。那里通走马街的隧道刚通不久，是否因逢此胜利而将走马街改名为和平路的？虽有此一说却难核实了，我想从那里挤去较场口到市中心，从那边过来的人说很难走动，较场口一带也是人挤人，而且都像喝醉了酒一样狂呼乱叫。我才感到确像喝醉了酒，我都有些偏偏倒倒像要手舞足蹈了。这才向人打听已是10点多钟。不能再往前挤了。回转一看，兴隆街口人要稀少得多，也就有些小学生还在那里押着"俘虏"转悠，他们也"喝醉"了。事实上真有多人喝醉，这晚的酒店生意很红火，饮食店里久久还有人三五一桌在痛饮得胜酒。而街头上我也开始发现，有人拿着瓶酒在边叫边唱边饮。喊着"我要回去"，"我要还乡了！"那高声歌唱的竟是"我的家，在东北松花江上，那里有……"，还有的人是真醉了，在寻找路人和他共饮一杯。可能这一带住的东北同胞还不少，在黄家垭口菜市场口子那里，还见到一个东北人强要路人与他一起喝干那瓶酒，路人说他不会喝，一口也不能喝，就把这东北人惹毛了："你瞧不起我？你就喝醉了又有什么了不得？我们流亡十五年了，离开家乡十五年了，不知老母还在不在啊！你就不能喝一口同庆胜利？我要回去啊！"说着就放声痛哭了。那人也忙说："我喝我喝！"这东北人便在他肩上拍着："好，好！好兄弟！我要回乡了，十五年了啊！"我禁不住，不知不觉也泪流满面了。

我这才真正感受到，别说十五年，就是八年已是很长的岁月，卢沟桥响起抗日炮声时我还只是个小学生，如今我已是青年，已进过大学课堂门。那时半壁河山已被日军占领，面对亡国危险，我们这些小学生也跟着大同学奔走呼号，热泪横飞地唤醒同胞起来抗战，不然就要当亡国奴啊！我们能活多少年长到多大都难以估计了。赓即就是日机的狂轰滥炸，活到胜利真是不容易，八年的日子比十年还长，更不用说东北同胞流亡十五年了，这胜利来得不容易呀！

难怪那么多流亡同胞喝醉了酒，喃喃念道或大声呼叫：我要回去！我要回乡去见父母啊！此时此境，能不和他们共酒同仇敌忾之泪么？

这时已12点左右了，又有了鞭炮偶尔鸣放起来。有的醉汉像被惊醒了似地，突然问起日本是否真的投降了。一下提醒大家，号外只是说日本准备投降，但到底投降了没有？有没有变化？便都纷纷询问有没有新消息？为什么不再发号外？便成群挤到《中央日报》门前捶着木门大叫：报纸！有没有新消息？日本到底投降了没有？拿新消息出来呀！

这是想象得到的，都怕日本变了卦，那又得打下去。特别是流亡同胞极不愿意再拖延了，便追问呼叫新消息。把木门都捶裂了缝。有些人又成群往城内去找报纸要新消息。不少人则也参加喝酒呼叫交谈，我也盘桓在这一带不愿离去，想看个究竟，也是想陪伴着这些流亡同胞等待新消息。一两点钟了还遍街是人，中一支路的几家面馆酒店都还有食客，虽无什么下酒之物了，但那冷酒也是能助兴热肠的啊！面临天明了，更是多么急盼能马上天明，青春结伴好还乡啊！[①]

◎ **突然听到震耳欲聋的鞭炮声，石曼、鲁明、邹鲁、黄炎培、王继光、杨钟岫、周永林记得街上弥漫着硫磺味、餐馆连续几天免费开放……**

石曼在抗战时期曾经做过报纸记者，后来成为国内著名

---

① 田苗：《抗战胜利在重庆》，《红岩春秋》2005年第4期。

的话剧史研究专家。^① 2010年8月，他接受了重庆晚报记者采访，回忆起当年自己正在学校排练话剧，突然听到城里响起了震耳欲聋的鞭炮声，他说：

电影明星张瑞芳和金山夫妇跑出家门，随激动的人群涌向市中心。经过一家舞厅，见那里平静如常，张瑞芳便拉着金山跑上台，对着麦克风喊："女士们、先生们，你们知道吗，日本人已经投降，你们要跳舞就到外面跳吧！"金山远远地看见个子不高的赵丹在人群中"像篮球一样蹦跳"，两人抱在一起，连跳舞带转圈，直到赵丹撞到一个玻璃柜台上受伤送院，这场狂欢才告结束。^②

"顷刻间，大家都为这个胜利的消息而欢喜若狂，满街的人好像潮水般，到处都在涌动。"曾担任董必武政治秘书并兼任《新华日报》首席记者的鲁明老人，也始终无法忘记当年的情景：

我们跑到街上，和人们一起欢庆。许多人拿着一长串鞭炮沿街飞跑，有的敲锣，有的打鼓，有的甚至把洗脸盆也拿出来敲打，狂呼高喊的声音与这些敲打声混合成洪亮的交响曲。

维持秩序的警察已无能为力，实际上，他们心里亦同样

---

① 石曼（1927—2010），话剧史家，二十世纪四十年代起即从事话剧运动。1946年任无锡《人报》记者、编辑，1949年随军解放大西南来到重庆，被称为掌握抗战时期影剧明星活动年史资料中国第一人。代表作有《重庆抗战剧坛纪事》、《雾都剧坛风云录》、《又见大后方影剧明星》、《抗战戏剧》（与田本相等合作）、《黎莉莉画传》、《周恩来与抗战戏剧》和话剧《四十年来的愿望》等。

② 杨娟，张卫，刘邦云：《有一种感受痛彻肺腑，那一代人懂——终于胜利了 我们哭着笑着》，《重庆晚报》2010年8月30日。

失去了平衡。

鞭炮声，像巨雷一样炸响，烟花、爆竹简直改变了初秋重庆的景象，空气中弥漫着硫磺气味。[1]

▶ 8月10日晚8时许，重庆民众走上街头，庆祝抗战胜利

其实，当8月6日美军使用原子弹轰炸日本广岛、8月8日百万苏军进攻日本关东军的时候，信息灵通、政治敏感度颇高的政治家们就在密切关注着抗战的进程。国民党元老邹鲁[2]经常留意收听收音机里的新闻，8月10日晚7时左右，他终于在收音机里亲耳听到了日本投降的消息，一时间，邹家的族人们都兴奋地跳起来，拍手欢唱；他拿出珍藏多年的好酒，约了同事狂饮，也买了鞭炮燃放起来。[3] 激动万分的黄炎培，当

---

① 李恒：《胜利时刻的回眸》。

　　http：//bbs.tiexue.net/post2_5244499_1.html（2015-1-24）

② 邹鲁（1885—1954），幼名澄生，字海滨，广东大埔人。早年加入同盟会，曾留学日本，1917年任广东护法军政府财政部次长等职，曾当选中国国民党第一次代表大会中央执委委员、青年部长、常委等。1925年组建西山会议派，参与反蒋活动，孙中山过世后，邹鲁任中国国民党中央三常委之一，1924年国立广东大学（今中山大学）成立，邹鲁为首任校长。1949年去台湾，任"总统府资政"。

③ 邹鲁著；文明国编：《邹鲁自述》，北京：人民日报出版社2013年版，第445页。

晚夜不能寐，辗转反侧。他在日记中写道：

> 夜八时，宣传日本乃真投降，一时远近欢呼，爆竹之声迸发。是夜辗转不能成寐。……天网恢恢，元恶终归殄灭，而死者岂可复生。今日者故妻何在？长子何在？读少陵《闻官军收河南河北》诗，感不绝心。忽然想起刘湛恩，忽然想起张在森，以此终夜不能自制。①

"终夜不能自制"的怎能只是黄老先生一人呢！从8月10日晚开始，重庆全城沸腾，已经人人皆不能自制——

这一夜的重庆街头，到处人山人海，张灯结彩、敲锣打鼓、载歌载舞，鞭炮店生意兴隆，数年的库存转眼售罄；大大小小的商店、饭店宾客盈门、热闹非凡；人们的欢呼声响彻云霄，鞭炮声震耳欲聋，欢乐的人群甚至阻断了来往的交通。

狂奔狂舞狂欢，乱唱乱跳乱闹，很多人都喝醉了酒，痛快淋漓地宣泄压抑已久的情感。重庆市民王继光还记得自己的父亲激动地抱着椅子跳舞："晚上，他和几个老朋友用几颗花生米当下酒菜，喝下去两瓶泸州老窖。他醉了，连酒话都是'要胜利了，要胜利了'！"②

谈起抗战胜利，重庆老人杨钟岫至今还记得当年最开心最激动的时刻：

> "那几天，不管白天黑夜，大街上到处都是人，虽然大

---

① 转引自匡丽娜，高涛：《重庆提前获知 日本投降消息后……》，《重庆日报》2014年8月15日。

② 日本投降过程透视：从挣扎到认命。
http://forum.home.news.cn/thread/133485522/1.html（2015-1-24）

家互不认识，却都难掩心中激动，相互拥抱"，"那段时间是我这辈子最开心最激动的时刻"。

除了老百姓自发的庆祝外，一些商家也参与狂欢活动，有些商店和餐馆都免费向市民开放，"餐馆老板为了庆祝抗战胜利，连续几天免费开放，店里的东西随便吃，不用给钱"。①

抗战胜利前夕回到重庆的地下党员、年近百岁的抗日老战士周永林（当年他25岁）说，当时人们见面最快慰的问候方式就是伸出双手，互相挥舞"V"字，各商店门前也贴出大小一律的"V"字形红纸标识，他也参加了胜利日这天的街头狂欢大游行：

那天天刚擦黑，外面一下子闹起来了，还夹杂着欢呼声。家住小什字兰家巷的他赶紧叫家人出去看一看发生了什么事，结果家人回来告诉他一个惊天动地的消息：日本投降了！他简直不敢相信自己的耳朵，赶快跑出去看个究竟。只见街上好多人，个个一脸兴奋，都在议论日本投降的事，有的人还高声欢呼起来。

一会儿，就有人打起火把，敲锣打鼓，出来游行，鞭炮也响了，震耳欲聋，人们说话的声音都被欢呼声、鞭炮声淹没，整个重庆变成了狂欢的海洋。"那天晚上，防空探照灯也全打开了，将市区夜空照耀得如同白昼。一直到第二天白天，全城的鞭炮声还此起彼伏。"②

① 周舒曼，谢聘：《93岁重庆老人回忆：庆祝抗战胜利 餐馆免费开放》，《重庆商报》2014年8月15日。

② 匡丽娜，高涛：《重庆提前获知 日本投降消息后……》，《重庆日报》2014年8月15日。

◎ 丰子恺作画，于右任赋诗，罗家伦难掩"狂喜之心境"，美军士兵和中国民众一同欢笑着……

　　画家丰子恺听闻抗战胜利，一扫往日愁苦心绪。爆竹声中，他找出珍藏已久的茅台，与一群欢乐的邻人一起开怀畅饮。今日不饮，更待何时？[①] 酒后的他提笔作画《8月15日之夜》和《狂欢之夜》，一幅是客居重庆的五口之家，父亲高高举起最小的孩子，母亲和两个大孩子在一旁笑逐颜开，这是久违的阖家欢乐啊！另一幅也有高高举起的孩子，燃放爆竹的人也是一样的笑逐颜开，有妻有子，阖家团聚，中国人的喜悦之情跃然纸上。

　　辛亥革命元老、著名诗人、时任监察院院长的于右任为庆祝抗战胜利，当即赋诗一首，抒发喜悦万分的心情：

① 　陈棻德：《六十年前欢庆抗战胜利情景重放》，《贵阳文史》2005年第6期。

万家爆竹通宵，人类祥光乍晓；百壶且试开怀抱，镜里髯翁渐老。黄河水绕边墙，白帝云封绣①壤；万灵效命全民向，大任开来继往。欧洲守望何人，群众哀声隐隐；海洋巨霸从今尽，来日之歌笑引。自由成长如何，大战方收战果；中华民族争相贺，王道干城是我。②

慷慨激昂的诗歌最能表达战斗情怀。在这抗战胜利的光辉时刻，著名学者罗家伦③难掩"狂喜之心境，胜利之豪情"，他即兴挥就一首《凯歌》，把中国人民欢呼胜利之场面，表达得淋漓尽致：

胜仗！胜仗！日本跪下来投降！祝捷的炮像雷声响，满街的爆仗，烟火飞扬。漫山遍野是人浪！笑口高张，热泪如狂。向东望，看我们的百万雄师，配合英勇的盟军，浩浩荡荡，扫残敌，如猛虎驱羊踏破那小扶桑。

河山再造，日月重光。胜利的大旗，拥护着蒋委员长！我们一同去祭告国父，在紫金山旁。八年血战，千万忠魂，才打出这建国的康庄。这真不负我们全民抗战，不负我们血染沙场。④

① 绣是"绣"的繁体写法。
② 陈棻德：《六十年前欢庆抗战胜利情景重放》，《贵阳文史》2005年第6期。
③ 罗家伦（1897—1969），字志希，笔名毅。"五四运动"的命名者。中国近代著名教育家、思想家、社会活动家。早年求学于复旦公学和北京大学；民国年间，任中央大学、清华大学校长。1949年去台湾，任总统府国策顾问、中国国民党中央评议委员、中国国民党党史会主任委员、中国笔会会长、考试院副院长、国史馆馆长等职。
④ 《凯歌》载于《中央日报》"副刊"（1945年8月14日），是五四运动主将之一、著名学者罗家伦为迎接抗战胜利而作。1945年8月13日，重庆各报就刊登了中央社讯："为宣扬国民对于胜利之热烈情绪"，特以酬金5万元为中央大学校长罗家伦所作的《凯歌》征求乐谱，要求"其音调务求雄浑而沉着，须能表达歌词之精神，而不更改原来之字句，并以广大军民易于歌唱为原则。"

游行队伍里的美军士兵和中国民众一同欢笑着、欢呼着。国民党元老邹鲁特别注意到盟国的好朋友们都非常的高兴，特别是美国朋友们狂欢狂饮，在路上遇到中国人就拉手跳舞。[①]《大公报》记者子冈写道：

城里乱翻了天，紧急警报也没有这么使人神气。"国际""盟友"的舞客们有的简直到大街上来表演了，盟军在这里又受到欢呼，电影院、戏院一哄而散，谁耐烦坐下去！

街上有人想做夜游神，几个男子汉彼此相告："今晚咱们别散呀！"有人乐观地说："上民生公司买船票去罢"，"明天物价就该落了！"

"胜利冲昏了头脑"，冲昏一个，害怕什么呢，何况是夜晚，当今天太阳又照耀大地的时候，我们——中国人会冷静下来的。打仗时候落后，胜利以后却落后不得：和平，团结，民众，是我们的下一课程。[②]

《大公报》另一记者陈凡也写道："这是八年来没有见的场面，没有人能分辨得清各种声音，没有笔墨能形容这种场面。记者跑完了整个重庆，没有一个人能够与我平心静气地说一句话，没有一处不在动，在人丛中，每一架盟友所驾驶的吉普车，都爬满了人，中国人拥着美国兵，美国兵拥着中国人，'顶好！顶好！'有些盟友举着酒樽喊一声，便把酒向嘴里倒。大家的衣服都为汗湿透了，许多人的喉咙都哑

---

① 邹鲁著；文明国编：《邹鲁自述》，北京：人民日报出版社2013年版，第445页。

② 《大公报》1945年8月11日。

了。"最后，陈凡言犹未尽地总结说："狂欢写不尽，欢声听不尽！总之，一九四五年八月十日夜，重庆是成了声音的大海了！"①

面对这场自鸦片战争以来，中华民族在反对帝国主义侵略的斗争中，取得的第一次完全的、伟大的胜利；面对历经十四年浴血抗战、痛失3500万同胞，终于战胜凶悍的倭寇，洗刷百年来的耻辱；多灾多难的中华儿女终于能够扬眉吐气，怎能不喜极而泣！此情此景，一扫抗战以来压在民众心头的重重阴霾。中国共产党机关报《新华日报》（重庆）声情并茂地描绘狂欢的重庆：

"傍晚的重庆，鞭炮声冲破了嘈杂的夜市的空际！千千万万的市民拥到街头，一片海涛似的欢呼，联珠炮似的鞭炮，狂烈的鼓掌声，顿时掩盖了整个山城。""街上一吉普车一吉普车的美国兵，翘起大拇指，在市民的欢呼声中，也发狂的呼喊！""许多美国兵和群众一起合唱义勇军进行曲，无数装满了人的卡车，在大街上疾驶而过，把他们的欢笑和歌声，留在街头，和街头人群的欢笑与歌声融成一片。"

"整个山城充满了喜悦，马路上到处挤满了市民，一阵阵锣鼓的声音，一队队火炬游行的队伍，愈来愈增加了狂欢，号外的声音也传来了，价钱高到一百元一张。"

"狂热的庆祝到午夜还未减退。"喜讯越过夜空，"飞"遍神州大地。②

---

① 敬业：《狂奔、狂叫、狂舞、狂欢——重庆人民欢庆抗战胜利纪实》，《四川档案》2005年第3期。

② 《新华日报》1945年8月11日。

8月11日，《新华日报》又发表了热情洋溢的评论员文章：

"全中国人都欢喜得发疯了！这是一点也不值得奇怪的，半世纪的愤怒，五十年的屈辱，在今天这一天宣泄清刷了；八年间的死亡流徙，苦难艰辛，在今天这一天获得报酬了。中国人民骄傲地站在战败了的日本法西斯面前，接受了他们的无条件投降，这是怎样的一个日子呀！谁说我们不应该欢喜得发疯？谁说我们不应该高兴得流泪呢？"①

接下来的几天时间里，重庆市民天天庆祝，夜夜狂欢，直到8月15日，日本正式宣布投降。

◎ 中、美、英、苏四国政府联合发布战胜宣言，这是世界史上绝无仅有的重大事件……

8月15日，重庆时间，早晨7时，中、美、英、苏四国政府经磋商共同约定，在各自首都重庆、华盛顿、伦敦、莫斯科，用汉语、英语和俄语通过无线电广播同时向战场上的盟国海陆空部队、向世界各国发出公告：日本政府已正式无条件投降！

---

① 《新华日报》1945年8月11日社论。

► 1945年8月15日，山城重庆沸腾了！民众载歌载舞，狂欢庆祝抗战胜利

　　随即，重庆中央通讯社总社以"中央社重庆十五日急电"形式，播发了中国外交部公告：日本政府已正式无条件投降，投降电文系经由瑞士政府转达。

　　《中央日报》民国三十四年（1945年）8月16日的报道如下：

　　日本已无条件投降
　　中美英苏同时正式公布

　　［中央社讯］外交部公布：日本政府已正式无条件投降，投降电文系经由瑞士政府转达原文如下：

　　"关于日本政府八月十日照会接受波茨坦宣言各项规定及美国贝尔纳斯国务卿八月十一日以中美英苏四国政府名义答复事，日本政府谨通知四国政府如下：

　　（一）关于日本政府接受波茨坦宣言各项规定事，天皇陛下业已颁布敕令。

　　（二）天皇政府准备授权并保证日本政府及日本大本营，签订实行波茨坦宣言各项规定之必须条件。天皇陛下并准备对日本所有海陆空军当局及各地受其管辖之所有部队，停止积极行动，交出军械，并颁发盟军统帅部所需执行上述条件之各项命令。"

［中央社讯］日本正式无条件投降消息，系于十五日晨五时一刻由美国务卿贝尔纳斯用无线电动打字机通知美国驻华大使赫利尔及我外交部吴次长国桢，约定于华盛顿时间十四日下午七时即重庆夏季时间十五日晨七时同时公布。

四国政府共同发布战胜宣言，这在世界史上都是绝无仅有的重大事件——这既是中、美、英、苏四国正式宣告世界反法西斯战争取得了最后的胜利；也是明确表示了中、美、英、苏四国共同开创的战后世界格局开始形成，在20世纪乃至更长的一段历史前期里，对世界各国的发展都产生了极为深刻的影响。

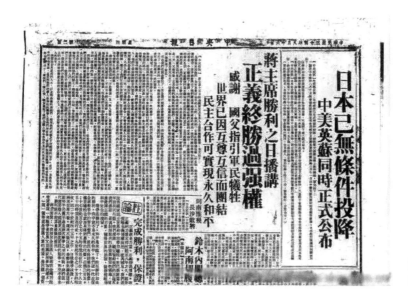

◀　《中央日报》报道：日本已无条件投降

◎ 重庆汇成了一个声音：鬼子投降了！抗战学子亲历的8月15日……

8月15日的重庆，艳阳高照，早晨7时左右，重庆商业专科学校的学生罗通澈刚从睡梦中醒来，就听到收音机里传来日本投降的消息。也就是一眨眼的工夫，窗外传来了鞭炮声和人们的欢呼声，还夹杂着猛烈敲打洗脸盆的声音，日本投降了，这次是正式发布投降文告了，罗通澈不管不顾地大喊着，他要回到重庆商专去找同学：

路过街口的小食摊，他习惯性地想买两个馒头当早点。当他付钱的时候，老板却兴冲冲地告诉他不要钱。老板是几年前逃难到重庆的下江人，他说，抗战胜利了，日本鬼子投降了，他可以回老家了，今天就免费请大家吃馒头。可能是受到小食摊老板的感染，罗通澈抓起馒头没有往嘴里送，而是情不自禁地举起馒头高喊了两声："日本投降了！""打倒日本帝国主义！"老板激动得又往他手里塞了一个馒头，还跟着他喊了一句"我们要回老家啦！大家快来吃胜利馒头！"惹得路人纷纷驻足。

……

在校园里又跳又唱还不能发泄同学们憋了长达8年之久的怨气和仇恨，更不能表达他们突然间感受到的快乐，他们要融入到全城的欢庆之中，要融入到全国人民的欢庆之中，要扬眉吐气地狂欢一番。有人打开学生宿舍的房门，拿起里面的洗脸盆、茶缸一类的东西又敲又捶；有人取下没有带回家的床单做成横幅，找不到毛笔就用指头蘸着墨水在上面写字；有一位跟随父母逃难到重庆的东北同学，还咬破手指用鲜血写下一句话：我终于可以回东北啦！更多的同学四处寻找纸张做成三角形的小旗，在上面写上"欢庆胜利"等字样。

青年学生是最勇敢的革命力量，总是冲锋在前，当罗通澂和同学们拉着自制的横幅，举着三角形小旗赶到两路口的时候，已经是上午10点钟左右，他们和两路口成千上万的民众一起举行了声势浩大的庆祝游行。

罗通澂说，那场胜利大游行是他有生以来所见过的最为壮观的场面，游行队伍根本看不到头尾，几乎整个城市的人都出动了，而且一路上还不断地有人加入进来。那是一次不分阶层、不分职业、不分贫富贵贱的联合大游行：

当时参加游行队伍的人来自各个行业各个阶层，有政府官员、公司职员、工厂工人，也有小商小贩、下苦力的"棒棒"、擦皮鞋的小孩，甚至还有经常在大街上乞讨的叫花子，人们不分男女老幼，都敞开喉咙呼喊口号，口号声此起彼伏，直冲云霄，仿佛要让全中国人都听见，甚至要让远在太平洋的日本国都听见。有人喊哑了嗓子还不罢休，干脆将鞋子脱了下来，随着口号的节奏拍打两只鞋底。

可以说，那天在重庆城看不到任何一张脸是愁苦的，所有的面孔都像绽放的花朵；看不到任何人像往常那样在街头争吵，所有的人都沉浸在全民族抗战胜利的喜悦当中。游行队伍所到之处，很多人家的窗户都挤满了脑袋在呼喊；有的

①　重庆抗战学子8·15胜利大游行亲历记。
　　http://blog.sina.com.cn/s/blog_46fdc7b701000cdy.html（2015-4-8）

窗户还伸出一根竹竿，上面挂着一串正在炸响的鞭炮；有人直接举着脸盆一类的东西伸到窗户外面敲打，好像要把积蓄了八年的力气在那一天全都释放出来。

八年的煎熬与抗争，在那天的重庆城汇成了一个声音："打倒日本帝国主义！""鬼子投降了！""庆祝抗战胜利！""我们可以回家啦！"人们挥舞着颜色各异的小三角形旗帜，声嘶力竭地呐喊、呼号，从两路口经观音岩、中山二路、市中心、民族路、小什字，最后到达朝天门码头。整个游行过程进行了大半天，最后队伍聚集在朝天门齐声呼喊口号。记者猜想当时把游行终点定在朝天门，可能是希望通过人群震天动地的口号声，向抗战前方和沦陷区传达胜利的声音，向神州大地和华夏的整个天空传达全民族的喜悦。①

"日本投降了！""抗战胜利了！"重庆的大街小巷满是狂欢的人流，被新闻记者们称之为"千年未有的热闹"。狂欢狂喜的学生们甚至无心上课，《世界日报》在《胜利声中小插话》中写道：

"胜利消息冲昏了头脑，各大中学学生读书无心，有的索性离开了学校，急于还乡，此事急坏了教育部，已发出通令，勉安心上学，各级学校照常上课。教育部以兹值胜利降临，各校员生于欣欣鼓舞之余或有还乡之意，难免影响教

---

① 重庆抗战学子8·15胜利大游行亲历记。
http://blog.sina.com.cn/s/blog_46fdc7b701000cdy.html（2015-4-8）。

学。特规定仍按规定日期开学上课，保证正常状态。"①

◎ "正义必然胜过强权"，国民政府主席蒋介石向全国发表胜利讲话……

1945年8月15日上午10时，国民政府主席蒋介石来到中央广播电台，分别用中波和短波发表了自己亲自撰写的《抗战胜利对全国军民及全世界人士的广播文告》②，庆贺抗战胜利，缅怀全国抗战以来忠勇牺牲的军民先烈。在演说中，蒋介石平静地阐述了"正义必然胜过强权"的真理，同时也表达了对日本"以德报怨"③ 的态

◀1945年8月15日，国民政府主席蒋介石向全国发表胜利讲话

① "二战"日本宣布投降之夜，民众庆祝到天亮。1945年8月15日：中国人的狂欢夜。http://epaper.ts.cn/ftp/site1/xjdsb/html/2010-08/13/content_67901.htm（2015-3-22）.

② 蒋介石日记记载："近日忙迫，本托（陈）布雷代拟，以其病，至今未动笔，故不如自拟为快也。"（1945年8月14日），参见［美］黄仁宇：《从大历史的角度解读蒋介石日记》，北京：九州出版社2008年版，第429页。

③ 蒋介石在演说中的表述为"不念旧恶"和"与人为善"，后来蒋本人认可了"以德报怨"的提法，1946年3月21日，蒋介石接见中国驻日军事代表团团长朱世明时即指示"对日本所持'以德报怨'政策之要点"。参见叶健青编：《蒋中正总统档案·事略稿本》第65册，台北："国史馆"2012年版，第136页。

度，他说：

全国军民同胞们，全世界爱好和平的人士们：我们的抗战，今天是胜利了，正义必然胜过强权的真理，终于得到了他最后的证明，这亦就是表示了我们国民革命历史使命的成功。我们中国在黑暗和绝望的时期中，八年奋斗的信念，今天才得到了实现。我们对于显现在我们面前的世界和平，要感谢我们全国抗战以来忠勇牺牲的军民先烈，要感谢我们为正义和平而共同作战的盟友……

我全国同胞们自抗战以来，八年间所受的痛苦与牺牲虽是一年一年的增加，可是抗战必胜的信念，亦是一天一天的增强；尤其是我们沦陷区的同胞们，受尽了无穷摧残与奴辱的黑暗，今天是得到了完全解放，而重见青天白日了。这几天以来，各地军民的欢呼与快慰的情绪，其主要意义亦就是为了被占领区同胞获得了解放。

……

我中国同胞们必知"不念旧恶"及"与人为善"为我民族传统至高至贵的德性。我们一贯声言，只认日本黩武的军阀为敌，不以日本的人民为敌；今天敌军已被我们盟邦共同打倒了，我们当然要严密责成他忠实执行所有的投降条款，但是我们并不要报复，更不可对敌国无辜人民加以污辱，我们只有对他们为他的纳粹军阀所愚弄所驱迫而表示怜悯，使他们能自拔于错误与罪恶。要知道如果以暴行答复敌人从前的暴行，以奴辱来答复他们从前错误的优越感，则冤冤相报，永无终止，决不是我们仁义之师的目的。这是我们每一个军民同胞今天所应该特别注意的。

……

我请全世界盟邦的人士，以及我全国的同胞们！相信我们武装之下所获得的和平，并不一定是永久和平的完全实现，一直要作到我们的敌人在理性的战场上为我们所征服，使他们能彻底忏悔，都成为世界上爱好和平的分子，像我们一样之后，才算达到了我们全体人类企求和平及此次世界大战最后的目的。[①]

广播时间约10分钟，美国《时代》周刊驻华记者白修德[②]在现场，他这样描述坐在话筒前的蒋介石：

1945年8月，蒋安静地坐在重庆一间闷气的广播室里准备告诉中国人民抗战事业已终结。他和平日一样凝固地沉着。他的头顶剃得净光，不着丝毫白发的痕迹。他的咔叽军装上衣毫无瑕疵，不挂勋章，衣领紧扣在喉头，上有斜皮带钩扣着，一管自来水笔挂在口袋之上。广播室荡热，内中的二十个人汗流浃背，只有委员长看来凉快。他调整着角质框的眼镜，看了看面前桌子上紫红色的花一眼，慢慢地对着扩音器用高调而清爽的声音告诉人民仗已打胜。他说着的时候，室外的喇叭传播着这消息。街上人众认识了他明显的汽车，麇集在石砌的建筑之门外，他可以听到轻微的欢呼之声。

---

① 蒋中正：《抗战胜利告全国军民及全世界人士书》，《中央日报》1945年8月16日。

② 白修德（1915—1986），英文名西奥多·H·怀特，美国人，曾就读于哈佛大学历史系，在费正清指导下研究中国文化。1939年4月，白修德来到中国任国民政府新闻部顾问，长期任美国《时代》周刊驻重庆记者，主持报道中国的抗日战争。他访问延安后写出了影响巨大的名著《中国的惊雷》，白修德被认为是抗战期间最倾向于中国共产党的美国记者之一。

他的演讲历时十分钟。突然地他的头颅低垂，失眠的眼眶陷凹处见形，在这一刹那的松弛，他的平稳之外貌露相，紧张与疲劳在这胜利的关头显现在他人身上……①

▶ 1945年8月15日，中、美、英、苏国政府同时宣布日本无条件投降，蒋介石在电台向全国人民宣布日本投降的消息后，步出电台后受到民众的欢迎

蒋介石的广播讲话得到民众热烈响应。据蒋的侍从秘书张令澳回忆，收听到广播的中国人"一时皆热泪涌流"。

16日的《大公报》报道了蒋介石走出播音室的情形：

---

① ［美］黄仁宇：《从大历史的角度读蒋介石日记》，台北：时报文化出版1994年版，第430页。

主席步出广播大厦登车驰返官邸之际，数万民众自马路两侧拥至大厦四围，纷向主席热烈欢呼致敬，达八九分钟未止。主席一再含笑点首示意，而民众愈集愈多，途为之塞。嗣经警察多方开导，方得通路，主席之车乃缓缓驶出，迳返官邸。此时中央广播电台即连续播"胜利之歌"数次，民众始尽兴散去。[①]

◎ 日本投降矣！重庆《大公报》总编辑王芸生感慨良多，邹鲁的忧虑和陈布雷的焦急……

重庆各大媒体和中国各地报纸开始在头版头条竞相报道抗战胜利的消息，"美苏英中四国宣布日寇接受无条件投降"（8月15日延安《解放日报》）；"四国首都今晨宣布 ／日本无条件投降"（8月15日昆明《云南日报》号外）；"四国今同时公布 日本无条件投降"（8月15日重庆《新民报晚刊》）；"中美英苏四国同时公布　日本实行投降"（8月16日重庆《新华日报》）；"日本已无条件投降　中美英苏同时正式公布"（8月16日重庆《中央日报》；"和平临遍人间！中美英苏昨晨公布　日本正式接受投降"（8月16日广西贺县《八步日报》）。

其中尤以《大公报》的报道言简意赅，直抒胸臆——"既醒目又令人振奋"的特大号标题昭告天下：

---

① 李恒：《胜利时刻的回眸》。
　　http://bbs.tiexue.net/post2_5244499_1.html（2015-1-24）

日本投降矣!

答复四国接受规定条款

今晨七时四国首都同时正式宣布

时隔62年，2007年8月15日的香港《大公报》发表回顾文章说，当时在重庆报界使用这样的大字号标题并不多见，这是该报总编辑王芸生①与报馆编辑、排字房工友的激情策划：由于使用了特意刻铸制作的五个特大号铅字"日本投降矣"，《大公报》一出现在重庆街头就引发读者争相购买，山城一片沸腾。值得提及的是，这一天《大公报》的版面还被国家文物局鉴定为国家一级革命文物。

穿越历史迷雾，回到70年前的历史现场，让我们跟随《大公报》总编辑王芸生，透过他的心境再次体会那一极具历史意义的时刻：

整个十五日这一天，王芸生和《大公报》同人沉浸在欢乐之中。报馆人来人往，记者出出进进，不断把采访到的新闻赶写成稿件，送到总编室；版面编辑收集着各种有关日本投降的信息，准备着第二天报纸的内容。当晚，王芸生还专门通知后勤部门，为大家准备酒菜，让诸位欢乐一番。有的记者喝得烂醉。

在喜庆的晚餐上，同人们一致请对中日关系颇有研究且能言善讲的总编辑讲讲话。此时，王芸生的确感慨良多，要讲的话有千言万语，却又不知该从何谈起。他二十八岁进入

---

① 王芸生（1901—1980），原名德鹏，天津人，无党派爱国民主人士，政论家，《大公报》总编辑、中日关系研究专家。

◀《解放日报》：美苏英中四国
宣布 日寇接受无条件投降

▲《中央日报》：日本已无条件投降

◀《大公报》：日本投降矣！

《大公报》，随着八年抗战的炮火不断辗转，吃尽了游子离家的辛酸。这时，面对抗战胜利，他最直接的联想就是两个字——回家。最后，他为大家即兴背诵了诗人杜甫的《闻官军收河南河北》："剑外忽传收蓟北，初闻涕泪满衣裳；欲看妻子愁何在，漫卷诗书喜欲狂。白日放歌须纵酒，青春作伴好还乡；即从巴峡穿巫峡，便下襄阳向洛阳。"随着王芸生的吟诵，在场的编辑记者个个唏嘘，有的甚至老泪纵横。

……

夜深了，白天的欢庆喧嚣渐渐平静下来。王芸生坐在写字台前，思索着第二天社评的结构。他首先在稿纸上抄录了杜甫的"闻捷诗"，把它作为社评的开场白。他接着写道："日本投降了！抗战结束了！在八年苦战之余，得见这胜利的伟大日子到来，我们真是欢欣，在笑脸淌下泪来。……杜子美闻捷诗，有'青春作伴好还乡'之句。抗战胜利了，使流离播迁的人们人人能够快乐还乡，我们的胜利就可算是胜利无缺了。我们以闻捷而喜，并为还乡而祝！"这些话，既是他此时的真切的感念，也表达了抗战胜利后大后方老百姓的心情。

他为这篇社评写下的标题是《日本投降矣》。①

抗战胜利，国人心情大好自是理所当然。但是狂欢过后，有识之士还是看到了建国之路的漫长与艰辛。如国民党元老邹鲁，此时欢乐的心情"和民国成立之日一样"，只

---

① 香港《大公报》2007年8月15日。

是一想到建国问题，就忧心忡忡，他的抗战抒情诗，喜忧
参半：

　　八年抗战嘉成功，盟国同心肇大同。忍痛军民流血泪，
始免种族化沙虫。

　　大难来日休矜伐，满目深疮愧奉公。建国万端仗群策，
无望在莒事和衷。①

　　面对"太突然了，准备不足"的抗战胜利，蒋介石的
"文胆"、曾任国民党中宣部副部长的侍从二室主任陈布雷久
处权力中枢，深知国事艰难。由于蒋介石命令日伪军只向国
民党军队投降，不许向共产党领导的八路军、新四军投降，
公开激化了国共两党的矛盾；国民政府内部又借抗战胜利之
机，各自为谋，"五子登科"大发国难财。乱世乱象，纷纷
扰扰，感慨万千的陈布雷在"五条杂想杂记"中直抒胸臆：
"我国胜利之局已大定，积年郁闷，堪为一消。暴敌终有
今日，民族正气之胜利也。"紧接着笔锋一转，忧郁之情溢
于纸上：

　　"但我国现情，与他国不同，残破太久，整理不易，其
一，建国事业，毫无基础，其二，八年抗战，道德破产，争
名竞利，人为其私，此其三，故日寇投降后之我国善后工
作，较之他国已特为繁复而艰难。"
　　……

<hr>

①　邹鲁著；文明国编：《邹鲁自述》，北京：人民日报出版社2013年版，第446页。

　　值此时机必须本党坚强团结，中枢百事有条理，有人才，乃克济此艰巨。但内顾现状，堪焦急之事真太多。[①]

① 陈布雷著；博瀚整理：《陈布雷自述》，北京：华文出版社2013年版，第215页。

第二章　　**延安**的胜利

人民的狂欢节

日本无条件投降了！
消息像闪电划破黑夜的天空，
人们从各个角落涌出，向街上奔走，向广场奔走，
没有话比这更动人，更美丽！
有人在点燃火把，有人在传递火把，
有人举着火把来了，拿着火把的都出发了，
一个、两个、三个、四个……愈来愈多了，愈来愈多了
人群，到处都是人群，感激传染着感激，欢喜传染着欢喜；
所有的门都打开，迎接欢乐，款待欢乐，
欢乐是今天夜晚最高贵的客人。
没有人能抑制住自己的感情！
人人的心像火把一样燃烧……
地壳在群众的脚步下震动了！
这是伟大的狂欢节！胜利的狂欢节！解放的狂欢节！
这是中国人民用眼泪换来的欢乐，用血汗栽培的花果。

—— 艾青①

①　艾青：《人民的狂欢节》，转引自王季平主编：《八·一五这一天》，北京：光明日报出版社1985年版，第477—479页。

1945年8月，延安隆重举行"庆祝抗战胜利大会"

- 陕北的天空从来没有那么蓝过：无数支火把照亮了宝塔山，延安的庆祝通宵达旦。

- 机要秘书叶子龙，战士王文明，军区司令员杨成武、宋任穷和延安抗小一年级学生鲁崎唔眼中的延安狂欢夜。

- 延安知识分子的狂欢：所有的门都打开，迎接欢乐，欢乐是今天夜晚最高贵的客人。

- 在王家坪八路军总部，中共中央做出了影响中国命运、改变历史进程的决定。

- 延安共产党人以实际行动赢得了国外友好人士的理解和支持。

- "我们已经找到了新路，我们能跳出这周期率。这条新路，就是民主。"

◎ 日本投降了！正在主持会议的毛泽东高兴得连声说道："好哇！好哇！"无数支火把照亮了宝塔山……

延安，革命圣地。

日本投降了！地处清凉山的延安新华通讯社最先得到这一激动人心的消息。

这一天是8月10日的晚上，由毛泽东亲自主持召开的中共中央紧急会议已经进行了三天三夜，几乎一直未合眼的毛泽东听到这一突如其来的好消息，高兴得连声说道："好哇！好哇！"尽管8月10日的日本"投降"，还只是"乞降"，只有经同盟国一致同意后才是日本最后的正式投降，但是这一特大喜讯仍然像一声炸雷，响彻在陕北的天空。[①]

在方强、莫文骅等老将军的记忆中，"陕北的天空从来没有那么蓝过"[②]。传送"号外"的骑兵和通讯员们唤醒了大大小小的村庄，宝塔山下的人们像潮水一样涌出了山沟和窑洞，奔走相告、纵情欢乐；在缺少木柴的延安，人们寻找着一切可以燃烧起来当作火把的东西，尽情挥舞，有人扭起了秧歌，有人唱起了抗日歌曲，有人撕开了棉袄，扯出棉花蘸了油当火把，有人甚至把纺车都点火烧了起来——狂欢的人群用无数支火把照亮了宝塔山，映红了延河水，欢乐的人群如同一条条蜿蜒起舞的火龙，从四面八方游进了延安城。

机要秘书叶子龙在毛泽东身边工作了27年，在他的记忆中，那一晚的延安全城轰动，万众欢腾。无数的火炬照亮了山巅河畔，机关与群众的乐队、秧歌队纷纷出发游行，灯火彻夜未更。[③]参训队战士王文明亲眼目睹了延安军民的热烈欢庆场面，他在当天的日记中兴奋地写道：

（1945年8月10日，星期六）

一刹那，震天的锣鼓声与狂呼声震醒了延安："日本鬼子

---

① 贾巨川：《延安军民庆祝抗战胜利纪实》，《纵横》2005年第8期。
② 《难忘"八·一五"——抗日战争胜利时刻的回眸》，《人民日报》1995年8月15日。
③ 《难忘"八·一五"——抗日战争胜利时刻的回眸》，《人民日报》1995年8月15日。

投降了！"迅速传播出去。火炬点燃起来了，在黑暗的夜里放着灿烂的光芒。我们飞也似地奔入这一行列。游行的巨流汇集了各方涌来的人群、火炬和锣鼓。男的、女的、当兵的和老百姓，人们兴奋地扭着秧歌，一面走一面欢呼："毛主席万岁"，"中华民族解放万岁！"从不停歇！这是我有生以来最愉快的夜晚。心脉频频地跳动，一夜不曾入眠。①

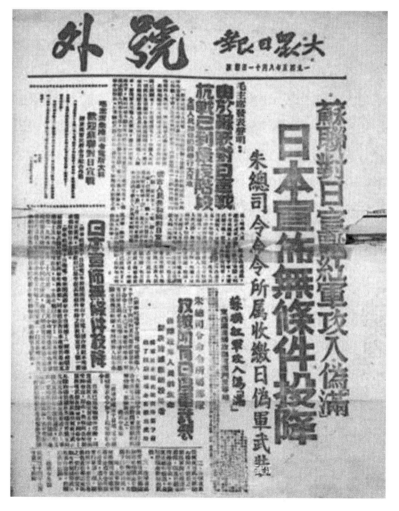

◀ 1945年8月11日，《大众日报》红色"号外"报道抗战胜利

①　《难忘"八·一五"——抗日战争胜利时刻的回眸》，《人民日报》1995年8月15日。

◎ **杨成武、宋任穷、陈丕显回忆说，各根据地连夜组织宣传队、赶印号外和传单，宣传这一划时代的事件……**

冀中军区司令员的杨成武将军回忆说，8月10日这一天正是安（国）、博（野）、蠡（县）战役打响的日子，我们的参战部队已经部署完毕。我刚刚入睡，秘书就跑来把我叫醒了，告诉我说日本政府发出了乞降照会。日本鬼子要投降了！司令部沸腾起来，八路军战士们兴高采烈、敲锣打鼓地喊起了胜利口号。晋察冀、晋绥、冀鲁豫、山东、华中等抗日根据地也都相继接到了日本投降的消息，各根据地宣传干事们连夜组织了宣传队奔赴机关农村，宣传这一划时代的事件，一个个抗日根据地变成了欢乐的海洋。

新华社晋察冀11日电讯报道，成千成百的听众都高呼"中国共产党万岁""八路军新四军万岁""中华民族解放万岁""解除敌人武装，消灭日本侵略者"的口号，群众奔走相告，村中的乡亲们说，"毛主席下发了消灭日本侵略者，配合苏联红军及盟军作战的命令来了，咱盼了七八年，出头的日子到了"。各根据地彻夜工作，报社连夜赶印号外和传单，准备明天好送往各地。冀鲁豫日报社连夜发出了两份号外，从12日起改为对开日刊，为了加强对收复区的宣传，发行份数从12000份增加到40000份。①

---

① 齐素兰：《抗战胜利在解放区》，转引自王季平主编：《八·一五这一天》，北京：光明日报出版社1985年版，第282页。

▲ 晋察冀边区
的女中秧歌队庆
祝抗战胜利

　　八路军冀南军区司令员宋任穷也是在 8 月10日这一天得知日本要投降了，他和曹里怀等部队指挥员们一起兴奋得一宿都没有睡着；新四军苏中军区政委陈丕显更是激动不已。他回忆说：

　　八年敌后抗战，威震敌胆的新四军由几千游击健儿发展到数十万抗日大军，屹立在华中敌后，活跃在平原湖荡，出没在崇山峻岭，克服重重困难，迎来了胜利的曙光。在胜利的时刻，想起那艰难的峥嵘岁月，真叫人悲喜交加。[1]

　　新华社晋绥11日电讯报道，送号外的骑兵和通讯员把大小村庄都唤醒了，有些人，刚揉开眼睛，就跑出被窝欢叫起来。到处是兴奋的人群，到处是欢笑和议论，在军队驻地，

---

　　[1] 《难忘"八·一五"——抗日战争胜利时刻的回眸》，《人民日报》1995年8月15日。

人们围着报告消息的人，兴奋地讨论着新的工作。在村头街口，老乡聚拢着，一个老汉说："几年来，日本鬼子可把我们糟蹋苦了，这一下子可出头露面啦。"旁边的青年握着拳头叫道："还是咱们老百姓力量大。"①

◎ 8月15日日本正式宣告投降，曹慕尧记得朱德总司令的两只眼睛笑得眯成了一条缝，延安抗小的鲁崎唔看到一向严肃的父亲从未这么高兴过……

延安军民的欢庆活动，一直持续到8月15日日本正式宣告投降。白天的延安全城轰动，红旗高挂，万人欢腾；夜晚的延安彻夜不眠，篝火熊熊，锣鼓喧天，欢天喜地的人们拥抱狂欢。从全国各地投奔到延安中央军委外国语学校的知识青年们，在俄文队队长曹慕尧的带领下，欣喜若狂地来到位于延安城北门外大约二三华里的中央军委总部所在地——王家坪，这些活泼好动、能歌善舞的学员们和朱德总司令、叶剑英总参谋长、王稼祥总政治部主任以及总参总政机关共同庆祝抗战胜利。据曹慕尧回忆：

学员代表致祝捷词之后，朱德总司令的两只眼睛笑得眯成了一条缝。整个会场沉浸在一片欢乐的气氛中，歌声口号声连绵不绝，高奏革命进行曲，合唱八路军的军歌。

---

① 齐素兰：《抗战胜利在解放区》，转引自王季平主编：《八·一五这一天》，北京：光明日报出版社1985年版，第282页。

朱总司令登台讲话，大礼堂顿时鸦雀无声，大家伸长了脑袋，洗耳恭听。会场里庄严肃静。即使丢下一根针，也能听到音响。那时候没有扩音器，朱总司令提高嗓门，用一口浓重的四川口音说："中国人民的艰苦抗战，终于取得最后胜利，抗日战争作为一个历史阶段已经结束了，但是中国的革命未来仍然任重道远，还有许多斗争等待着我们，前途并不平坦，需要迎风破浪，奋勇前进，敢于斗争，敢于胜利，去迎接新中国的曙光。"①

突然听到窑洞外响起"咣咣"的敲锣声，有人高喊"日本投降了！""日本投降了！"延安抗日小学一年级的学生鲁崎唔看到医院的机要秘书一边敲锣一边跑，还一边大声喊叫着，显然还没来得及向医院领导汇报。鲁崎唔当时还不知道那一天是8月15日，在他的记忆里：

听到喊声，工作人员、家属和轻伤员们纷纷走出窑洞，当他们确认这一消息后，也情不自禁地欢呼起来，拥向一块较大的场地——人们称之为"梨园"的地方。在梨园，人们的情绪更加兴奋，大家握手、拥抱、欢呼雀跃。一位年轻护士拉着我母亲的手，激动地说："大姐，这下你可以看到女儿了。"因为日本发动侵略战争，我的父母出来参加抗战，我姐姐1937年5月出生不久便留在上海由外祖母抚养。小护士流着眼泪说："我也快三年没见到爸妈了，也不知道他们现在怎么样。"

---

① 曹慕尧：《沸腾之夜——在延安庆贺抗战胜利》，《党史纵横》2001年第11期。

很快，医院领导们也到了梨园。政委正式宣布这一喜讯，人们再一次长时间欢呼、跳跃起来，许多人摘下军帽抛向空中。政委请住院治疗的一位八路军著名高级将领讲话。他讲了什么我听不太懂，也没记住，只记得他的讲话不断被掌声、口号声和欢呼声所打断。

天黑了，梨园里燃起一堆堆篝火。人们围着篝火笑着、跳着、高声谈论着。我和小伙伴们在篝火间追逐嬉戏。《义勇军进行曲》《在太行山上》等抗日歌曲此起彼伏地响起。不一会儿，一阵锣鼓声、唢呐声由远及近，是旁边桥儿沟鲁迅艺术学院的师生和附近的老乡们来了。"鲁艺"师生的到来给欢庆的场面增添了更多的情趣。

医院的外籍医生也深深浸染在抗战胜利的喜悦之中。被纳粹迫害逃到上海后又参加八路军的德籍犹太医生米勒把我扛在肩膀上，迈着一双长腿扭进秧歌队伍中，他把我放下，几个孩子便拥上去，争着要骑上他那宽阔的肩膀。年近半百的朝鲜医生方禹庸和夫人穿着民族服装，翩翩跳起我从未见过的朝鲜舞。人们围着篝火拉起圆圈，玩起击鼓传花的游戏。从北平来的医务主任现编现唱，声情并茂地表演了一段京韵大鼓。一位壮实的炊事员两手着地、两脚朝天地绕着篝火倒行一圈。头系羊肚毛巾的一位陕北老农，唱起高亢的信天游，我父亲一向严肃、内向，那晚也破天荒地当众唱了一段《游击队之歌》。我从未见他这么高兴过。

......

夜深了，人们仍然很兴奋、如果不是政委和各科主任再三提醒第二天还有繁忙的工作要做，人们一定会闹个通宵的。①

◎ 在这个热泪盈眶的"胜利之夜"，延安民众和萧三、王大化、艾青等艺术家们都醉了：这是人民和自由解放的婚礼！男的个个是新郎，女的个个是新娘！

这一夜的延安灯火辉煌，欢声四起，鼓乐喧天。各种乐队、腰鼓队、秧歌队纷纷整装出发游行，庆祝的人潮水一样的继续涌来，秧歌队越跳越大，完全卷成一片人海了。年近九旬的徐金山老人谈起"胜利之夜"，至今仍然记忆犹新：

十几里的道路上满是游行的队伍，大家欢唱着前进，和秧歌队融在一起，没有章法地扭着、走着、笑着、唱着。在大街上，庆祝胜利的人们高唱着"前进、人民的解放军！解除敌人的武装，去恢复交通和城镇！坚决、大胆、迅速向前进，谁敢阻挡，就把他消灭得干干净净"的歌曲，抒发胜利的喜悦。

在群众极度的欢呼声中，八路军副总司令彭德怀也赶到新市场，与军民共庆抗战的胜利。游行的群众一齐向他拥来，用手捧起大海碗向这位抗战功臣敬酒。彭大将军频频向

---

① 鲁崎唔：《难忘60年前那个胜利之夜》，《老人天地》2005年第11期。

群众招手致意，并接过一碗酒，深情地说："我接受大家的酒，让我们一起，为那些死难的抗日壮士和为中国独立自由而献出宝贵生命的国际友人献上这碗酒吧！"说完，双手托碗，将酒洒在黄土地上。

狂欢的人一直闹到天亮才散去。天亮之后，还沉浸在欢乐中的人们顾不上休息，聚在街头巷尾议论胜利的消息，在门上挂起红灯——这是当地人迎接新年的礼数。①

这一夜的延安是火炬的世界，山沟里的火龙彻夜不熄，窑洞里搬出来的草垫子、报纸和烂衣服转瞬间就变成了山坡上的篝火，熊熊燃烧，无数火把和篝火照亮了巍峨的宝塔山；这一夜的延安不分男女老幼，欢呼声、歌声、口号声、鼓锣声、唢呐声，排山倒海，震耳欲聋。1936年参加东北抗日联军、1938年就来到延安的孙平老人回忆说，不论是老百姓还是机关干部、学校学生都载歌载舞，庆祝胜利，人们欣喜若狂，热泪盈眶。各机关、学校门前和窑洞前都生起了大火，杀猪宰羊。那些曾经因为抗日坐过牢的人尤其激动，有人不知从哪里弄来了酒，不少人都醉了，那种兴奋之情真是无以言表。②

延安知识分子"深入到中国农民群众的最底层"，已

---

① 1945年8月15日：中国人的狂欢夜。

http://epaper.ts.cn/ftp/site1/xjdsb/html/2010-08/13/content_67901.htm（2015-1-24）

② 闵捷，张琴，金旼旼，于晓华，肖春飞，朱薇，邓喆倩，韩润磊：亲历者口述实录：1945年8月15日 难忘胜利那一天。

http://news.xinhuanet.com/newscenter/2005-08/14/content_3350324.htm（2015-1-24）

经与人民建立了前所未有的亲密关系。①《国际歌》的中文译者、诗人萧三正在窑洞里守着一盏残灯，山沟里死一般的寂静，突然听到山上山下人声异常嘈杂，又听到锣鼓喧天：

有人甚至乱敲铜盆。有的用力吹喇叭，整个延安起了骚动。男女老幼，涌出窑洞。延河两岸岗山，野火漫天通红。

人像潮水般地涌向街头，旗帜招展在星空，人们舞火炬，扭秧歌，喊口号，人们只是叫，只是跳，只是笑。卖瓜果的争着送给人们吃，你给他们钱——无论如何不要。

"日本要无条件投降！"人们觉得自己的血在燃烧，人们忘记了整天工作疲困，才换得今天的狂欢、兴奋……。②

在鲁艺院内，艺术家们的狂欢别出心裁，曾经导演了歌剧《白毛女》的人民艺术家王大化（端木炎）大声呼喊着：日本投降了！哥！哥！日本鬼子投降了！我们胜利了！王大化的喊叫声惊动了正在教工窑洞里读书的话剧导演凌子风，人民艺术家兴奋地抱起话剧导演又啃又咬，两个大男人在地上高兴得打起滚来。话剧导演兴奋得脱下了自己身上穿的衣服，点燃成火炬加入了街头游行队伍；人民艺术家也不甘示弱，扛着一根大大的木椽，挑着烧红的棉被在街头奔跑，他的"木椽挑棉被"成为狂欢夜里最大的一支火炬。

延安的文艺家们当然不能仅仅是狂欢，艾青在《人民的

---

① 胡劫：《外国记者眼中的延安文化》，《中国档案报》2013年11月21日。
② 贾巨川：《延安军民庆祝抗战胜利纪实》，《纵横》2005年第8期。

狂欢节》中写道:

　　所有的门都打开,迎接欢乐,款待欢乐,欢乐是今天夜晚最高贵的客人。锣鼓的声音,直冲到天上,连星星都要震下来了! 洋槐树都震得抖动了! 火把照耀着队伍,锣鼓伴随着队伍,队伍来到了空场,队伍走成一个又厚又大的圆圈,人人的脸上映着火光,人人心像火把一样,忧愁被锣鼓赶跑了! 阴影被火光吓退了! ……

　　这是伟大的狂欢节! 胜利的狂欢节! 解放的狂欢节! 这是中国人民用眼泪换来的欢乐,用血汗栽培的花果,这是毛泽东同志朱总司令,八路军新四军带给我们的幸福! 这是斯大林元帅,伟大红军带给我们的幸福! 这是人民和自由解放的婚礼! 男的个个是新郎,女的个个是新娘!

　　告诉我: 什么夜晚能比今天更动人? 更美丽? 告诉我: 什么欢乐能像今天夜晚这样激荡万人的心呢?①

　　萧军、萧三、严辰、飞涛等人还写下了著名的诗篇《八年》《为和平而歌》《胜利了,但我们决不忘记》等发表在延安《解放日报》上,② "纵情的狂欢"是延安人民心中唯一的主题。

---

① 艾青:《人民的狂欢节》,转引自王季平主编:《八·一五这一天》,北京:光明日报出版社1985年版,第477—480页。
② 参见贾巨川:《延安军民庆祝抗战胜利纪实》,《纵横》2005年第8期。

◎ 老乡们从心里提出了动人的口号："享福不能忘了本"，"拥护共产党，爱护八路军"……

《解放日报》和新华社热情报道延安各界热烈欢庆抗战胜利的活动。记者海稜形象地描述了延安群众的狂欢场面：

中国人民艰苦奋斗，忍受牺牲，坚持了八年抗战，最后胜利的日子终于到来了！昨日上午日皇宣布无条件投降的消息传出后，全市轰动，万人欢腾，街上张灯结彩，国旗飘扬，各处黑板报上都用大字报道消息。晚间东南北各区到处举行火炬游行，全部灯火辉煌，欢呼声从各处发出；霎时，鼓乐喧天，无数火炬照亮山岭河畔。机关与群众的乐队、秧歌队，纷纷出发游行。新市场的商人来回奔跑欢呼报信，寻找着柴棍，扎起火炬，参加游行。

当实验工厂、联政宣传队、大众剧院、延大、完小等十余秧歌队在新市场十字街口汇合时，市民高呼："中华民族解放万岁！""苏联红军胜利万岁！""动员起来支援前线，保卫边区！""制止蒋介石发动内战！"声震山谷。斯大林元帅、毛主席、朱总司令的巨幅画像在熊熊火炬中高高举起，象征着中苏两国人民的大团结。

在蜂拥而至的人群中，有一位拄着拐杖的荣誉军人被群众拥戴着。他十分感动而吃力地说："八年啦，我的血没有白流……"他是因参加有名的平型关大战而光荣负伤的。今天他亲眼看见胜利了！

一个卖瓜果的小贩欢喜得跳起来，把筐子里的桃梨，一枚一枚地向空中抛掷，高呼："不要钱的胜利果，请大家自由吃呀!"群众报以热烈的掌声,庆祝的人像潮水一样地继续涌来,秧歌队越跳越大,完全卷成一片人海了。美军观察组闻讯后亦乘汽车随秧歌队致庆。①

为了让解放区军民尽情狂欢,永远牢记抗战胜利的来之不易。陕甘宁边区政府决定放假三天,并于9月5日集会热烈庆祝抗日战争的伟大胜利。

山头上的钟声响了,庆祝抗战胜利的大会就要开始了,人们冒着细雨从四面八方赶来,从山坡上,田野里,从工厂和学校,从兵营和商店的柜台前,"有的快步走,有的在跑着,不仅是由于性急,而是由于——显然的,我们等待这个日子已经等得太久了"。

据新华社延安6日电称:

延安各界人民两万人于昨日下午二时集会于南天门外广场,热烈庆祝抗日战争的伟大胜利。一时,各机关部队学校的漫长队列及延安县柳林区川口区即延市四郊赶来的群众,从东南北各个方向穿过国旗飘扬彩楼林立的街道,向会场聚集。

鲁艺、联政、文协、完小等秧歌队喧闹的锣鼓声音,随着欢呼的人群此起彼伏,拥进会场,会场四周新树立的木牌上,张贴着各种颜色的标语。每个人的脸上,都流露着经过八年艰辛苦斗所换取的欢愉。

从广场上,从两旁的山壁上,传出一阵一阵高昂的口号

① 《延安庆祝日寇无条件投降延安》,《解放日报》1945年8月16日。转引自王季平主编:《八·一五这一天》,北京:光明日报出版社1985年版,第278—279页。

声：抗日战争胜利万岁！中国人民团结万岁！争取和平民主！中苏美英盟军万岁！中国人民万岁！中国共产党万岁！这个声音显示着中国人民将以最大的努力，为建设和平民主中国而奋斗。①

成百上千人组成的秧歌队翩翩起舞，锣鼓声声响彻山谷，日本投降的消息在解放区军民中引起了巨大的反响。9月8日的延安《解放日报》报道了太行各地庆祝胜利的活动，老乡们从心里提出了动人的口号："享福不能忘了本"，"拥护共产党，爱护八路军"，"优待抗属"。②

抗战胜利了，老百姓喊出了"享福不能忘了本"，"拥护共产党，爱护八路军"，这是对共产党长期坚持抗战、流血牺牲的最大鼓舞和肯定。

◎ "对附近之敌军受降"，"立即向辽宁、吉林进发"，延安共产党人做出了一系列影响中国命运、改变历史进程的决定……

为建设一个和平民主的中国，延安共产党人还有相当长的一段艰苦的道路要走。早在8月8日苏联宣布对日作战时，为"密切而有效力地配合苏联及其他同盟国作战"，毛泽东

① 齐素兰：《抗战胜利在解放区》，转引自王季平主编：《八·一五这一天》，北京：光明日报出版社1985年版，第279页。

② 齐素兰：《抗战胜利在解放区》，转引自王季平主编：《八·一五这一天》，北京：光明日报出版社1985年版，第284页。

即在8月9日延安枣园窑洞里发表了《对日寇的最后一战》，依靠人民群众的支持，人民军队终于到了大反攻的时候。他号召"八路军、新四军及其他人民军队，应在一切可能条件下，对于一切不愿投降的侵略者及其走狗实行广泛的进攻。"他指出了新时期的作战方案，"必须放手组织武装工作队，成百队成千队地深入敌后之敌后，组织人民，破击敌人的交通线，配合正规军作战。必须放手发动沦陷区的千百万群众，立即组织地下军，准备武装起义，配合从外部进攻的军队，消灭敌人"，同时他提醒全国人民"必须注意制止内战危险，努力促成民主联合政府的建立，中国民族解放战争的新阶段已经到来了，全国人民应该加强团结，为夺取最后胜利而斗争"。[①]

8月10日、11日，在延安王家坪八路军总部，根据毛泽东的声明，中共中央做出了一系列影响中国命运、改变历史进程的决定——延安总部以总司令朱德的名义连续发布受降及配合苏军作战等七号命令，宣布各解放区抗日武装部队依据《波茨坦公告》，对附近之敌军受降，迅速收缴其武器，坚决消灭拒绝投降之敌伪部队（第一号命令）。

同时，鉴于东北地区特殊的战略位置，苏军又击溃了日本关东军，中共命令原东北军将领吕正操、张学思、万毅各率本部向热河、辽宁挺进，并派出驻冀热辽边境的李运昌部队立即向辽宁、吉林进发（第二号命令）。

派出贺龙和聂荣臻所部向内蒙即绥热察进发，准备接受日、"蒙"敌伪军投降（第三号命令）；同时派出部队肃清太

---

① 毛泽东：《对日寇的最后一战》（1945年8月9日），转引自王季平主编：《八·一五这一天》，北京：光明日报出版社1985年版，第261页。

原地区之敌伪军（第四号命令）和中国境内交通要道之敌伪军（第五号命令）、派出华北对日作战之朝鲜义勇军随同八路军向东北进军，准备配合苏军解放朝鲜（第六号命令）。第七号命令是抗日武装部队进入敌伪侵占之城镇要塞后，实行紧急军事管制，[①] 对东北地区包括内蒙古、朝鲜等地做出了全面的军事部署。

20日以后，中共中央和中央军委又向各中央局和各军区连续发出指示，要求快速组建100个团所急需的干部及主力部队进入东北。在广阔的敌后战场上，特别是靠近东北的战场上，共产党领导的八路军、新四军、游击队和抗日民众紧密团结，向负隅顽抗的日寇展开了最后的战斗。

8月15日，中国解放区抗日军总司令朱德给冈村宁次发去命令，告之日本政府已正式接受《波茨坦公告》条款宣布投

▲ 1945年8月13日，八路军解放兴和，骑兵列队入城

---

① 选自《中国现代史资料选编》第四册，哈尔滨：黑龙江人民出版社1981年版，第479—483页。转引自王德贵，徐学新，郑晓亮编：《八·一五前后的中国政局》，长春：东北师范大学出版社1985年版，第47—50页。

降，令其下令其所指挥的一切部队，停止一切军事行动，听候中国解放区八路军、新四军及华南抗日纵队的命令，向我方投降。同日，新四军苏浙军区政治部发布了热情洋溢的告同胞书，告之中共在抗战胜利后的主张和行动：

我们要去惩办那些罪大恶极叛国卖国的大汉奸，给以应得的处分，要去没收一切敌产和逆产资财，救济贫苦的工人农民以及城市贫民；要取缔垄断囤积，废除伪币，抑低物价；要在解放区的全境内，彻底摧毁敌伪政权，建立真正的人民的民主政权，取得完全的言论、出版、结社、居住、信仰等一切自由权利；要论功行赏，按过处罚，拥护八年来始终坚持抗战而有功劳的军队，反对一贯鱼肉人民，从卢沟桥一直退到云南、贵州，再想前来欺侮我们的那些军队！要在解放区内迅即发展农工商业，提高生产能力，改善人民生活。

告同胞书还提醒全国民众：牢记胜利是要自己取得的，决不会送上门来；抗战胜利是全国民众的胜利，为了保卫胜利果实，全国民众都要立即行动起来，支援中共领导的人民军队消灭不投降的敌人：

第一，农工商学各界男女同胞，立即组织起自己的团体，在贯彻胜利的目标下，万众一心，去围困据点，解除敌人武装，敌人不投降，就配合和帮助新四军坚决消灭它！

第二，体强力壮的工人农民和青年学生们，立即武装自己，用人民自己的武力，去争取胜利，保卫胜利！

第三，用运输、担架、向导、送茶、送水等各种方法，去帮助人民自己的军队——新四军，胜利地向京沪线进军！

第四，勇敢的、热血的爱国青年和各界同胞们，踊跃参加新四军去，为收复一切失地建设新民主国家来贡献自己的才能和精力！

第五，调查和登记一切叛国罪犯，严密监视和看住一切汉奸卖国贼。同时要坚决反对任何阻碍和破坏我们前进中的一切障碍！并且以汉奸论罪去制裁他！①

1945年是翻天覆地的一年，延安的胜利，才刚刚拉开帷幕。

◎ **"延安有坚如磐石的团结"，"延安的中国共产党人没有自己的个人利益"，甚至来访的美军观察组也确信"中国的未来属于中共"……**

抗战期间，以毛泽东为代表的共产党人从未对抗战失去信心。1938年5月26日至6月3日，毛泽东在延安抗日战争研究会作了题目为《论持久战》的长篇讲演，以最广泛的政治动员和全民抗战为基础，毛泽东坚定地认为："抗日战争是持久

---

① 《苏浙军区政治部告同胞书》，《苏浙日报》1945年8月22日。

战，最后胜利是中国的"。^① 这些朝气蓬勃的共产党人还有着高度的理论自信，他们坚持在延安、在根据地和解放区身体力行，不仅以实际行动赢得了广大解放区群众的支持，也以真诚、清廉和务实的革命乐观主义精神和作风赢得了国外友好人士的理解和支持。

据统计，抗日战争时期间来华的外国新闻记者超过了五十人，其中很多人都到访过革命圣地延安。如第一次将"神秘"的中国共产党人、人民军队和红色圣地展现在世界面前的美国记者埃德加·斯诺，美国进步作家和新闻记者阿格尼丝·史沫特莱、美国著名的进步女记者、作家安娜·路易斯·斯特朗，第一个访问延安并见到毛泽东本人的欧洲记者《新苏黎世报》摄影记者、瑞士人瓦尔特·博斯哈德，第一位考察抗日根据地的外国军事观察家埃文斯·福代斯·卡尔逊上校，和"中外记者西北参观团"六名外国记者：美联社、《曼彻斯特导报》《美国基督教科学箴言报》记者冈瑟·斯坦因，美国《时代》杂志、《纽约时报》《同盟劳工新闻》记者爱泼斯坦，合众社、伦敦《泰晤士报》记者福尔曼，路透社、《多伦多明星》周刊、《巴尔的摩太阳报》记者沃陶，美国天主教《信号》杂志、《中国通讯》记者夏南汗神甫，塔斯社记者普金科，以及以包瑞德上校为组长包括美驻华使馆秘书谢伟思、梅文尔·卡斯伯格上校等九人的美军观

---

① 1936年7月，毛泽东在同美国记者斯诺谈话时提出了坚持持久抗战。抗战初期，虽然中国军队连连失利时，但是毛泽东始终坚持认为："最后胜负要在持久战中去解决。"1937年7月，朱德在《实行对日抗战》中也认为抗战将是一个持久的、艰苦的抗战。洛川会议后，张闻天、周恩来、刘少奇、彭德怀等人都发表文章论述抗日战争的持久性问题。毛泽东集中全党智慧，在延安《解放》周刊第40期发表了《抗日游击战争的战略问题》（1938年5月30日），同时又作了《论持久战》的长篇演讲，在国内外产生了重大影响。

察组等。

　　延安之行给这些外国记者们留下了美好的印象。斯诺看到"中共领袖之间那土生土长的民主，和重庆是一个惊人的对比"，[1] 因为他看到了一个不一样的中国，一个生机勃勃的中国：

　　"红军和苏维埃政府已经在他们辖区的全体民众中，造就了坚如磐石的团结。斯诺看到：在一般人认为荒芜贫瘠、"中世纪"的苏区，居然还有工业的存在。斯诺看到：苏区的盐比国统区的盐既便宜又多；苏区的农民不用交税，他们参加了贫民会，他们投票选举乡苏维埃，他们把国民党军队的动向报告给红军；苏区办起了免费的学校，贫苦孩子可以念书识字；红军带来了无线电，让闭塞的村民可以了解外面的世界；红军凯旋，妇女们送上了仅有的点心和水果——这就是共产党与老百姓的鱼水之情。"[2]

　　海伦·福斯特·斯诺在西安经历了"惊险的潜逃"，终于在1937年4月30日"抵达红军前线"，来到了红星之国。[3] 她五次采访毛泽东，非常赞同中国共产党提出的《抗日救国十大纲领》，把中国从日本现在的威胁中拯救出来，主要的推动力量是"给人民以爱国活动的自由，和武装他们自己的自

---

　　① ［美］费正清著；刘尊棋译：《伟大的中国革命（1800—1985）》，北京：世界知识出版社2000年版，第294页。

　　② 参见张新：《外国记者眼中的中国共产党人系列之埃德加·斯诺笔下的共产党人》，《中国档案报》2013年7月4日。

　　③ 参见［美］海伦·福斯特·斯诺著；汪溪，方云，阎绍生译：《一个女记者的传奇》，北京：新华出版社1986年版，第247—256页。

由"。"中国必须以一切可能的方法动员起来，否则中国就将
灭亡。任何种类的组织都比没有组织好"。

在海伦·福斯特·斯诺看来，中国的革命必须动员群众
起来，以一切可能的方式行动——这就是"民主"的一种方
式。她说，我了解共产党人能够把人民组织起来——不必在
物质上给他们什么，仅仅一个精神上的友爱，或者像他们所
说的"生死与共"。十几岁的青少年的队伍是自发的——所有
红军士兵都是无偿的志愿军。他们会被摧毁，但是新的军队
又会起来。在延安的黄土上，虽然蔬菜和动物的生命只能勉
强维持生存，但人类的生命却活下来了，因为出现了由饥寒
和危险哺育出来的精神力量的觉醒。①

在斯坦因的考察记录里，延安的中国共产党人没有自己
的个人利益，他们毫无保留地把生命奉献给一种神圣的义
务，他还看到了共产党人和非共产党人的大不同：他们要比
非共产党人更勇敢、机动，更努力工作，更有效率，更愿意
自我学习，为别人作模范，共产党人紧紧依靠群众，一定要
和群众建立信任和谐的关系。② 博斯哈德在《新苏黎世报》
上刊登8篇报道，集中反映了延安共产党人在事业方面的乐
观前景：

"通过进行有组织的、政治性的动员和梳理个人典型，
共产党领导层成功地形成了一个讲道德、有原则的核心组

---

① ［美］海伦·福斯特·斯诺著；汪溪，方云，阎绍生译：《一个女记者的传
奇》，北京：新华出版社1986年版，第269页。
② 参见胡劼：《外国记者眼中的中国共产党人系列之冈瑟·斯坦因的延安印象》，
《中国档案报》2013年9月12日。

织，事实证明这在中国是独一无二的。而且，共产党点燃了许多中国青年的希望，使他们纷纷涌向延安，主动接受革命教育。"①

　　甚至来访的美军观察组也在大量报告中表达了同样的看法："第一，他们相信共产党是真心抗日的，中共领导的人民武装是有战斗力的。第二，他们建议美国政府向八路军、新四军提供武器，并与之联合作战。第三，他们确信共产党控制了敌后广大农村，确信中共是得到人民拥护的。第四，他们把国共两党进行对比，确信共产党是生气勃勃的力量、中国的未来属于中共……"②

　　在抗战士气很高的延安，"没有失败主义，有的是信心十足，在这里没有厌战情绪"，有的是"冷静、自信和自尊"。在美军观察组看来，"共产党在中国之地位，比现在任何团体都高"③。这就是长期以来，"红色延安"用积极、乐观的心态向世界展示的中国未来发展方向，同时毛泽东等共产党人提出的民主建国主张也已经深入人心，在中国各民主党派中生根发芽。

---

　　①　卡尔·斯泰诺斯：《沃特·博斯哈德60年前的延安之行》，《摄影世界》1998年第12期，第56—57页。转引自张功臣：《外国记者与近代中国（1840—1949）》，北京：新华出版社1999年版，第296—297页。

　　②　陶文钊：《中美关系史（1911—1949）》上卷，上海：上海人民出版社2004年版，第239页。

　　③　《美国外交关系文件1944年（英文版）》第6卷，第517页，第551页。冯嘉琳：《"美军观察组"在延安的活动及影响》，《历史教学》2005年第1期。

◎ "团结无望，民主不行，则抗战之成果不保"，毛泽东说只有民主，抗战才有力量，才能取得抗战的胜利，才能建设一个好的国家……

1944年5月，中国远征军联合美军向滇西日军发动反攻，旨在打通中印公路。在抗战最为艰苦的时刻，鉴于"战争在客观的事实上尚无在短期内即行结束的可能"，中国民主政团同盟发表了《对目前时局的看法和主张》，呼吁国内团结和民主，要求政府给人民以各项自由："中国必须成为一个十足地道的民主国家，这已经超过了理论的阶段……民主体系的形成已经刻不容缓，万万不可向战后推宕。"① 10月，中国民主同盟提出对抗战最后阶段的政治主张，要求政府切实地贯彻抗战国策，整理军队派系、给养、训练和作战指挥等问题，同时为加强反攻，争得最后胜利，主张开放党禁，筹备宪政："立即结束一党专政，建立各党派之间联合政权，实行民主政治。"② 抗战后期，全国民众前仆后继，流血牺牲，为国家民族争取生存之机会，各民主党派亦深感"倘使团结无望，民主不行，则抗战之成果不保"，"今日之事，不但国家兴替，民族盛衰，系于团结与民主。即其政党与其个人之成败荣辱，亦将系于是否团结能否民主以为断"。③

① 《中国民主政团同盟对目前时局的看法与主张》（1944年5月），转引自王德贵，徐学新，郑晓亮编：《八·一五前后的中国政局》，长春：东北师范大学出版社1985年版，第210页。

② 《中国民主同盟对抗战最后阶段的政治主张》（1944年10月10日），转引自王德贵，徐学新，郑晓亮编：《八·一五前后的中国政局》，长春：东北师范大学出版社1985年版，第217—218页。

③ 《中国民主同盟对时局宣言》（1945年7月28日），转引自王德贵，徐学新，郑晓亮编：《八·一五前后的中国政局》，长春：东北师范大学出版社1985年版，第220—222页。

团结与民主，这是延安共产党人立足根据地建设、不断
扩大解放区，放手发动群众，在抗日战争中不断取得战争胜
利的保障，也是中国共产党顺应历史潮流，反映人民愿望，
坚持依靠自己的力量争取全国胜利的保障。关于团结与民主
的关系及其重要意义，1944年6月，毛泽东在回答中外记者西
北参观团记者的提问时指出：

　　中国人民非常需要民主，因为只有民主，抗战才有力
量，中国内部关系与对外关系，才能走上轨道，才能取得抗
战的胜利，才能建设一个好的国家，亦只有民主才能使中国
在战后继续团结。①

◎ 如何跳出"其兴也勃焉，其亡也忽焉"的"历史周期率"，毛泽东胸有成竹：我们已经找到了新路……

　　1945年的7月1日，黄炎培、章伯钧等六位国民政府参政
员来到延安考察。黄炎培是著名的教育家与社会活动家，是
当时中国最大的民主党派——中国民主同盟的第一任主席和
中国民主建国会的第一任主委。

_____

　　① 《毛主席接见中外记者西北参观团谈国内外形势》，《解放日报》1944年6月13日。

毛泽东对黄炎培等人的到来非常高兴。他高度评价民主人士的延安之行，并指出中国未来的出路：

诸先生团结为怀，甚为钦佩。由于国民党当局拒绝党派会议，联合政府及任何初步民主改革，并以定期召开一党包办之国民大会制造分裂，准备内战相威胁，并已造成并将进一步造成绝大的民族危机，言之实深痛惜，倘因人民渴望团结、诸公热心呼吁，促使当局醒悟，放弃一党专政，召开党派会议，商组联合政府并立即实行最迫切的民主改革，则鄙党无不乐于商谈。诸公惠临延安赐教，不胜欢迎之至。[1]

---

① 《中国民主同盟对时局宣言》（1945年7月28日），转引自王德贵，徐学新，郑晓亮编：《八·一五前后的中国政局》，长春：东北师范大学出版社1985年版，第220—222页。

　　在延安，黄炎培不仅看到了延安军民的生产生活、文教卫生状况和人人以劳动为荣、勤俭朴素的社会风气，也看到了在中国共产党领导下军民的同心同德，毛泽东、朱德、陈毅等领导人的"朴实稳重"和上下级之间的亲密无间，还看到了延安市场上丰富多样的商品，和街道上每个延安人都能"直达毛泽东"的意见箱，他断言这是"一个阳光下新鲜而真实的世界"。

　　在延安期间，黄炎培等人与中共领导人充分讨论了国民大会和政治会议问题。7月4日，毛泽东专门邀请黄炎培等人到家里做客，他们围绕共产党的政策和整风运动等问题，整整长谈了一个下午，产生了著名的"毛黄对话"。

　　此时，经过长期的革命实践和中共七大的理论归纳，毛泽东的思想路线更加清晰、成熟，他现在思考的重点是如何把延安的胜利推向全国，变成全国的胜利。在这种情况下，毛泽东胸有成竹地问黄炎培，来延安考察了几天有什么感想？

◀ 1945年7月，毛泽东与黄炎培在延安机场

黄炎培说：

我生六十多年，耳闻的不说，所亲眼看到的，真所谓
"其兴也勃焉，其亡也忽焉"。一人、一家、一团体、一地
方，乃至一国，不少单位都没能跳出这周期率的支配力。大
凡初时聚精会神，没有一事不用心，没有一人不卖力，也许
那时艰难困苦，只有从万死中觅取一生。继而环境渐渐好转
了，精神也渐渐放下了。有的因为历时长久，自然地惰性发
作，由少数演为多数，到风气养成，虽有大力，无法扭转，
并且无法补救。也有因为区域一步步扩大了，它的扩大，有
的出于自然发展；有的为功业欲所驱使，强求发展，到干部
人才渐渐竭蹶，艰于应付的时候，有环境倒越加复杂起来
了，控制力不免薄弱了。一部历史，"政息宦成"的也有，
"人亡政息"的也有，"求荣取辱"的也有。总之，没有能跳
出这个周期率。中共诸君从过去到现在，我略略了解的，就
是希望找出一条新路，来跳出这个周期率的支配。①

黄炎培的这一席话，真可谓耿耿诤言，掷地有声。毛泽东
明确地回答了黄炎培提出的这个共产党能否跳出"其兴也勃
焉，其亡也忽焉"的历史周期率问题，从容不迫地说：

我们已经找到了新路，我们能跳出这周期率。这条新
路，就是民主。只有让人民来监督政府，政府才不敢松懈；

---

① 中共中央文献研究室编：《毛泽东传》，北京：中央文献出版社20011年版，第
729页。

只有人人起来负责，才不会人亡政息。①

因为"中共的力量源泉在于它是一个理想的、无私的、为改善人民大众生活而努力的组织"②，与人民大众结合起来，让人人负责，让人民满意，毛泽东找到和已经开始实践的这条新道路，就是中国共产党在延安、在广大的解放区正在走的道路，就是"红色中国不变色，人民当家作主"的道路。这是他在《新民主主义论》和《论联合政府》中早就考虑成熟的道路：只有民主治天下，才能保持国家长治久安。

黄炎培很是赞同毛泽东的回答，他满意地说：

"这话是对的。只有把大政方针决之于公众，个人功业欲才不会发生。只有把每一地方的事，公之于每一地方的人，才能使地地得人，人人得事。用民主来打破周期率，怕是有效的。"③

回到重庆后，黄炎培在《延安归来》一文中继续写道：

"延安五日中间所看到的，当然是距离我理想相当近的。……我认为中共朋友最可贵的精神，倒是不断的要好，不断地求进步，这种精神充分发挥出来，前途希望是无限的。"④

---

① 中共中央文献研究室编：《毛泽东传》，北京：中央文献出版社20011年版，第729页。

② ［美］费正清著；刘尊棋译：《伟大的中国革命（1800—1985）》，北京：世界知识出版社，2000年版，第305页。

③ 中央文献研究室科研部图书馆编：《毛泽东人生纪实》，南京：凤凰出版传媒集团 凤凰出版社第2011年版，第662—663页。

④ 黄炎培：《八十年来》，北京：中国文史出版社1982年版，第148—150页。

1945年9月2日，东京湾，"密苏里"号战列舰

第三章　　　日落**东京湾**

　　1945年9月2日，东京湾，美国"密苏里"号战列舰。中国国民政府军事委员会军令部长、陆军上将徐永昌[①]代表中国在九个战胜国的第二位签字，接受日本投降。受降签字仪式结束后，有记者请徐永昌将军讲几句话。历经血与火的民族抗战，面对数以千万计的民众牺牲，徐将军意味深长地说：

　　　　今天是要大家反省的一天！今天每一个在这里有代表的国家，也可同样回想过去，假如他的良心告诉他有过错误，他就应当勇敢地承认过错而忏悔。[②]

---

　　① 徐永昌（1887—1959），字次宸，山西省崞县（今原平市）人，著名军事家，国民革命军陆军一级上将，曾任国民军第三军军长、国民革命军北方军东路总指挥、国民革命军第三集团军第十二路总指挥，绥远、河北、山西省主席，南京军事委员会办公厅主任，军令部长。嗣任陆军大学校长、国防部长，抗战时期的军委会四巨头之一，代表中国政府于"密苏里"号战列舰上接受日本政府投降。

　　② 战胜全人类的顽敌法西斯，万众狂欢，为何徐将军会发出"大家需要忏悔"的呼声？彼时彼地的人们怕是不能透彻了解。时隔五年后，即抗战胜利五周年前夕，中国广播公司邀请徐永昌将军发表纪念讲话，他具体阐释了自己当年在"密苏里"号战列舰上"要大家反省忏悔"的感慨：

　　"说到日本侵华，自前清同治末年起，已经七十余年，在这长久的时期中，我们的国家未能做到自固吾圉的必要措施，这是我们应该忏悔的！但是，九一八侵略开始，在当时国际联盟，本可发生作用，使日本有所忌惮；乃主持国联的一二强国，未能认清事理，把握时机，对侵略者加以有效的制裁，反处处予以不应当的迁就。……这是不是国联列强应当忏悔的？苏俄为极左国家，德国为极右国家，性质上根本冲突，犹如冰炭之不相容。乃苏俄贪图瓜分波兰之利，居然订立德苏协定，终于以分赃不均，引起希特勒的袭击，倘非美国加入战争，苏俄真有被德日瓜分的可能，这是不是苏俄应该忏悔的？"原来这才是徐永昌将军当年所说"忏悔"的真意。参见赵正楷：《徐永昌传》，台北：《山西文献》社1989年版。徐士瑚：《徐永昌东京湾受降》，《纵横》1994年第3期。

1945年9月2日，"密苏里"号战列舰，日本向盟国投降签字仪式现场

- "密苏里"号战列舰，舰旗飘扬。《大公报》记者朱启平、黎秀石、曾恩波眼中的东京受降；
- 麦克阿瑟的简短演说，不同理想和信念的争端已在战场上决定，所以不用我们来讨论或辩论；日本代表签字投降，中国最先将这条具有历史意义的新闻传播到全世界；
- 从芷江到南京：新六军司令部少校王楚英和新六军第十四师四十团第一营传令兵史定坤亲眼见证了投降全过程。

◎ "密苏里"号战列舰上史无前例地悬挂着美国陆军和海军的红色、蓝色将旗，各国新闻记者各就各位……

9月2日，日本东京湾，天空阴暗，乌云低压。

380艘铁甲战舰，舰炮高扬，军旗招展，气势蔚为壮观；盟军兵临城下，气氛肃穆庄严。火力超强的"密苏里"号战列舰是今天的主角①——身披灰色铠甲，6门406毫米50倍口

---

① "密苏里"号战列舰是1944年6月11日服役的衣阿华级战列舰（美国海军建排水量最大一级战列舰）的3号舰，舷号BB—63，满载排水5.2万吨。该舰攻击力超强，拥有"二战"后期最为强大的火力：3座三联装406毫米主炮、149门各种口径的副炮和高炮、3架水上飞机；防护力超强，全舰通体装甲防护，一般部位厚184毫米，司令塔正面厚达445毫米，是当时装甲最厚的水面战舰，可抵挡神风特攻队飞机的数次冲击。该舰速度快、续航能力超强：8座Babcock & Wilcox重油水管锅炉、4组通用电气电力式齿轮传动型蒸气轮机采用四轴推进方式，总功率15.6万千瓦（21.2万匹马力）。最大航速33节，航速12节时续航力为1万—5万海里，是历史上主机功率最大、航速最高的战列舰。"密苏里"号战果辉煌，先后成为米切尔中将快速航母特混编队旗舰、哈尔西上将第三舰队旗舰，参加了"二战"后期最为惨烈的硫磺岛战役、冲绳岛战役和对日本本土攻击作战，以及朝鲜战争和1991年的波斯湾战争，是美国最后一艘建造完成、最后一艘退役的战列舰。1999年，该舰作为博物馆舰停泊在夏威夷珍珠港福特岛旁，供游客参观。

径巨炮斜指云霄，舰首旗杆上高高飘扬着美国国旗——这面国旗的意义非同寻常，曾经在1941年12月7日日军偷袭珍珠港时，高悬于美国国会大厦的上空。在战列舰主桅上，史无前例地悬挂着驻日盟军最高统帅麦克阿瑟陆军五星上将①的陆军红色军旗和尼米兹海军五星上将的海军蓝色将旗，两面旗帜迎着海风猎猎飘扬。②

7时30分，中国《大公报》记者朱启平与黎秀石、中央社记者曾恩波③和280余名各国新闻记者（包括4名日本记者）乘坐驱逐舰先行来到"密苏里"号战列舰上，④他们占据了有利的位置，准备记录下这一具有重大历史意义的时刻。

在有两三个足球场大的战列舰主甲板上，密密麻麻地排列着身穿卡叽制服、持枪肃立的陆战队士兵和军衣洁白、折痕犹在、满脸笑容的美军水兵，摄影师和摄像师也早早地选好了机位，观看日本投降签字仪式的美国士兵们挤满了军舰高处的舷窗，新闻记者们密切注视着现场的一举一动——"文字记者眼耳倾注四方，手不停地作笔记。摄影记者更是

---

① 1944年麦克阿瑟被授予陆军五星上将军衔，日本投降后，被杜鲁门总统任命为驻日盟军最高司令，负责对日军事占领和日本重建工作。

② 切斯特·威廉·尼米兹，美国海军名将，十大五星上将之一。"二战"时任美国太平洋舰队总司令、太平洋战区盟军总司令等职务，主导对日作战。

③ 密苏里战舰上共有三名中国记者，其中《大公报》记者两人：派驻美国太平洋舰队的随军记者朱启平、派驻英国太平洋舰队的随军记者黎秀石和中央通讯社记者曾恩波。

朱启平，1915年生于上海，《大公报》记者。太平洋战争爆发后任美国太平洋舰队随军记者，写下了《硫磺地狱》《冲绳激战》《塞班行》《琉球新面目》等战地通讯，被誉为"《大公报》继范长江之后的又一个特出记者"，其著名长篇通讯《落日》是新闻史上脍炙人口的佳作，被收入大学新闻教材。

黎秀石，1914年生于广东南海，《大公报》记者。曾作为中国战地记者曾赴缅甸、印度洋、太平洋等战场采访，是抗战胜利后首位踏上日本本土的中国记者，比美军进驻日本还早三天。

曾恩波，1914年生于广州，1941年入中央通讯社，后为美陆军部战地记者，赴印度、缅甸战场报道，1943年后任中央通讯社驻东京分社主任，1950年曾采访朝鲜战争。

④ 黎秀石：《见证日本投降》，广州：广东人民出版社2005年版，第117页。

千姿百态，或立或跪，相机对准各处镜头，抢拍下这最有意义的时刻"。①

▲ 左图："密苏里"号战列舰上，盟军代表、美军士兵、摄影摄像人员

▲ 右图：1945年9月2日，"密苏里"号战列舰。签字仪式在前甲板2号主炮塔右侧举行。日本投降使者衣冠整齐但表情复杂，在场的美军第10集团军司令史迪威在回忆录称，"当我们凝视他们时，他们忍辱受屈的脸上表现出凶残仇恨的神情"②

◎ 《大公报》记者朱启平看到中国代表徐永昌将军穿着一身洁净的哔叽军服，左胸上两行勋绶，第一个登上了战舰……

八时许，接受日本投降的盟军最高统帅麦克阿瑟上将和

---

① 　朱启平在《落日》中写道，大家都羡慕四五个苏联摄影记者，其中两个身穿红军制服，仗着不懂英语，在舰上到处跑，任意照相。可是我们这些记者因为事先有令，只能站在原定地点，听候英语命令，无法随意挪动。参见朱启平：《落日——记日本签字投降的一幕》，《大公报》1945年11月2日。

② 　黄力民：谁在日本投降书上签了字？
　http://www.infzm.com/content/103431（2015-6-2）

太平洋舰队司令官尼米兹海军上将首先登上战舰。各国代表按照登舰顺序依次登舰：排在第一位的是对世界反法西斯战争最终胜利做出重大牺牲的中国政府代表，其次是英、苏、澳、加、法、荷、新等国。

受降代表登舰后，"密苏里"号战列舰上开始热闹起来。记者朱启平在他那篇后来被收入中国大学新闻专业教材的新闻报道《落日》中写道：

▶ 徐永昌上将在美国军人引导下走上"密苏里"号战列舰

八点半，乐声大起，一位军官宣布，联合国签字代表团到。他们是乘驱逐舰从横滨动身来的。顷刻间，从主甲板大炮后走出一列衣着殊异的人。第一个是中国代表徐永昌将军，他穿着一身洁净的哔叽军服，左胸上两行勋绶，向在场迎接的美国军官举手还礼后，拾级登梯走至上层甲板上。随后，英国、苏联、澳洲、加拿大、法国、荷兰、新西兰的代表也陆续上来了。这时，记者大忙，上层甲板上成了一个热闹的外交应酬场所。一时间，中国话、英国话、发音语调略有不同的美国英语以及法国话、荷兰话、俄国话，起伏交流，笑声不绝。身移影动时，只见中国代表身穿深灰黄军服；英国代表穿全身白色的短袖、短裤制服，并穿着长袜；苏联代表中的陆军身穿淡绿棕色制服，裤管上还镶有长长的红条，海军则穿海蓝色制服；法国代表本来穿着雨衣，携一根手杖，这时也卸衣去杖，露出一身淡黄卡叽制服；澳洲代表的军帽上还围有红边……真是五光十色，目不暇接。

八时五十分，乐声又响彻上空，盟军最高统帅麦克阿瑟将军到，他也是坐驱逐舰从横滨来的。尼米兹在舰面上迎接他，陪他进入位于上层甲板的将领指挥室休息。

上层甲板上热闹的外交场面渐渐结束了。联合国代表团在签字桌靠里的一面列队静立。以徐永昌将军为首的五十位海军将领和五十位陆军将领，也分别排列在预先安排好的位置上。这时有人说，日本代表团到。我急急翘首望去，只见一艘小艇正向军舰右舷铁梯驶来。不久，一位美国军官领先，日本人随后，陆续从出入口来到主甲板。入口处那一小队水兵向美国军官敬礼后，即放下手立正。乐队寂然。日本代表团外相重光葵在前，臂上挂着手杖，一条真腿一条假腿，走起路来一瘸一拐，登梯时有人扶他。他头上戴着大礼帽，身穿大礼服，登上上层甲板就把帽子除下了。梅津美治郎随后，一身军服，重步而行，他们一共十一人，到上层甲板后，即在签字桌向外的一面，面对桌子列成三行，和联合国代表团隔桌而立。这时，全舰静悄悄一无声息，只有高悬的旗帜传来被海风吹拂的微微的猎猎声。重光一腿失于淞沪战争后，一次在上海虹口阅兵时，被一位朝鲜志士尹奉吉投掷一枚炸弹炸断。梅津是前天津日本驻屯军司令，著名的《何梅协定》日本签订人。

他们都是中国人民的熟人，当年在我们的国土上不可一世，曾几何时，现在在这里重逢了。①

▶ 左一为徐永昌将军

其左依次是英国、苏联、澳大利亚、加拿大、法国、荷兰、新西兰受降代表

在战列舰甲板上，各国代表全都纵向排列成一行，由右至左并排站在长桌上方一侧，美国海军上将尼米兹排在第一位，接着是中国代表徐永昌上将，向左依次是各国代表团的团长，每名团长的身后都肃立着该国代表团成员。日本代表重光葵和梅津美治郎等十一人被解除了武士长刀和短剑②，分三排站在长桌的另一侧。

代表们各就各位后，军乐声止，甲板上肃穆庄严，气氛凝重。

① 朱启平：《落日——记日本签字投降的一幕》，《大公报》1945年11月2日。

② 日本代表团总计十一人，外相重光葵作为日本政府代表，陆军参谋总长梅津美治郎大将作为日军大本营代表，其他九人为三名外务省代表、三名陆军代表和三名海军代表。

◎ 1853年佩里将军曾经使用过的美国国旗正对着签字现场，象征着日本的第二次被征服，麦克阿瑟将军主持受降仪式……

日本投降代表重光葵和梅津美治郎并列在前，其他人分列两排在后，默默地站在盟军将士灼热的目光下，战败的武士，是悲哀？是绝望？还是无奈、凄凉？或者兼而有之。朱启平继续写道：

签字的地方在战舰右侧将领指挥处的上层甲板上。签字用的桌子，原来准备向英舰"乔治五世"号借一张古色古香的木案，因为太小，临时换用本舰士官室一张吃饭用的长方桌子，上面铺着绿呢台布。桌子横放在甲板中心偏右下角，每边放一把椅子，桌旁设有四五个扩音器，播音时可直通美国。

将领指挥室外门的玻璃柜内，如同装饰着织锦画一般，装着一面有着十三花条、三十一颗星、长六十五英寸、阔六十二英寸的陈旧的美国国旗。这面旗还是九十二年前，首次来日通商的美将佩里携至日本，在日本上空飘扬过。现在，旗的位置正下是签字桌。①

桌子靠里的一面是联合国签字代表团站立的地方，靠外的留给日本代表排列。桌前左方将排列美国五十位高级海军将领，右方排列五十位高级陆军将领。桌后架起一个小平台，

---

① 当哈尔西上将得知自己的旗舰将要作为具有历史意义的日本投降签字现场后，他想到了一面具有特殊意义的美国国旗，即1853年7月佩里将军的旗舰进入东京湾，打开日本门户时悬挂的这面国旗，为此他特意向美国海军学院博物馆发电，借来了国旗并装裱在指挥室最显眼的入口处，正对着签字现场——这面只有三十一颗星星的美国国旗出现在这里，象征着日本的第二次被征服。

▶ 1853年7月，佩里将军打开日本门户时悬挂的国旗正对着签字现场，象征着日本的第二次被征服

给拍电影和拍照片的摄影记者们专用。其余四周都是记者们的天下，大炮的炮座上、将领指挥室的上面和各枪炮的底座上，都被记者们占住了。我站在一座在二十厘米口径的机关枪上临时搭起的木台上，离开签字桌两三丈远。在主甲板的右前方、紧靠舷梯出入口的地方，排列着水兵乐队和陆战队荣誉仪仗队，口上又排列着一小队精神饱满、体格强壮的水兵。①

　　九时许，战舰上响起舰队牧师的祈祷声和美国国歌《星条旗永不落》。麦克阿瑟将军主持受降仪式，首先宣布典礼开始，并作简短演说，

　　我们今天聚集于此，缔结一项庄重的协定，力使和平得以恢复。不同理想和信念的争端已在战场上决定，所以不用我们来讨论或辩论。

　　我们在这里代表着世界上大多数人民，而不是怀着猜疑、恶意或憎恨的精神来此聚会。在这个庄严的时刻，我们将告别充满血腥屠杀的旧世界，迎来一个十分美好的世界。我们在这个新世界中，将致力于维护人类的尊严，实现人类

① 朱启平：《落日——记日本签字投降的一幕》，《大公报》1945年11月2日。

追求自由、容忍和正义的最美好的愿望。①

　　站在距离日本签降代表约两三丈的地方，朱启平亲眼目睹了日本代表签字投降的情景：

　　重光葵挣扎上前行近签字桌，除帽放在桌上，斜身入椅，倚杖椅边，除手套，执投降书看了约一分钟，才从衣袋里取出一支自来水笔，在两份投降书上分别签了字。梅津美治郎随即也签了字。他签字时没有入座，右手除手套，立着欠身执笔签字。麦克阿瑟继续宣布："盟国最高统帅现在代表和日本作战各国签字。"②

▲ 投降仪式现场，奉命前来签字投降的日本使者共十一人，分三排站立，前排是签字人重光葵与梅津美治郎，后两排是日本外务省、陆军、海军随员

▲ 左侧中国人队列正好六人，按军阶排列，依次是陆军上将徐永昌、海军中将杨宣城、陆军中将朱世明、陆军少将王之、上校王丕承、上校李树正③

---

　　① 林树增：《麦克阿瑟全传》，武汉：华中科技大学出版社2015年版，第245页。

　　② 朱启平：《落日——记日本签字投降的一幕》，《大公报》1945年11月2日。

　　③ 海军中将杨宣诚是清末官费留日海军学生，曾在舰队任枪炮大副，后脱离海军任驻日海军武官、军令部第二厅厅长。陆军中将朱世明是哥伦比亚大学博士，国民政府参军处参军，通晓多国语言，优秀的军事外交官。陆军少将王之，1932年毕业于西点军校，1941年后以军事观察员身份赴菲律宾，随美军考察西太平洋战事，担任中国驻西南太平洋盟军总部首席联络参谋。在"密苏里"号上负责陪团长徐永昌在受降书上签字。上校王丕承，日本陆军士官学校毕业，曾任驻法、驻苏武官、军令部第二厅第一处处长、国防研究院的研究员。上校李树正毕业于黄埔军校，曾任远征军团长，时任国防部三厅二处处长。

◎ **麦克阿瑟将军特意使用了六支派克笔在日本降书上签字，徐永昌将军把签字笔交给了国民政府……**

为了纪念这一历史性时刻，分享胜利的喜悦，麦克阿瑟将军在日本降书上签字的时候，特意使用了六支派克笔。[①] 他还特意邀请了刚刚走出沈阳盟军战俘营的乔纳森·温赖特少将和亚瑟·帕西瓦尔中将陪同签字，温赖特少将曾经坚守在菲律宾，帕西瓦尔则是新加坡沦陷时的英军将领，此时的两人经过日军沈阳战俘营的三年摧残，已经骨瘦如柴，最小号的军装穿在他们身上，还显得太过肥大——在这胜利的历史时刻，这两位将军的出场也正昭示着大战之后的和平，确属来之不易。签字后，麦克阿瑟把两支具有历史意义的签字笔，转身送给了乔纳森·温赖特和亚瑟·帕西瓦尔（**另外四支笔分别送给美国国家档案馆、西点军校、海军学院和自己的夫人**）。[②]

---

① 麦克阿瑟用第一支笔签了"道格"两字，送给美军中将温赖特；第二支笔接着写了"拉斯"，然后送给英军司令帕西瓦尔；第三支笔写了"麦克阿瑟"，后来送给了美国国家档案馆；第四支笔签了"盟军最高统帅"，送给了他的母校——美国西点军校；第五支笔签了年月日后，送给自己的爱妻琼妮。

麦克阿瑟之所以要将两支笔送给温赖特和帕西瓦尔，是因为1942年3月，在日军集中兵力大举进攻菲律宾巴丹半岛的美、菲军队时，美国政府为防止麦克阿瑟成为日军俘虏，命令他将指挥权交给温赖特，然后派专机将其接走。不久，巴丹半岛沦陷，温赖特和原英军驻新加坡司令帕西瓦尔以及美、菲约五万名官兵都成了日军俘虏。温赖特和帕西瓦尔被日军关押在沈阳集中营，在集中营中三年受尽凌辱和折磨。麦克阿瑟邀请两人一同参加受降仪式并赠送签字笔留念，就是想让这两位死里逃生的战友享受到胜利喜悦。

② 根据不同当事人的回忆，"麦克阿瑟签字究竟用了几支笔签字？"已成历史谜案。"五支笔"的说法是没有"海军学院"。另一个"六支笔"的说法是把"海军学院"换成了"当晚送给考特尼·惠特尼将军"。可以肯定的是，麦克阿瑟不止用了一支派克笔，而且有两支派克笔他当场转身送给了身后的温赖特将军和帕西瓦尔将军。《大公报》记者朱启平在报道《落日》中记录是使用了六支笔。

◀ 麦克阿瑟在
日本投降书上签字

◀ 各受降国家
代表签名①

———————————

　　① 各签字国代表是：同盟国代表麦克阿瑟五星上将，美国代表尼米兹五星上将，中国代表徐永昌上将，英国代表弗雷泽海军上将，苏联代表杰列维扬科中将，澳大利亚代表布莱梅陆军上将，加拿大代表科斯格罗夫陆军上校，法国代表勒克莱尔陆军上将，荷兰代表赫尔弗里奇海军上将，新西兰代表伊西特空军少将。

黄力民：谁在日本投降书上签了字？

http://www.infzm.com/content/103431（2015-6-2）

在日本降书上共有10个国家的12个代表签字，徐永昌上将排在同盟国最高统帅麦克阿瑟陆军上将和美国海军上将尼米兹之后，此后依次是英国、苏联、澳大利亚、加拿大、法国、荷兰、新西兰代表签字受降。整个签字受降用时15分钟。

为了纪念中国在日本东京湾的受降，徐永昌将军将签字所用之钢笔刻上"中华民国三十四年九月二日在东京湾签日本降书之笔"字样，装入镌刻有"万邦咸宁"的绒盒，交给了国民政府。

◀ 徐永昌在日本投降书上签字

◎ 《大公报》记者黎秀石记录下很多历史性瞬间，中央通讯社记者曾恩波最先将日本正式签字投降的消息传播到全世界……

《大公报》记者黎秀石也是在9月2日一大早就和其他记

者团成员乘坐小艇抵达了"密苏里"号战列舰。^① 盟军为每个记者都指定了位置，七点刚过黎秀石就被"固定"在军舰第二层甲板上，他带着一架小型照相机，拍照位置绝佳——正好对着主甲板上的签字桌，相距约50英尺，他居高临下地用它拍摄了很多历史性的瞬间，特别是徐永昌将军签字受降的瞬间给后人留下了珍贵的记忆。^②

最具戏剧性的是第一个将日本签降消息传遍世界的曾恩波。"密苏里"号战列舰上共有240余名新闻记者，只有美联社、合众社、国际新闻社、路透社和中央通讯社五家通讯社，最稀缺的是仅有一架留作通讯用的无线电台，各家通讯社和新闻记者都想在第一时间，以最快速度将消息发回祖国，谁最先使用电台呢？在战列舰上的新闻记者们和美国军事情报官员想出了一个最公正的解决办法：抽签决定先后顺序——中国很幸运，曾恩波抽到了1号，他冲进报务室，将日本签字投降的消息发至重庆中央通讯社总部，中央通讯社总部又发往全中国、全世界各地！曾恩波成为向全世界报道日

---

① 《大公报》记者黎秀石在8月27日就已经来到东京，是日本投降后第一位登陆日本本土的中国记者。"为了尽早了解日本投降后的情况"，他想先看看日本"究竟是怎样一个国家，能做出如此的侵略举动"，"市内到处是颓垣断壁，晚上全市一片漆黑"，在《东京死寂之夜告慰英灵》（1945年9月3日电，9日载于重庆《大公报》）中，他写道，"现在不过是晚上8点钟，在平常，这正是东京最热闹的时间，但是号称日本'帝国神经中心'的东京，街道上出奇的沉寂，就好像一座死城，好像一个被判处了死刑的犯人在绝望中的死寂。"参见黎秀石：《见证日本投降》，广州：广东人民出版社2005年版，第113页，第114页。

② 因为当时的中国报刊无法刊印照片，黎秀石便在香港一家照相馆把照片冲印出来保存。照相馆看到照片后把它放大到两尺长一尺多宽，放在店门口展览，成为人人先睹为快的"一景"。黎秀石把一张底片送给了照相馆，也给徐永昌将军送去了一张照片，得到的评价是："中外记者拍摄我签字的照片中，黎某那张最好。"只是后来黎秀石保存的珍贵底片丢失，冲印出来的照片也全部丢失，寻访多年不得。参见伦少斌、张喜洋：《黎秀石：我登密苏里号见证日本投降（组图）》，《广州日报》2005年8月15日。黎秀石：《见证日本投降》，广州：广东人民出版社2005年版，自序，第119页，第129页。

本正式签字投降消息第一人！中国最先将这条具有历史意义的新闻传播到全世界。①

当全体代表签字完毕，即将宣告战争正式结束的时候，朱启平注意到时间正是9时18分，1931年9月18日日本挑起"九一八"事变，占领了中国东北；1933年又强迫我们和伪满通车，从关外开往北平的列车，到站时间也正好是9点18分。现在14年过去了，没有想到日本侵略者竟然又在这个时刻，在东京湾签字投降了，"天网恢恢，天理昭彰，其此之谓欤！"②

乌云散去，金色阳光铺满甲板。

在盟国代表们即将离开"密苏里"号战列舰的时候，400架B29"超级堡垒"重型轰炸机和1500架战机，以低空、中空、大速度，浩浩荡荡地飞越"密苏里"号战列舰，飞向东京！将这一东方战争的策源地长时间地湮没在惊天动地的轰隆声中。③

◎ **日本正式投降，蒋介石在日记中写下了"涮雪净尽"；毛泽东欣然为《新华日报》题词，陪都重庆举行了盛大的庆祝活动……**

日本正式投降了，9月2日这一天，蒋介石在日记中写道：

---

① 刘丽丽：《日本投降仪式上的中国记者》，《新闻爱好者》2006年第1期。
② 朱启平：《落日——记日本签字投降的一幕》，《大公报》1945年11月2日。
③ 王辅：《日军侵华战争（1931—1945）》，沈阳：辽宁人民出版社1990年版，第2801页。

"雪耻的日志不下十五年，今日我国最大的敌国日本已经在横滨港口向我们联合国无条件的投降了，五十年来最大之国耻与余个人历年所受之逼迫与侮辱至此自可湔雪净尽。"[1] 9月3日，在欢庆胜利的时候，正在重庆谈判的毛泽东欣然为重庆《新华日报》题词："庆祝抗日胜利，中华民族解放万岁。"

▶ 9月3日，毛泽东为重庆《新华日报》题词
"庆祝抗日胜利，中华民族解放万岁"

9月3日，陪都重庆举行了盛大的庆祝活动，国民政府下令举国放假，大庆三天。[2] 国民政府内的花园及礼堂布置得光彩夺目，会场高挂着联合国旗，迎风飘扬，周围点缀的标语是"集中革命力量""发扬民主精神""完成建国使命""维

---

① 《蒋介石日记》，1945年9月2日，美国斯坦福大学胡佛研究所档案馆藏。1928年济南"五三惨案"后，蒋介石开始在每天日记的起始处写下"雪耻"两字，几无中断，故称"雪耻的日志不下十五年"。

② 《自九月三日起庆祝胜利三日》，《申报》1945年9月2日。

护世界和平"，象征胜利、和平、忍耐、坚忍的梅花遍点缀着墙壁，在无数大小艺术"V"字及松柏枝掩映下，与会政府要员和民众都春风满面、笑逐颜开。

重庆各界10万民众在市中心较场口举行庆祝胜利大会，上午9时整，电力公司拉响了解除警报的长音；工厂和轮船上的汽笛同时鸣起；嘉陵江上的军舰鸣礼炮101响，"和平之声"在这座承受过巨大轰炸的城市上空回荡——这是在向全世界宣告中华民族的伟大胜利！

▲ 1945年9月3日，陪都"庆祝胜利"大会在较场口隆重举行，国府要员盛装出席，10万重庆民众狂欢庆祝，象征胜利的V字形无处不在

注：

1945年8月14日夜间，日本裕仁天皇录制并在8月15日中午广播公布的《诏书》只是其颁发给日本国民的所谓"终战说明书"，裕仁天皇以"朕"的名义，居高临下地对日本"忠臣良民"狡辩为何"终战"，却不表达任何战败投降之意；《诏书》实为"国内公文"而非外交公文，即并非"日本投降书"。9月2日，日本在东京湾向盟国递交并正式签署的投降书，才是具有法律效力的日本投降书。

◎ **南京受降之前先进行的是"芷江洽降"，蒋介石特意安排全副美械装备的新六军担任警戒任务，意在威慑日军……**

1945年8月10日，得知日本乞降后，国民政府主席、中国战区最高统帅蒋介石即训令驻云南的陆军总司令何应钦，要他命令日军中国派遣军总司令冈村宁次"转饬所部，听候处置"，同时命令各战区主力部队迅速挺进，解除日军武装，并着手制定日本投降后的受降预案。

8月15日，国民政府收到日本正式投降的电文，蒋介石直接电令冈村宁次，指示其"停止一切军事行动""暂保其武装及装备""不得破坏设备物资等六项投降原则"[①]，并命令何应钦代表中国战区最高统帅在南京接受日本投降；18日，因玉山机场不能使用，蒋介石再电令冈村宁次，改为湖南芷江机场先行洽降。并对前来洽降的日军人数、日机标志和通讯等做出严格规定：日军洽降人数不得超过五名。其中须有熟悉南京、上海机场情形的飞行员一名，于8月21日晨乘坐日本飞机一架，自汉口附近起飞，迳飞湖南常德上空。规定极为详尽：命令飞机此时高度须在5000尺，为北京时间上午10时

---

① 8月15日，蒋介石电令日军最高指挥官冈村宁次大将，指示其投降应遵守的原则：（一）日本政府已宣布无条件投降。（二）该指挥官应即通令所属日军停止一切军事行动，并派代表至玉山（指江西玉山机场）接受中国陆军总司令何应钦将军之命令。（三）军事行动停止后，日军可暂保有其武装及装备，保持其现有态势，并维持其所在地之秩序及交通，听候中国陆军总司令何应钦将军之命令。（四）所有之飞机及船舰应停留现在地点，但长江内之舰船，应集中宜昌、沙市。（五）不得破坏任何设备及物资。（六）以上各项命令之执行，该指挥官所属官员均应负责个人之责任，并迅速答复为要! 黄埔十期，万金裕撰稿：日本投降和中国陆军总部受降内幕，http：//www.hoplite.cn/Templates/hpzckz0053.html（2015-5-1）。

（格林尼治标准时间上午2时）达到此高度。届时盟军有战斗机三架迎接。如云层过低，该日机应在云层下1000尺，盟机高度则在云层下500尺飞行。同时命令日机在机翼上下各添带有光芒之日本国旗一面；并于两翼之末端各系一条四米长之红色布条，以资识别。洽降人员的领队必须携带日军之战斗序列、兵力、位置及指挥区分系统等表册。[1]

"芷江洽降"是中日两军作战以后双方代表的首次接触，之所以选址芷江，是因为日军在战败前于此发动了最后一次大规模攻势，中国军队浴血奋战，以7700名将士壮烈殉国的代价，击毙日军12000多人，伤敌23000多人。"芷江保卫战"的胜利，大长中国军威、国威，加速了日军投降的进程。

另外，根据中国战区美军司令魏德迈的分析，日军虽然接受《波茨坦公告》，但不肯认输，仍然很傲慢，因为新六军[2]在缅甸彻底打败过日军号称精锐之师的第十八、第五十六、第五十三、第四十九、第二等师团，对日军影响深刻，很有威慑作用。因此在芷江洽降，蒋介石特意安排全副美械装备的新六军担任警戒任务。

---

[1]　黄埔十期万金裕撰稿：日本投降和中国陆军总部受降内幕。
　　http://www.hoplite.cn/Templates/hpzckz0053.html（2015-5-1）
[2]　1944年，国民党政府组建中国远征军赴缅作战，美国人亲自上阵挑选，从四万人中选出三千名身体条件良好、个头相差不多的青年，其中就有史定坤。新六军清一色美制毛哔叽军服，武器装备精良，是国民政府军队中"王牌中的王牌"，军长为蒋介石得意门生廖耀湘中将，此次被蒋点名进驻南京，意在向投降的日本人展示中国军威。

◎ "日本鬼子再也没有了往日的威风",《正气日报》记者李英、传令兵史定坤和少校王楚英眼中的芷江洽降……

8月21日上午10时,湖南怀化,小城芷江,机场人山人海。

重庆《正气日报》记者李英看到,一架日本专机在三架美军战斗机的引航下飞临洞庭湖上空,绕场三周后,徐徐降落。日方洽降代表、中国派遣军副总参谋长今井武夫少将和参谋桥岛芳雄中佐、前川冈雄、翻译木村辰男以及工作人员松原喜八、久保善男、小八童正男、中川正治一行八人走出机舱:

舱门打开后,木村首先出现在舱口上,他先向中方的翻译官行了一个九十度的鞠躬,然后恭敬地问:

"我们可以下机吗?"中方翻译官指示他们:"经中国宪兵检查后可以下飞机。"戴钢盔的中国宪兵进机舱检查后退了出来,今井武夫才率领他的七个随行人员垂头丧气的一个个下了飞机。

这时,两辆插有白旗的中型军用吉普开了过来,八个受降使者上了汽车,中国司机驾车绕场一周,这时机场上的中国人群情愤激,振臂高呼:"打倒日本帝国主义!""严惩日本战犯!""中国人的血不能白流,血债要用血来还!"

今井武夫已经再也没有昔日趾高气扬的神气,一张脸绷得像死人的脸,站在车上,冷汗直流,身体发抖。[1]

---

[1] 李英:《采访日本投降回忆》,《世纪》2005年第5期。

▲ 1945年8月21日，湖南芷江，日军洽降会场，中日双方代表。面对今井武夫等人的中国代表，正中央为陆军总司令部参谋长肖毅肃，右边被日军翻译遮住面容者为副总参谋长冷欣，左边为中国战区美军作战司令部参谋长柏德诺

▲ 今井武夫在受降备忘录收据上签字

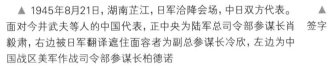

　　新六军第十四师四十团第一营传令兵史定坤[①] 亲眼目睹了受降日军接受检查后的惨状：一个个哭丧着脸，躬着腰从神气的四十团官兵面前走过，上了同样挂着白旗的汽车。白旗就跟招魂幡一样，日本鬼子再也没有了往日的威风。[②]

　　芷江城内到处彩旗招展，扎有巨大"V"字的牌楼矗立在城门口和主要道路上。1944年刚刚参加湘西会战的国民党新六军第十四军司令部少校、作战科长王楚英[③] 是芷江洽降的亲历者：沿机场到城内陆军总司令部所在地——万寿宫的路

---

　　①　史定坤，1925年出生于河南平顶山市，1944年，国民党政府组建中国远征军赴缅作战，史定坤被选中进入新六军与日军在缅甸丛林作战。1945年8月15日，日本宣布无条件投降后，随新六军到南京，接受日军投降。

　　②　史定坤口述；史文召撰写：《中国战区南京受降亲历记》，《文史天地》2011年第9期。

　　③　王楚英，湖北省黄梅人，1923年出生，国民革命军陆军少将，国民革命军青年军第296师师长。1937年参加淞沪会战。1939年，王楚英考入黄埔军校17期，曾参加远征军，后任史迪威的联络参谋兼警卫队长。1944年，参加湘西会战。1945年9月9日，以中国陆军总指挥部前线指挥所联络组长的身份，参加了在南京举行的中国战区受降仪式。

上，每隔一段距离都并排站着精神抖擞、英姿飒爽的武装宪兵和新六军士兵，芷江军民聚集在路边，欢庆抗战胜利，争相目睹日军洽降。[①] 下午4时，验明今井武夫等人的身份后，中国陆军总部参谋长肖毅肃中将宣读了何应钦致冈村宁次的第一号备忘录：

奉中国战区最高统帅特级上将蒋中正之命令，接受在中华民国（辽宁、吉林、黑龙江三省除外），台湾地区及越南北纬16度以北之地区内，日本高级指挥官及全部陆海空军与其辅助部队之投降。

他指示日军投降应准备之事项，要求今井武夫交出中国战区及越南、台湾地区日军兵力配置图及第一线战斗序列的详细表册，双方还交换了无线电联络时间和呼号波长表。[②] 芷江洽降仅是中国战区日军投降的一个小插曲，彼时，百万全副武装的日军仍然滞留在中国国土上。

---

① 石永红：亲历芷江洽降 访原国民党新六军14师作战科长王楚英
http://news.sohu.com/20050812/n226655362.shtml（2015-4-20）
② 徐宗懋：芷江受降的历史现场。
http://hunan.ifeng.com/news/fghx/detail_2013_07/02/953135_0.shtml（2015-4-20）

◎ **在田间耕作的老百姓，见到中国飞机，欣喜若狂，
一齐涌向机场的外壕边，挥舞着草帽头巾，向我们
致意……**

8月27日上午9时，中国陆军总部副总参谋长冷欣中将率
领157名新六军官兵，乘坐7架美军飞机离开芷江飞赴南京受
降。下午2时40分，按照何应钦的嘱咐，飞机在南京上空尽可
能低的盘旋几圈，以告之南京市民。王楚英凭窗眺望，只见
日军盘踞下的南京城内外，景物凋零，满目疮痍，不禁感慨
万千。"在田间耕作的老百姓，见到中国飞机，欣喜若狂，一
齐涌向机场的外壕边，挥舞着草帽头巾，向我们致意。"面
对老百姓，王楚英心里感到一阵阵内疚："作为军人，我们来
晚了。"②

老百姓拿着篮子装了山芋，罐子里装了水，趟过半人深
的壕沟给我们送过来，有人还送来新摘的苞米。壕沟里都是
稀泥，老百姓们一个接一个就跳了下去。而我们也把巧克力
等等随身带的小食品送给他们。顾不上满身的泥水了，大家
紧紧拥抱欢呼。③

阔别八年后，南京城升起了中国军队的旗帜。冷欣亦在

---

① 王吉陆：日军投降仪式上担任警卫的老兵讲述南京受降
https://news.sina.com.cn/c/2005-07-30/10146567323s.shtml（2015-4-20）
② 王吉陆：日军投降仪式上担任警卫的老兵讲述南京受降
https://news.sina.com.cn/c/2005-07-30/10146567323s.shtml（2015-4-20）
③ 王吉陆：日军投降仪式上担任警卫的老兵讲述南京受降
https://news.sina.com.cn/c/2005-07-30/10146567323s.shtml（2015-4-20）

事后回忆说：

> 当飞机到达南京上空，盘旋下降时，俯瞰南京城，河山
> 虽然依旧，却是满目疮痍，飞机场上三五残破日机，停于萋
> 萋蔓草中，倍觉荒凉！ [①]

◎ 新六军全力戒备，重庆《大公报》特派员鸿增记录下了中国近代历史上"最光荣最肃穆的20分钟"……

为了威慑日军，从8月30日至9月5日，全部美械装备的新六军第十四师（师长龙天武）和新二十二师（师长李涛）被陆续空运到南京，参加受降活动。王楚英回忆说，军长廖耀湘也亲自到各部队驻地视察，要求加强城内戒备。南京地区还驻扎着大批全副武装的日军，王楚英还和第四十团团长王启瑞、宪兵营营长赵振英共同负责受降仪式的警卫工作："我们一个团加一个营3000人左右，中央军校周围的房子都仔细检查过，用工兵带着美国的地雷探测器和警犬合作。" [②] 老兵史定坤回忆说，新六军士兵白天一部分人控制机场，一部分人睡觉。到了夜里，白天睡过觉的包围日军兵营，挖散兵坑，建了轻、重机枪阵地，以防止日军在缴枪前生事

---

① 徐宗懋：芷江受降的历史现场。
  http://hunan.ifeng.com/news/fghx/detail_2013_07/02/953135_0.shtml
  （2015-4-20）
② 王吉陆：日军投降仪式上担任警卫的老兵讲述南京受降
  https://news.sina.com.cn/c/2005-07-30/10146567323s.shtml（2015-4-20）

儿。① 同时要担任受降会场的警卫工作：

　　南京受降会场内的警卫，赵营长派了一个班的18个人，由班长带领。受降席椅子后头10个战士，站成直线一排；投降席椅子后头8个战士，4人一组分列左右，警卫们持的都亮锃锃的汤姆森冲锋枪。不过，警卫会场时也都没有装子弹，

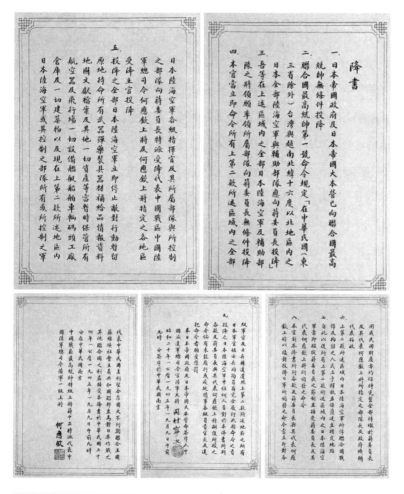

▶ 日本投降书影印版

---

① 抗战老兵回忆受降经历——9月9日日本投降签字典礼亲历记。
http://www.sscqw.net/a/jinian/2013/0429/9.html

子弹要带在营长身上。这都是9月9号头一天就安排好的，还演习了好几回。赵营长带的是手枪，枪里压满了子弹，他是会场里唯一可以四处走动的人。营长后来对我说，他很兴奋也很紧张，特别怕出意外，随时准备应对。[1]

1945年9月9日，原中央军校大礼堂——中国战区中国陆军总司令部。

军校大门松柏覆盖，四强国旗迎风飘扬。在大门上边还有大红"V"字和"和平"两个大金字。二门上是"和平永奠"四个大字，左右是党旗国旗。何应钦、汤恩伯等中国陆海空军将校219人，谷正纲、马超俊、丁惟汾等国民政府文职官员51人，以及盟国代表47人、中外记者88人共同见证了侵华日军指挥官冈村宁次签署中国战区投降书。

9点至9点20分，是中国近代历史上"最光荣最肃穆的20分钟"。

▶ 1945年9月9日，南京受降现场

---

① 史定坤口述；史文召撰写：《中国战区南京受降亲历记》，《文史天地》2011年第9期。

重庆《大公报》特派员鸿增发自南京的航讯报道，详细描绘了这一激动人心的历史时刻：

冈村的汽车进了二道门，在一条笔直的水泥甬道上蹓，甬道的两旁每边是二十七组蓝白红三色竖木，每一个上面悬一面联合国旗，可是在那五十四面的万国旗里头找不到一面红太阳。这时已经是近九点钟了，蔚蓝的天空上出现了白日，旭日的时代早已过去了。

礼堂的钟楼上面青天白日旗是那么鲜艳，这个不用细看，冈村在远处的路上必定已经看得清清楚楚，醒目的大礼堂前花池上一座松牌上"和平胜利"的四个大字和廊柱上蓝白红围布，柱间斑斑剥落的党徽已经重新油刷，焕然一新，冈村和小林、福田等一行七人穿过了四名分列左右的我方卫兵，终于跨进投降签字的会场。

▲ 南京受降仪式现场

▲ 冈村宁次进入受降仪式会场

这时礼堂里挤满了等待的人，在礼堂的讲台上高悬着总理遗像，屋顶上垂下四方宽大的四强国旗，讲台前幔布围成的小方城里端坐着五位中国将军，何应钦上将居中，右面是顾祝同上将，肖毅肃中将，左面是陈绍宽上将，张廷孟上校。

在方城的左面是一列我方观礼将军，再后就是观礼的文官和中国的新闻记者。右面是一列盟国观礼代表，中有美、英、苏、法、荷、澳、加七国的军人。再后就是我方观礼武官和外国新闻记者，在他们的头上是十字交叉下垂的联合国旗，四面楼座的栏杆上也覆满了三色幔围，每根钢柱的顶头上有一个新生活标语牌，上绘"V"字，插有四强国旗，在楼座上还立着不少的观众。

冈村宁次一行七人由我军训部次长王俊引导入室，进到方城站在何总司令的桌后，一齐向他鞠躬致敬，何总司令也起立招呼他们坐下，众目睽睽的视线集中在七个光头戎装的日本将领身上，照相机和摄影机，在强光下摄下他们的面貌和他们的举止，于是签字典礼开始。壁上的钟正指着八时五十二分。

冈村入席就座后，何总司令宣布照相五分钟，这时只见中外照相摄影记者在方城的外围跑来跑去的忙，中日代表对

▲ 1945年9月9日，南京受降仪式会场内部

▲ 出席呈递降书的日军代表。前排右起：陆军大佐三泽吕雄、台湾军参谋谏山春树、中国海面舰队司令福田良三、中国派遣军司令官冈村宁次大将、总参谋长小林浅三郎、副参谋长今井

坐相视，默默无语。[1]

何应钦坐在冈村宁次的对面，当年在日本陆军士官学校学习时，何曾是冈村宁次的学生。如今对面而坐，胜败分明，冈村一言不发。9时整，受降仪式正式开始。王楚英看到，何应钦命冈村呈验签降代表证件，以证明身份。

冈村宁次命小林浅三郎呈递文件，小林浅三郎离席走到何应钦面前鞠了一躬，何检视后将文件留下，将"日本投降书"的中日文文本由中国陆军参谋长肖毅肃转交冈村宁次，冈村起身双手捧接，低头展阅。小林在一侧置砚磨墨，动作有些僵硬。冈村阅毕，取笔蘸墨写上了自己的名字，伸手解开上衣右侧口袋的扣子，取出小型方章，轻蘸红色印泥后盖于名下。

不想印章却稍稍盖歪了，冈村宁次面部微露难色，但已无可奈何。他站起身命令小林浅三郎呈递降书，一面朝长桌对面的何应钦点头。

小林再次来到何应钦面前，双手呈上降书，何应钦站起来接过，[2] 检视后签名盖章。此时，时针正指向9时9分。

9时10分，何应钦又将《中国战区最高统帅第一号命令》命肖毅肃转交，冈村略为展阅后，签署命令受领，交由小林浅三郎呈送何应钦。

9时15分，何应钦宣布中国陆军总司令部第一号命令：

---

[1] 鸿增：《记者亲历1945年日军南京签降一幕》，重庆《大公报》1945年9月10日。

[2] 后来有人说何应钦站起来躬身接是卖国，其实不是，受降桌比较宽，小林已经很努力，可是受降书还是无法递到何应钦面前，这时他才躬身接过的。

王吉陆：日军投降仪式上担任警卫的老兵讲述南京受降

https://news.sina.com.cn/c/2005-07-30/10146567323s.shtml（2015-4-25）

▲ 南京受降仪式现场，中国代表坐在右边大桌后，日本代表坐在左方小桌后，正面长桌上为盟国代表

▲ 何应钦（左）代表中国政府接受侵华日军总参谋长小林浅三郎呈递降书

由本九日开始，取消贵官之"中国派遣军总司令官"之名义，从十日开始，改称中国战区日本官兵善后总联络部长官；贵官之总司令部也更名为"中国战区日本官兵善后总联络部"，具体任务就是执行或传达本司令部的命令，并处理日军投降后的一切善后事务，不得自行发布任何命令。①

9时20分，在雷鸣般的掌声中，中国战区受降签字仪式顺利完成。这支日本侵略军——中国陆上、海上侵略部队的日本将军171名，"中国派遣军"1,056,000人，"中国方面舰队"39,729人，全部放下了武器，听候处理。②

签字的那一刻，史定坤想到了那些战死的伤残的弟兄们，想到了抗战胜利的来之不易。他和四十团的兄弟们一次次地振臂高呼：日本投降啦！中国光复啦！我们胜利啦！中国万岁！这呼声震得日头直摇晃，为南京受降典礼增添了声

---

① 王辅：《日军侵华战争（1931—1945）四》，沈阳：辽宁人民出版社1990年版，第2802页。

② 王辅：《日军侵华战争（1931—1945）四》，沈阳：辽宁人民出版社1990年版，第2801页。

威和气氛。①

◀ 签字受降仪式结束后，何应钦（中）在麦克鲁（前右）、肖毅肃（中后）陪同下走出中国战区签字受降仪式会场。后排左二为王楚英

　　签字仪式结束后，何应钦即席发表了广播讲话："敬告全国同胞及全世界人士，中国战区日本受降签字仪式已于9日上午9时在南京顺利完成，这是中国历史上最有意义的一个日子，这是八年抗战的结果。我们中国将走上和平建设大道，开创中华民族复兴的伟业。"

　　"我真的以为战争从此结束了"，这一年刚刚22岁的王楚英说，"我不想再打仗了，希望快点回家，我还考上了交大，可是没想到，没能去上学，仗又打起来了。"②

---

　　①　史定坤口述；史文召撰写：《中国战区南京受降亲历记》，《文史天地》2011年第9期。

　　②　王吉陆：日军投降仪式上担任警卫的老兵讲述南京受降

　　　　https://news.sina.com.cn/c/2005-07-30/10146567323s.shtml（2015-4-20）

注：根据蒋介石的指示，1945年8月26日，何应钦发布命令将中国战区划分为16个受降区（不包括东北地区），全部指定国军将领担任受降主官。如北越地区由第一方面军卢汉为受降主官，签降地点在河内。广州地区由第二方面军张发奎为受降主官。签降仪式在广州举行。潮汕地区由七战区余汉谋为受降主官，受降式在汕头举行。湖南地区由四方面军王耀武任受降主官，在长沙举行受降式。江西地区由第九战区薛岳为受降主官，于南昌举行签降式。浙江地区由第三战区顾祝同为受降主官，于杭州举行签降仪式。上海地区由第三方面军汤恩伯为受降主官，签降地点在上海。湖北地区由六战区孙蔚如为受降主官，在汉口举行签降式。安徽地区由第十战区李品仙为受降主官，在蚌埠举行签降仪式。平津地区由第十一战区孙连仲为受降主官，在北平举行签降式。山东地区由第十一战区副长官李延年为受降主官，签降仪式在济南举行。洛阳地区由第一战区胡宗南为受降主官，在洛阳举行签降仪式。郾城地区由第五战区刘峙为受降主官，于河南郾城举行签降式。山西地区由第二战区阎锡山为受降主官，于太原举行签降式。绥远地区由第十二战区傅作义为受降主官，于归绥举行签降式。台湾澎湖地区由陈仪任受降主官，于台北举行签降仪式。①

抗日战争时期，共产党领导的敌后抗日武装八路军、新四军、华南抗日纵队已经在南京、济南、青岛、平津地区建立了抗日根据地，但是蒋介石命令这些地区的日伪军不得向八路军、新四军投降和交出武器，抗战胜利后的国内政治、军事形势变得复杂起来。

---

① 王辅：《日军侵华战争（1931—1945）四》，沈阳：辽宁人民出版社1990年版，第2803—2804页。

中篇

疯狂日本

 战争进入到1945年，世界反法西斯战争胜利指日可待——欧洲战事已近尾声，纳粹德国的投降只是时间问题；亚洲战场鏖战正酣，美军在莱特湾大败日军后，陆续攻占菲律宾、硫磺岛和冲绳，B29轰炸机开始大规模空袭东京、名古屋、大阪、神户等中心城市，战争和死亡威胁终于降临到东瀛列岛；中国远征军与中国驻印军在印缅战场联合反攻日军，连战连捷。

 法西斯日本的败亡已经不可避免，但是日本法西斯的疯狂丝毫不减，国内秩序依然保持"惊人的坚强状态，军队继续保持不投降骄傲传统"。[1]1月18日，日本最高战争指导会议在《今后应采取的战争指导大纲》和《紧急措施处理纲要》中顽固声称：要在1945年中期前，集结日、满、华全部国力来准备本土决战；要确信一亿必胜，击败美军的入侵；同时要努力保持与苏联的联系。[2]

 2月25日，最高战争指导会议又发布了新的《世界形势判断》，依然认为到1945年中期以前，日本和德国仍将处于"毅力比拼"的阶段，因此日本只要"坚持必胜信心，战斗到底，就一定能够能取得最后的胜利。"[3]日本法西斯政府始终寄望于"本土决战"的"世界形势判断"，就是将熊熊战火在日本列岛猛烈燃烧。

---

 ① ［美］埃德温·赖肖尔著；孟胜德，刘文涛译：《日本人》，上海：上海译文出版社1980年版，第106—107页。

 ② ［日］外务省编纂：《终战史录》，东京：终战史录刊行会1986年版，第194—195页。［日］参谋本部藏：《败战记录》，东京：原书房1989年版，第220—221页。

 ③ ［日］参谋本部藏：《败战记录》，东京：原书房1989年版，第230—232页。

1945年8月 裕仁天皇宣读8·14《诏书》

第四章　拒不投降与被轰炸的日本

　　1945年3月9日夜间，美军334架B29战机从关岛起飞，对东京实行地毯式轰炸，将市中心40平方公里夷为平地，8.4万人被当场炸死烧死，150万人无家可归。[1]但是3月20日，原外相币原道出了多数统治精英特别是裕仁天皇的心态：

　　　日本必须有耐心，无论如何不能投降，纵使有几十万的非战斗人员死伤、挨饿，几百万的建筑物被摧毁、烧掉，只要敢于继续抗战，就会为日本创造更有利的国际环境留下空间，最终民众的团结和决心将变得更强，在这场我国前所未有的危机中，这将为外交提供救国空间。[2]

　　战争进入到5月，意大利和德国法西斯已经战败投降。美军继续使用燃烧弹对日本东京、名古屋和大阪等地进行毁灭性轰炸；6月，美军占领冲绳岛，逼近日本本土。进入8月，日本法西斯陷入了战则亡国灭种、和则争论不休的境地，但是日本高层统治者还一直念念不忘最后的幻想，试图抓住"苏联调停"这根救命的稻草……[3]

　　①　〔日〕藤原彰著；伊文成，李树藩，南昌龙，赵春元译；邹有恒校：《日本近现代史》第三卷，北京：商务印书馆1983年版，第113页。
　　②　〔日〕吉田裕：《战败前后的昭和天皇与五位领袖人物》，东京：青木书店1995年版，第96—97页。
　　③　不料正是苏联参战这最后一根稻草倒下，压垮了日本的帝国梦。其实，即使苏联不参战，日本最终还是要投降。真正压垮骆驼的并非最后一根稻草，真正迫使日本投降的当然只能是全部的强大的反法西斯力量。但是驻守中国东北的日本关东军若不迅速崩溃，日本政府总是认为尚有继续战争的资本，军部不会彻底认输。所以苏军的行动在客观上刺激了日本政府迅速决定无条件投降。参见钮先钟：《第二次世界大战的回顾与省思》，桂林：广西师范大学出版社2003年版，第323页。

- 德国法西斯宣布无条件投降后，日本政府声明：为求自保自卫与东亚之解放而作战之决心，丝毫未感动摇；
- 日本的幻觉：念念不忘借助苏联调停及其谈判；
- 《波茨坦公告》意味着日本必须放弃最近50年来的一切"暴力非法所得"，铃木内阁顺从陆军：默杀公告；
- 8月6日，B29重型轰炸机在广岛投下人类历史上第一枚袭击了人类自身的原子弹；
- 9日零时，157万苏蒙军在夜幕掩护下，突然出现在中苏边境4000公里战线上，日本关东军全线崩溃；
- 裕仁天皇"圣断"投降。

◎ 德国投降了，疯狂的日本拒不投降，幻想着体面地结束战争，"念念不忘"苏联调停……

战争形势瞬息万变，日本的疯狂却始终不变。

1945年5月7日，走投无路的德国法西斯宣布无条件投降，欧洲反法西斯战争胜利结束。5月9日，日本法西斯却顽固地发表声明：

日本为求自保自卫与东亚之解放而作战之决心，丝毫未感动摇。德国之投降，不能令日本之作战目标有丝毫之变更。①

孤独的顽敌日本，其垂死挣扎之疯狂可见一斑。只是其最后的疯狂，已经建立在虚无缥缈的幻想之上。

在最高战争指导会议（6月6日）、第十三次御前会议（6月8日）和第八十七次帝国议会（6月9日）上，《世界形势判断》和《今后应采取的战争指导基本大纲》已经完全被"主战派"操控，内容充满了混乱的、不切实际的幻想——既幻想"虽然帝国处于生死存亡的关键时刻，但是敌人也急于结束战争"，这无疑是想当然的一厢情愿；也幻想精疲力尽的日本民众能够继续"以七生尽忠的信念，利用地利、人和，维护国体，保卫皇国"。②

除了幻想之外，无计可施。日本法西斯只能开动宣传机器，继续鼓吹本土决战体制，继续誓言"将战争进行到底"。

当然在此时，即便是最顽固的军方主战派，也承认日本的失败已经是无法挽回。唯一的区别就是主战派和主和派对于失败的不同理解：主战派认为，日本在本土决战，完全可以击退敌人以取得体面的和平条件；主和派认为，如果继续打下去，日本会崩溃，导致君主政体的毁灭，所以必须立即准备投降。

其实，此时日本政府的最高决策者们是在等待一个最大的幻想，以求体面地结束战争，裕仁在《天皇独白录》就有选择苏联斡旋，避免无条件投降的考虑，即"以对苏政策打

---

① ［日］外务省编纂：《日本外交年表及主要文书》（下卷），东京：原书房1978年版，第611页。

② 关于日本政府对1945年的世界形势判断及今后的战争指导方针，参见［日］外务省编纂：《日本外交年表及主要文书》（下卷），东京：原书房1978年版，第617页。

开重大局面"，极力避免苏联对日作战，借助苏联在结束战争时作为居中调停者，形成日、苏、中对抗英、美的局面。[1] 请注意，此时日本政府考虑的还不是向盟国投降，而是通过苏联调停与盟国和谈。

◎ **借助苏联调停有其历史原因，但是苏联表示不欢迎天皇特使近卫来访……**

日本念念不忘借助苏联调停是有原因的。"九一八"事变后，与美国采取抵制日本侵略中国的"史汀生主义"不同，苏联密切注视事态发展和国际反应后，立即向日本表示苏联根本无意于干涉"满洲"事件，[2] 公开宣布了"不介入中日冲突"的中立政策。避免与日本发生冲突，只求日本尊重苏联在中东铁路的商业利益。[3] 苏联的不干涉表态，打消了日方对苏联干预的顾虑，客观上鼓励了日军的进一步行动。

这一时期的苏联虽然支持中国抗日战争，但是为保障自身安全、谋求对日妥协，还是在1941年4月与日本签订了《苏日中立条约》。该条约第二条规定："倘缔约国之一方成为一个或数个第三国敌对行动之对象时，则缔约国之他方，在冲

---

① ［日］参谋本部藏：《败战记录》，东京：原书房1989年版，第278—279页。

② 傅启学：《中国外交史》下册，台北：商务印书馆1983年版，第544页。

③ 苏联副外交人民委员加拉罕于10月29日致函日本驻苏大使，申明苏联对日中冲突奉行"严格的不干涉政策"，对交战双方不提供任何支持，并标榜说："苏联所以采取严格的不干涉政策，乃起自历来不可更改之和平政策，乃尊重对华条约与他国独立之信念。"王秉忠，孙继英：《东北沦陷十四年大事编年》，沈阳：辽宁人民出版社1990年版，第24页。

突期间，即应始终遵守中立。"苏联的目的是应对即将爆发的苏德战争，避免两线作战，日本也是要回避来自北方的威胁，一心南下夺取战略资源。1941年6月，苏德战争爆发后，日本进行"关东军特别大演习"，造成远东局势紧张。斯大林紧急召见共产国际总书记季米特诺夫，要求发动各国共产党武装保卫苏联。中国抗日战争仍对苏联在客观上提供了积极支持，正如崔可夫所言，"在我们最艰苦的年代里，日本也没有进攻苏联，却把中国淹没在血泊中"。①

　　苏联为避免两线作战的积极"努力"，使日本产生了能够借助苏联的"和谈幻想"。因为日本曾经拒绝德国要求其在远东配合德军进攻苏联军事基地海参崴的要求，② 在远东和东亚地区有着自己的如意算盘，一方面是在1939年5月至6月间与苏联进行的"诺门罕战役"中，日军惨败至今心有余悸；另一方面是海军坚持"南进"政策，掠夺资源来支撑扩大战争，最终日本大本营支持下的"南进"战胜了"北进"。③ 于是日本也曾经在1941年6月30日拒绝了德国的请

---

　　① ［苏］瓦·伊·崔可夫：《在华使命——一个军事顾问的笔记》，北京：新华出版社1980年版，第38页。

　　② 急于打败苏联的希特勒几次要求日本出兵远东地区，但是"缺乏世界战略"的日本热衷于自己的"南进战略"，声称："日本政府完全认识到来自俄国的危险，并完全理解盟邦德国要求日本方面也参与对苏战争的愿望。但是，考虑到当前的战争形势，日本政府不可能参与这个战争。日本政府相信，目前不发动对苏的战争，是为了共同的利益。"参见《纳粹的阴谋和侵略》（英美检察官员为纽伦堡国际军事法庭所准备的文件证据及参考资料集），华盛顿，美国政府印刷局，1946年，附件乙，第857页。转引自［英］阿诺德·汤因比，维罗尼卡·M·托因比合编；劳景素译：《第二次世界大战史大全（8）1942—1946的远东》，上海：上海译文出版社1995年版，第169页。

　　③ 日本的"南进"战略主要是以日本海军为主导的对外侵略扩展战略，目标是在确保对中国大陆的霸权地位后，再向太平洋地区进行扩张，首要对象是英美等国，其次是苏联。"北进"主要是以日本陆军为主导的对外侵略扩张战略，其最终战略目标是以中国大陆为腹地，向西伯利亚扩张，首要对象是苏联，其次是英、美等国。关于日本"南进"和"北进"政策在具体推进过程中大体经历的"南北并进"、积极北进又消极北进、伺机北进到积极南进等战略调整、转换。参见李小白，周颂伦：《日本北进、南进战略演进过程述考》，《抗日战争研究》2010年第1期。

求，明确表示避免介入德苏战争。①

德苏战争爆发后，大本营和外务省空前一致地主张在德苏之间从事调解工作，并将这一策略一直贯穿欧战始终。② 正是基于此，在远东地区不与苏联为敌或避免日苏战争乃是日本维持"南进"的必要保障，于是日本对苏联在远东的调解寄予最大的希望，并产生了幻觉。③

基于以上，1945年6月29日，裕仁天皇致电斯大林说愿意结束战争，并拟派近卫文麿为特使出访，但是苏方回电称："为了尚无把握的问题而派遣代表前来，此间不能表示欢迎。"④

"近卫访苏"遭到拒绝，日本政府却并未对苏联彻底死心，仍然命令前外相广田与苏联驻日本大使马立克、日本驻苏联大使佐藤与莫洛托夫继续保持频繁接触，甚至在波茨坦会议召开前的7月13日，日本政府还向苏联提出了预备交涉申

---

① 参见［日］信夫清三郎编；天津社会科学院日本问题研究所译：《日本外交史》（下），北京：商务印书馆1980年版，第664—665页。

② 关于日本在德国和苏联之间的调解工作，参见［英］阿诺德·汤因比，维罗尼卡·M.托因比合编；劳景素译：《第二次世界大战史大全（8）1942—1946的远东》，上海：上海译文出版社1995年版，第158—172页。

③ 1945年6月，日本政府"决定通过苏联实现和平"，并派遣特使赴莫斯科，希望苏联担当对美英的斡旋角色。该决策主要是受军方所迫而采取。文件认为："日本不应该给予苏联任何对日参战的机会，应迅速直接对美英通告无条件投降，并在极短的时间内实现它。像依赖苏联斡旋终止战争这样的事，实为最愚蠢的政策。""不直接或间接以美英为对手，进行和平交涉，却要求苏联这样的国家斡旋和平，这一点尤其应该予以批判。……如果在雅尔塔宣言之前向美英投降，苏联的参战，以及让苏联分享对日战争战果的事情就不会存在。"不难看出，外务省该项调研文件，涉及对苏问题之反思，用词最为沉痛。可供参照的，是吉田茂1945年4月因反战被日军宪兵队逮捕后的审讯供词。吉田氏声称："无论谁怎么说，日本若不同美英交好，就决不能成为繁荣的国家。必须尽早结束对美英之战，即使战争败于美英，也决不会破坏国体，但国内如被赤化，日本就只有灭亡了。"大谷敬二郎：《昭和宪兵史》。转引自郑毅：《吉田茂政治思想研究》，北京：世界知识出版社2011年版，第65页。

④ 曹聚仁，舒宗侨编著：《中国抗战画史》（下），北京：中国文史出版社2011年版，第713页。

请，① 要求在莫斯科举行日苏会谈——对此，苏联的答复是
"日方如提出具体条件，可由苏联担当居间工作"。为此，斯
大林特延迟一天出发赴波茨坦， 但是到了7月20日，日本驻莫
斯科大使佐藤报告东京说，苏联"以目的暧昧为理由"，事实
上拒绝了接受特使。②

◎ "开罗宣言之条件必将实施"，《波茨坦公告》遭到日本政府"默杀"，天皇仍然相信苏联介入调停具有可能性……

在亚洲和太平洋地区的广阔战场上，日军仍然在拼死
抵抗。

但是战争形势已经愈发对日本不利，特别是进入7月份……

1945年7月17日到1945年8月2日，为了处置战后德国、解
决战后欧洲问题，尤其是针对穷凶极恶的日本军队，争取苏
联尽早出兵，美、英、苏三国首脑杜鲁门、丘吉尔（1945年
7月28日以后是新任首相艾德礼）和斯大林在柏林近郊波茨
坦举行了第二次大战期间第三次，也是最后一次三国首脑会

---

① 其实早在1945年4月5日，苏联宣布废除苏日中立条约后，就开始大大增强在远
东的兵力；日本也早已预感到来自北方的不安，重新调整了关东军防御计划。但是4月7
日成立铃木贯太郎内阁后，昭和天皇仍然幻想请苏联斡旋和平，7月11日召见近卫，直接
委托近卫为特使赴苏谈判，要求调停和平，被莫洛托夫以"外出旅行"为借口婉拒。参
见［日］重光葵著；齐福霖，李松林，张颖，史桂芳译：《日本侵华内幕》，北京：解
放军出版社1987年版，第416页。

② ［美］赫伯特·比克斯著；王丽萍，孙盛萍译：《真相——裕仁天皇与侵华战
争》，北京：新华出版社2004年版，第371—372页。

议，史称"波茨坦会议"。

7月26日，美、中、英三国对日本发表了公告——《中美英三国促令日本投降之波茨坦公告》（简称《波茨坦公告》）[1]。《波茨坦公告》总计十三条[2]，犹如十三把钢刀，直插日本法西斯的心脏。尤其是第八条——"开罗宣言之条

---

[1] 当时苏联尚未参加对日战争，8月8日对日宣战后，苏联声明参加《波茨坦公告》。

[2] 《波茨坦公告》总计十三条，内容如下：

（一）余等：美国总统、中国国民政府主席及英国首相代表余等亿万国民，业经会商，并同意对日本应予以一机会，以结束此次战事。

（二）美国、英帝国及中国之庞大陆、海、军部队，业已增强多倍，其由西方调来之军队及空军，即将予日本以最后之打击，彼等之武力受所有联合国之决心之支持及鼓励，对日作战，不至其停止抵抗不止。

（三）德国无效果及无意识抵抗全世界激起之自由人之力量，所得之结果，彰彰在前，可为日本人民之殷鉴。此种力量当其对付抵抗之纳粹时不得不将德国人民全体之土地、工业及其生活方式摧毁殆尽。但现今集中对待日本之力量则较之更为庞大，不可衡量。吾等之军力，加以吾人之坚决意志为后盾，若予以全部实施，必将使日本军队完全毁灭，无可逃避，而日本之本土亦必终归全部残毁。

（四）现时业已到来，日本必须决定一途，其将继续受其一意孤行计算错误，使日本帝国已陷于完全毁灭之境之军人之统制，抑或走向理智之路。

（五）以下为吾人之条件，吾人决不更改，亦无其他另一方式。犹豫迁延，更为吾人所不容许。

（六）欺骗及错误领导日本人民使其妄欲征服世界者之威权及势力，必须永久剔除。盖吾人坚持非将负责之穷兵黩武主义驱出世界，则和平安全及正义之新秩序势不可能。

（七）直至如此之新秩序成立时，及直至日本制造战争之力量业已毁灭，有确定可信之证据时，日本领土经盟国之指定，必须占领，俾吾人在此陈述之基本目的得以完成。

（八）开罗宣言之条件必将实施，而日本之主权必将限于本州、北海道、九州、四国及吾人所决定其他小岛之内。

（九）日本军队在完全解除武装以后，将被允许返其家乡，得有和平及生产生活之机会。

（十）吾人无意奴役日本民族或消灭其国家，但对于战罪人犯，包括虐待吾人俘虏在内，将处以法律之裁判，日本政府必将阻止日本人民民主趋势之复兴及增强之所有障碍予以消除，言论、宗教及思想自由以及对于基本人权之重视必须成立。

（十一）日本将被允许维持其经济所必须及可以偿付货物赔款之工业，但可以使其获得原料，以别于统制原料，日本最后参加国际贸易关系当可准许。

（十二）上述目的达到及依据日本人民自由表示之意志成立一倾向和平及负责之政府后，同盟国占领军队当撤退。

（十三）吾人通告日本政府立即宣布所有日本武装部队无条件投降，并以此种行动诚意实行予以适当之各项保证，除此一途，日本即将迅速完全毁灭。

杜鲁门　丘吉尔　蒋中正签字

件必将实施，而日本之主权必将限于本州、北海道、九州、四国及吾人所决定其他小岛之内"，更是直接明确规定了战后日本应该拥有的领土范围。在此前的1943年中美英三国首脑发布的《开罗宣言》中也曾明确"剥夺日本从第一次世界大战爆发后，在太平洋上夺得或占领的一切岛屿"，同时日本强占的中国领土如东北地区、台湾地区和澎湖列岛等"归还中国"。

《波茨坦公告》意味着日本必须放弃最近50年来的一切"暴力非法所得"。

7月27日清晨，日本电台收到《波茨坦公告》全文。政府迅速召开最高战争指导会议，内阁和大本营明显分为"主和"和"主战"两派，主和派的代表外相东乡从《波茨坦公告》中看到了美国对日本的绥靖气氛；陆军看到苏联未在《波茨坦公告》上列明，主张等待苏联回复后再决定怎么做[①]，大本营坚决不同意放弃多年的战争果实，并强烈地感受到战争审判的恐惧；军令部总长丰田主张拒绝《波茨坦公告》，并通令全国鼓舞士气，继续战斗到底；铃木内阁倾向于顺从陆军，"默杀公告"[②]；裕仁天皇仍然相信苏联介入调停具有可能性，即强调要争取有利条件结束战争，不惜任何代价保卫皇家神器。结果是最高战争指导会议上争论不休，决定对《波茨坦公告》容后再议。[③]

7月28日，首相铃木贯太郎召开了记者招待会，根据军部

---

① ［日］小森阳一著；陈多友译：《天皇的玉音放送》，上海三联书店2004年版，第17页。

② 铃木首相在关于《波茨坦公告》的谈话中使用了"默杀"一词，亦即不予置理，默然无视，实际是拒绝。

③ ［日］外务省编纂：《终战史录》，东京：终战史录刊行会1986年版，第502页。

▶ 铃木贯太郎
（1868—1948）

要求向新闻界发表谈话，表明了政府"将战争进行到底"的强硬立场，日本官方通讯社——同盟通讯社发表了"只好置之不理。我们坚决将战争进行到底"的铃木声明。①

顽固的"主战派"此时仍然无法体会公告中同盟国表示的决心，同时对日本面临的局面认识不清，其实也是把全部希望寄托在苏联调停上，幻想能够出现更有利的媾和条件，由此失去了投降的最后机会，也让数百万民众死于非命。

7月29日，在政府操控下，日本媒体"尽量用小字，降低调子"发布了"删除了影响国民和军队士气的部分内容的《波茨坦公告》"，②官方对此不作任何解释，继续隐瞒即将战败投降的事实真相，却将政府正式拒绝《波茨坦公告》的"铃木声明"大肆传播给全世界。

<hr />

① ［日］藤原彰著；伊文成，李树藩，南昌龙，赵春元译；邹有恒校：《日本近现代史》第三卷，北京：商务印书馆1983年版，第115页。
② 删除的部分是第九条，日本军队在完全解除武装以后，将被允许返其家乡，得有和平及生产生活之机会，和第十条"吾人无意奴役日本民族或消灭其国家"。但是日本军队已经通过电台收听到外国广播中的《波茨坦公告》全文。

◎ 原子弹第一次轰炸日本，处在爆心极点的人和物体瞬间"人间蒸发"，这也没能彻底改变日本政府继续战争下去的决心……

日本政府无视盟国劝告的"默杀"态度和拒不投降的顽固、傲慢，彻底激怒了受到神风特攻队重创还心有余悸的美国人——基于对硫磺岛和冲绳岛战役残酷性的判断①，为避免登陆日本本土作战造成更为惨烈的人员伤亡，摧毁日本民众殊死顽抗的斗志，同时也是希望抢在苏联对日宣战之前实现单独占领日本。②

8月6日上午9时14分，美国空军一架名为"艾诺·拉盖伊"的B29重型轰炸机在广岛投下了当年7月16日才研制成功的、人类历史上第一枚袭击了人类自身的原子弹。

这颗原子弹重达4400公斤，TNT当量为2万吨，搭乘降落伞缓缓落下，从一点光亮迅即变成一个半英里大小的火球，

① 2月19日开始的硫磺岛战役是美国海军陆战队有史以来最艰苦的战斗。整整一个月时间，1.9万名日军中被俘的只有200人，陆战队共伤亡2.6万人，其中阵亡7000人。"神风队"自杀飞机撞上了五艘舰只，其中一艘航母被击沉。冲绳岛战役更为残酷，在经过六天轰炸后，4月1日，美军两个陆战师和两个步兵师共5万人在冲绳岛登陆。岛上10万日军放弃滩头，撤到山洞中作战，直至6月21日战役结束。约9万名日军被击毙，1万名投降。美地面部队伤亡近4万人，其中8000人阵亡。按照这种惨烈程度推算，如果75万美军登陆日本本土作战，预计伤亡将达到26.8万，比此前整个太平洋战场上伤亡的美军人数还要多。令美军闻风丧胆的神风特攻队仅在1945年4月6日和7日两天时间里，就有350名队员奋不顾身地自杀式撞击美国军舰。此外还有日本关押的盟军战俘营每月多达10万人的死亡，都使美国战争决策者们确信需要投掷原子弹。参见［美］莫里斯·艾泽曼著；刘群译：《美国人眼中的第二次世界大战》，北京：当代中国出版社2006年版，第209—210页。［美］威廉·J.本内特著；刘军等译：《美国通史》（下），南昌：江西人民出版社2009年版，第264页。

② 1945年7月18日，在听到原子弹试验成功的消息后，丘吉尔与杜鲁门在会谈中谈到："我们已经不需要俄国人了。已经没有必要调进俄国的军队来结束对日本的占领。我们不需要接受俄国人的恩惠。两三天后，我通知艾登说：'在目前的形势下，美国不希望苏联对日参战，这是非常明确的。'"参见［日］鹤见俊辅著；高海宽，张义素译：《战争时期日本人精神史》，长春：吉林人民出版社1991年版，第131页。

浓烟升起5万英尺，呈蘑菇状，瞬间烧死了6.6万人，"建筑物都融化了，钢制的桥梁都燃烧起来，人的身影映照在墙上和人行道上"①，强烈的光波更使成千上万人双目失明，最终造成了14万人死亡。②放射雨使很多人在以后的20年间悲惨地慢慢死去；处在爆心极点的人和物体更是一瞬间"人间蒸发"……③但是，即便如此惨烈的后果，"人畜永久不能繁殖""生物全被残酷地消灭"，④也没能彻底改变日本政府继续战争下去的决心。

► 1945年8月6日，原子弹在日本广岛上空爆炸，蘑菇云翻滚

原子弹爆炸的16小时后，美国总统杜鲁门发表广播讲话：

① ［美］詹姆斯·科比·马丁，兰迪·罗伯茨，史蒂文·明茨等著；范道丰，柏克等译：《美国史》，北京：商务印书馆2012年版，第1139页。
② 广岛是本州南部的工业城市，木质房屋较多。原子弹爆炸后引发大火，焚毁面积达12平方公里，市区81%的建筑被毁，爆心6.4平方公里内的工业机器全部破坏。
③ 关于原子弹爆炸造成的伤害和恐怖场景，参见［美］基斯·惠勒及时代生活丛书编辑著；李海钢译：《图文第二次世界大战史 日本的崩溃》，北京：中国社会科学出版社 海南出版社，第101—151页。
④ ［日］重光葵著；齐福霖，李松林，张颖，史桂芳译：《日本侵华内幕》，北京：解放军出版社1987年版，第418页。

"这颗原子弹的威力比20000吨TNT炸药的威力还大。它的爆炸力相当于英国'大满贯'爆炸力的2000多倍，是战争史上迄今为止所使用过的最大的炸弹。"① 他警告日本说，如果不投降的话，美国将会"以一种史无前例的方式"继续进行"雨点般的空中突袭"。② 杜鲁门总统还代表大多数美国人对复仇情绪做了全面的表达：

> 我们使用了新开发的炸弹。我们用它打击那些不宣战就在珍珠港袭击我们的人；打击那些使美国战俘挨饿、遭受殴打和枪杀的人；打击那些放弃了所有遵守战争国际法主张的人。我们使用它是为了缩短战争的极度痛苦，是为了挽救成千上万的生命和美国青年的生命。③

一颗原子弹就彻底摧毁了直径约3.2公里等圆的广岛中心部位，天昏地暗，出现了世界末日一样的恐怖景象。但是美军这种"非常恐怖的炸弹"仍然没有让疯狂的日本军部屈服，④ 大本营发表了"这种炸弹并不可怕，我方有法对付"

---

① ［日］服部卓四郎著；易显石等译：《大东亚战争全史》第4册，北京：商务印书馆1984年版，第1510页。

② ［英］米特著；蒋永强，陈逾前，陈心心译：《中国，被遗忘的盟友：西方人眼中的抗日战争全史》，北京：新世界出版社2014年版，第347页。

③ ［美］赫伯特·比克斯著；王丽萍 孙盛萍译：《真相——裕仁天皇与侵华战争》，北京：新华出版社2004年版，第369页。

④ 原子弹在日本投降过程中确实未能发挥决定性作用，丘吉尔就认为"原子弹投下以前，日本的失败已经注定，造成这个局面的是压倒一切的海上威力"。但是原子弹的另一个作用却是非常明显。史学家阿尔普洛维茨也认为，即使不用原子弹，日本也会投降；杜鲁门在决策时，美军生命并未受到威胁。其实杜鲁门的决策与他在波茨坦与斯大林的会见直接相关，因为斯大林看不起他这个"新手"，杜鲁门急于要在苏联人面前树立权威，而原子弹的巨大威力正好适用于此。参见丘吉尔：《丘吉尔首相记述战局》，转引自王季平主编：《八·一五这一天》，北京：光明日报出版社1985年版，第430页。宋石男：《伟大的旁观者：李普曼传》，北京：中国友谊出版公司2012年版，第121页。

的告示。从投下原子弹的8月6日起，直到8月8日都没有召开最高战争指导会议及其成员委员会议，都没有正式地讨论原子弹轰炸问题，[①] 只有东乡外相向裕仁天皇上奏了广岛原子弹爆炸情况。裕仁天皇继续坚持"拖延投降时间，讨价还价、争取有利条件结束战争"的意见："敌方既然已经使用这种武器，继续进行战争越发不可能了。为争取有利条件，不可错过结束战争的时机。条件经过协商不会谈不拢的。总之应该争取尽快结束战争，并令将这一意见也转告给铃木首相。"[②] 于是日本政府继续幻想苏联调停，并坚持认为美军只有这一颗"神秘的武器"，在核物理学家科芳雄博士到广岛实地用仪器检测肯定这是一颗原子弹后，[③] 还是竭力掩盖真相，竟然愚蠢地宣称这是一颗来自天外的巨大陨石撞击了广岛，继续坚持既定的"一亿玉碎、本土决战"计划。

从8月7日开始，美国又出动了大型轰炸机轮番轰炸日本的各大城市。[④]

---

① 参见［日］藤原彰著；伊文成，李树藩，南昌龙，赵春元译；邹有恒校：《日本近现代史》第三卷，北京：商务印书馆1983年版，第116页。

② ［日］服部卓四郎著；易显石等译：《大东亚战争全史》第4册，北京：商务印书馆1984年版，第1637页。

③ 王辅：《日军侵华战争（1931—1945）》，沈阳：辽宁人民出版社1990年版，第2731—2732页。

④ 根据美军轰炸调查团统计，1945年1月，美军出动飞机490架次轰炸日本本土，仅在日本一个城市投弹在百吨以上，到了7月，这种大规模轰炸达到了20,859架次，在敦促日本投降的8月份，投弹过百吨的城市增加到35座。从1944年到战争结束，美军战机总计投弹16.08万吨。参见［日］服部卓四郎著；易显石等译：《大东亚战争全史》第4册，北京：商务印书馆1984年版，第1537—1538页。

◎ **苏联对日宣战，百万关东军被围歼，日本政府内部出现了"一个条件投降"和"四个条件投降"的争论，原子弹第二次轰炸了日本……**

8月8日，压倒法西斯日本的最后一根稻草突然出现——苏联发表对日宣战声明。声明指出，在希特勒德国失败与投降后，日本是依然坚持战争的唯一强国。由于日本公然拒绝《波茨坦公告》，为缩短战争的时间，解放人民不致遭受更大牺牲及痛苦，并协助迅速恢复一般的和平。苏联政府履践其对同盟国的义务，接受同盟国的邀请，并参加本年7月26日同盟国之公告，故"从明天即8月9日起，苏联将认为其本身已与日本进入战争状态"。①

9日0时，苏联元帅、远东军总司令华西列夫斯基率领157万苏蒙军，在欧洲战场长驱数万公里，在夜幕掩护下，突然出现在中苏边境4000公里战线上。苏军集结了优势兵力和火力——2.6万门火炮、迫击炮，5300辆坦克和自行火炮，3440架飞机，2艘巡洋舰，1艘驱逐领舰，12艘驱逐舰和78艘潜艇，以这些庞大的装甲兵部队为前导，四路突破，进攻迅猛。据华西列夫斯基元帅回忆：

最高统帅部大本营在8月7日发来训令说，外贝加尔、远东第一和第二方面军于8月9日开始军事行动，8月9日夜，三个方面军的先遣营和侦察支队在极其不利的气候条件下向敌

---

① 参见《反法西斯战争文献》，北京：世界知识出版社1955年版，第317页。转引自王德贵，徐学新，郑晓亮编：《八·一五前后的中国政局》，长春：东北师范大学出版社1985年版，第521页。

占领土前进，拂晓，外贝加尔和远东第一方面军的主力跨过边界，发起了进攻。①

第一路由外贝加尔湖向长春、沈阳进攻，第二路为苏蒙联军，向承德、张家口进攻，第三路从海参崴方面，进攻吉林和哈尔滨，第四路由伯力、海兰泡向哈尔滨、齐齐哈尔方面进攻。苏军以庞大的装甲兵部队为前导，辅之以空军支援迅速推进，同时苏联太平洋舰队海军陆战队在朝鲜北部、南库页岛、千岛群岛登陆成功。

9日上午零时左右，各地都发现苏联军用飞机越境，上午零时许，虎头和五家子（珲春东南约30公里）的我军阵地同时报告正在受到苏军炮击，接着，正东面的国境监视部队，均在报告遭到敌军袭击以后，断绝了联系。②

1时许，长春关东军司令部接连收到驻牡丹江第五军司令部紧急电话，绥芬河正面和东宁正面遭到苏军进攻，牡丹江市遭到苏军轰炸机群空袭；1时30分，苏军轰炸机群已经抵达长春上空，"仅仅半个小时，关东军的前方部队、后方指挥机关，均处于真正的战争状态。"③到上午6时左右，库页岛的日本监视哨也遭到了苏军炮击，通讯线路被切断。号称拥有

---

① ［苏］华西列夫斯基著；徐锦栋，思齐等译：《华西列夫斯基元帅战争回忆录》，节选自《华西列夫斯基的远东之网——苏联远东军总司令回忆战争准备工作》，《军事历史月刊》2005年第12期。

② ［日］服部卓四郎著；易显石等译：《大东亚战争全史》第4册，北京：商务印书馆1984年版，第1718页。

③ 王辅：《日军侵华战争（1931—1945）》，沈阳：辽宁人民出版社1990年版，第2739页。

100万人、1155辆坦克、5350门火炮、1800架飞机和25艘舰艇的日本关东军，在强大的苏军面前处于绝对劣势，全线崩溃。

据苏联二战老兵瓦西里·伊万诺夫回忆："那一天的天气异常恶劣，日本军放松了警惕，睡起了大觉。"[1] 刚从欧洲战场归来的百万苏联红军，征尘未洗，长驱数万公里，突然出现在伪满洲国的地平线上，不到一周时间，素有"皇军之花"之称的关东军精心布置的防线土崩瓦解，[2] 原准备与苏军展开的决战成为追逃游戏，日本法西斯彻底失去了负隅顽抗的资本和幻想。[3]

苏联在中国东北对关东军摧枯拉朽式的进攻，对于1945年年初以来一直寄望于苏联调停并体面结束战争、极力避免日苏战争的日本政府来说是真正的噩梦，彻底摧垮了斗志——即"苏军的行动在心理上产生的刺激具有了决定性的

---

[1] 资料：《日本投降过程全记录 从最后的疯狂到溃败》
http://qh.people.com.cn/n/2014/0813/c182778-21979085-2.html（2015-1-24）.

[2] 为了与苏军持久作战，到1945年1月关东军也周密部署了新作战计划，即"利用地形和设施，尽力将入侵之敌消灭于国境地带（指从北朝鲜东部山脉——牡丹江训西侧山脉——小兴安岭——大兴安岭——齐齐哈尔、四平铁路线外侧的广阔地带），然后利用满洲、朝鲜的广阔地区和地形，击退、阻止或妨碍敌军的入侵，作持久打算；至不得已时，也应牢固地确保自南满至朝鲜的山岳地带，抗战到底，以利于全面战争的指导"。5月30日，大本营下达"朝鲜方面对苏作战计划要领"，其作战目的是"击败入侵满洲之敌，大体确保京图线（新京至图门铁路）以南、连京线（大连至新京铁路）以东的重要地区，谋求持久作战，以利于全面作战"。并且频繁地组织了军队的调动，通过实施满洲总动员，在7月上旬总共集结了24个师团、9个独立混成旅团约75万人的兵力，但是战编制、素质和装备都很差，训练不够，战斗力不强。参见［日］服部卓四郎著；易显石等译：《大东亚战争全史》第4册，北京：商务印书馆1984年版，第1510页，第1514页，第1519页。

[3] 至8月19日，关东军总司令山田乙三大将被迫向苏军交出了象征指挥权的军刀，与148名将领、59.4万关东军一起成为苏军俘虏。参见《远东战役：歼灭日本关东军》，《兰台世界》2003年第11期。

意义"，① 日本天皇、宫中大臣和铃木首相、东乡外相、米内海相等政府要员们一下子失去了最后的一线希望，陷于深深的恐惧和绝望之中，痛感继续战争，必将亡国灭种。

◎ **结束战争的时刻到来了。但是如何结束战争？日本政府内部尚存奢望，争论不休……**

8月9日上午11点，日本最高战争指导委员会召开了"六巨头会议"，争论《波茨坦公告》的内容。到了这个时候，不论是政府和军部，主战派还是主和派，已经能够一致认为：必须通过和平道路来结束这场战争，但是对怎么和谈、有条件接受还是无条件接受，两派还不能达成一致意见。

主战派陆相阿南顽固坚持要附加四个条件，即保持天皇体制，进驻日本的联合国军兵力，只限于最低数量；解除日军武装，由日本自己用复员的方法进行；对战犯的惩罚，由日本政府处理。② 对于军部来说，天皇制是军部组织和特权的基础，是以军部为核心的战争机制，确保天皇制是日本投降东山再起的前提，变更国体是万万不能接受的。③ "四个条件论"得到了参谋总长梅津美治郎和军令部总长丰田的支持。

---

① 钮先钟：《第二次世界大战的回顾与省思》，桂林：广西师范大学出版社2003年版，第323页。

② ［美］哈文斯：《日本投降的决策过程》，《国外社会科学文摘》1985年第10期，第32—34页。

③ 参见［日］NHK取材班：《太平洋战争文件（6）：一亿玉碎之路》，东京：角川书店1994年版，第178—182页。

▲ 阿南惟几（1887—1945）　　　▲ 东乡茂德（1882—1950）

主和派外相东乡认为，《波茨坦公告》其实是日本的一次绝好机会，不能轻易否定。因此只要能维持天皇制国体、保障天皇地位就可以接受。"一个条件论"得到了首相铃木和海相米内的支持。① 双方进行了长达七个小时的激烈争论，不能取得一致意见。

过去的三天里，日本屡遭重创，原子弹的惨烈轰炸，苏联红军的沉重打击，中国战场上的全面反攻，"大日本帝国"已经风雨飘摇，即便是全体民众拿起竹枪木炮"一亿玉碎"，或者是再发动一场"回天特攻"大战，也回天乏力，难逃亡国灭种的命运。眼见大势已去，裕仁天皇在9日上午也表达了求降的迫切心情，命令内大臣木户："苏联既已参战，就要赶快收拾战局！"②

就在主战、主和两派在巨头会议上纠缠不休的时候——11时30分，美军在长崎投下了第二颗原子弹，长崎人口27万

①　［日］田中伸尚：《记录昭和天皇（五）》，东京：绿风出版1993年版，第439页。

②　［日］中尾裕次编集：《昭和天皇发言记录集成（下卷）》，东京：芙蓉书房出版2003年版，第386—387页。

人，当即死去6万余人。①

◎ 天皇第一次圣断"有条件投降"——"上述宣言并不包含任何要求有损天皇陛下为至高统治者之皇权"……

据前外相重光葵在后来的回忆录中记载，9日上午，近卫对主战派提出与《波茨坦公告》相差太远的投降条件"甚为忧惧"，特意来征求他的意见。重光葵答复说：

"如将这种条件提出，敌人可能坚持无条件投降，或者有较《波茨坦宣言》更苛刻的条件来处理日本的危险。结果我方不但仍然必须接受敌人的任何条件，且我方的立场反而更不利。在此期间敌人的作战会更趋猛烈，反徒然增加国民的牺牲。"

近卫又说："今日探听的情形，内阁似乎对军部的要求无法拒绝，所以除非呈请天皇批准，是无法进行的。

但木户内大臣认为应由内阁负责决定的事，不应再请天皇核定。木户对此颇感为难。"于是，笔者即刻赴宫内省访木户内大臣。"②

---

① 长崎是九州南部的港口和工业城市，居民约23万人。原子弹爆炸造成市区68.3%的工厂被摧毁，死亡35,000人，失踪5,000人，受伤6万人。
② ［日］重光葵著；齐福霖、李松林、张颖、史桂芳译：《日本侵华内幕》，北京：解放军出版社1987年版，第419页。

　　9日下午，铃木内阁又召开了两次会议继续争论"如何投降"，两派仍然僵持不下。铃木只得奏请召开御前会议，"仰求圣断"。此时的"主和派"已经失去继续争论的耐心，高松宫、近卫和前外相重光葵等人已悄悄地通过木户内大臣将"一个条件"和"四个条件"的利弊上奏天皇，为其"圣断"提前做好准备。

◀ 1945年8月9日，裕仁天皇参加防空洞御前会议

　　9日晚上11时左右，裕仁天皇在宫中"地下10米深处"防空洞内召开御前会议。铃木首相首先宣读了《波茨坦公告》，在听取了东乡外相"同意接受"和阿南陆相"本土决战""一亿玉碎"的意见陈述后，裕仁深感"如再继续战争，不仅日本趋于灭亡，全世界亦将陷于不幸"。决定："只有忍受一切，结束战争。"当即同意采取外相意见，即"以不变更天皇统治国家大权作为接受波茨坦公告的附带条件"[1]。对于天皇的决断，内阁大臣再无人提出异议，军部

---

　　[1]　参见［日］外务省编纂：《日本外交年表及主要文书》（下），东京：原书房1978年版，第627—631页；［日］外务省编纂：《终战史录》，东京：终战史录刊行会1986年版，第586—587页。

也只能就范。

御前会议结束时，已是8月10日凌晨2时。

8月10日上午7时，外相东乡通过中立国瑞士、瑞典分别向中、美、英、苏四国政府发出"乞降照会"，投降也要冠冕堂皇，投降的原因竟然是"天皇希望促进世界和平，早日停止战争，以便天下生灵得免因战争的持续而沦于浩劫"，而且投降还要提出"有条件"——"上述宣言并不包含任何要求有损天皇陛下为至高统治者之皇权"。并且对此"有条件"的答复，日本政府还"切望"得到"明白表示"，并要求"能迅速获致"。①

但是，为了维持前线士兵的士气，10日下午7时，陆军大臣在广播公告中训示全军将士："纵令啮草啖泥，露宿荒野，也要坚持作战，深信会在死中求生"，即使"战到最后一个人"，也要将维护神州的圣战，坚决进行到底。11日的报纸上，情报局总裁还在宣称："为了确实捍卫最后一线，以维护国体，保持民族荣誉起见，政府正在进行最大努力。同时也期望一亿国民克服一切困难，共同为维护国体而努力！"②

---

① 参见《反法西斯战争文献》，北京：世界知识出版社1955年版，第317页。转引自王德贵，徐学新，郑晓亮编：《八·一五前后的中国政局》，长春：东北师范大学出版社1985年版，第315页。

② 参见［日］读卖新闻社编；蔡德金等译：《天皇和日本投降》，北京：档案出版社1992年版，第226页。［日］服部卓四郎著；易显石等译：《大东亚战争全史》第4册，北京：商务印书馆1984年版，第1654—1655页。

◎ 美国国务卿贝尔纳斯刻意回避投降附加条件，美军舰载机、B29等庞大机群连续轰炸日本本土，继续施加战略威慑……

8月11日，对日本政府的"有条件投降"，美国国务卿贝尔纳斯根据四国首脑磋商结果，刻意回避了日本提出的投降附加条件——"保留天皇统治权"。既不承认，也不否认，而将"日本政府之最后形式"交由"日本人民之意愿"。①

盟国回复在12日传入日本。日本政府召开内阁会议，陆相阿南、参谋总长梅津和军令部总长丰田等人觉得"关于天皇制的这个回答与日本的国体势不两立不能接受"。②

13日上午9时，在首相官邸防空洞中举行了战争最高指导会议。陆相和陆、海军总长继续主张要求修改投降条件，并提出补充条件，要求再次照会四国，进行交涉。东乡外相表示反对，铃木首相和米内海相支持东乡外相的意见。会议进行到下午3时，两种意见仍不能统一，只好再次把问题移交给御前会议。会议进行中间，东乡外相于下午2时入宫晋见天皇，告知12日以来的讨论情况，裕仁天皇面谕"可按照外相的主张办理"，并命令将此意转告铃木首相。③

下午4时左右，多数阁员都不满意同盟国复照内容，但都表示听从天皇的决定，赞同了外相意见。只有陆相阿南继续

① ［日］外务省编纂：《终战史录》，东京：终战史录刊行会1986年版，第635—636页。

② ［日］重光葵著；齐福霖，李松林，张颖，史桂芳译：《日本侵华内幕》，北京：解放军出版社1987年版，第421页。

③ ［日］服部卓四郎著；易显石等译：《大东亚战争全史》第4册，北京：商务印书馆1984年版，第1662页。

坚持强硬反对意见。铃木首相最后表示：

> 我到今天为止，始终抱着继续作战的决心。……但在再三反复体会来文中间，深感美国草拟这一文件并非出于恶意。表达方式虽有不同，实质上并无改变天皇地位意图……如果照旧战斗下去，纵设背水之阵，在已出现原子弹的今天，为时未免太晚。那样将不能维护国体……我想把今天的情况如实地再次奏明天皇，请求裁断。[1]

在此期间，美国在广播中公开指责日本政府故意拖延答复，一方面加紧对日攻势，美军舰载机、B29等庞大机群连续轰炸本州及东京工业区、大阪等地，继续施加战略威慑，另一方面派出B29飞机大量散发印有日本政府8月10日乞降照会和同盟国复照的日文传单，公开日本当局对国内严密封锁的投降消息，告知日本民众政府已经表示投降，日本人有权利知晓投降条件。[2] 8月14日，美空军出动超大机群——800架"空中堡垒"轰炸东京、大阪等地。

---

① ［日］服部卓四郎著；易显石等译：《大东亚战争全史》第4册，北京：商务印书馆1984年版，第1664页。

② 据《木户日记》14日首先记载："敌机正在散发联合国家的答复传单。因念如此情况拖延时日，全国有陷于混乱之虞。为此，自8时30分至8时35分据以奏陈。圣意极坚，不胜迫恐感激。"另据"侍从武官日记"于14日记载：自夜半，一架B29机来袭，散发大量传单，敌乘我迟迟不作答复的空隙，积极展开宣传攻势，企图暴露我进行和平交涉的经过，以达到瓦解国民斗志的目的。参见［日］日本防卫厅战史室编纂；天津市政协编译委员会译校：《日本军国主义侵华资料长编（下）——〈大本营陆军部〉摘译》，成都：四川人民出版社1987年版，第697页。

◎ 天皇第二次圣断：如果现在停战，可以留下将来发展的基础，"会议在全体涕泣声中结束"……

8月14日上午11时，裕仁天皇再次打破惯例，亲自下令在皇宫地下室召开了战时最后一次御前会议。铃木首相首先报告军政要员们这几天来的争论情况，接着主战派的阿南、梅津、丰田等人"相继起立，声泪俱下"地恳请天皇延缓"圣断"，给盟国再发照会，如果盟国不能切实保证维护国体，就要继续战争，期望"死里逃生"。

裕仁天皇早已下定决心，听完陈述后发表了自己的意见：

朕的想法与以前并无相同，再继续战争是不妥当的。关于国体，虽有疑虑，但朕并不认为对方存有恶意。问题的关键还是在于我全体国民的信念和觉悟！所以要接受对方要求，望尔等亦能如此！①

最后时刻，裕仁仍然念念不忘"护持国体"。他深知只有护持好优先于宪法存在、古来由神决定的"国体"，维护天皇政治、军事和外交大权的"国体"观念，才能使日本民众继续处于臣民地位。

但是他也深知，"如果继续战争，无论国体还是国家的将来都会消失，就是母子都会丢掉。如果现在停战，可以留下将来发展的基础"②。为今之计，长远打算，只能接受盟国要求，并要政府起草"终战诏书"，"会议在全体涕泣声中

① ［日］井上清：《天皇的战争责任》，东京：现代评论社昭和50年版，第213页。
② ［日］参谋本部：《战败的记录》，东京：原书房昭和42年版，第290页。

结束"。

关于此次会议内容，参谋总长用铅笔速记如下：

1945年8月14日上午11时在宫中防空室。朕异乎寻常的决心未变。从内外形势，国内状况，彼我国力战力进行判断，并非轻率作出的结论。

关于国体，敌亦承认，毫无不安之处，关于敌之保障占领，虽不无可虑之处，但如继续战争，则国体与国家之将来同归于尽，一无所存。如现在停战，将来发展的根基尚存。

解除武装纵不堪忍受，但为国家与国民幸福计，必须以明治大帝对待三国干涉时同样心情处之。望予赞成。陆海军的统御或有困难。朕亲自广播也可。尽速颁发诏书传达此意。[1]

◎ **日本中国派遣军总司令冈村宁次请求天皇"坚决将战争进行到底"，日本电台发出通告称将在正午广播一条特别重要的消息……**

14日下午6时，日本中国派遣军总司令冈村宁次向参谋总长梅津美治郎发去一封转奏天皇的电报，"毕竟是久经沙场的军人，在血与火的战场上，经受过多次高度紧张和危险环境的锻炼，而且能在这种紧张和危险的环境中判断出基本情况和定下应有的决心"，冈村宁次请求天皇决断"应排除屈辱之

---

① ［日］日本防卫厅战史室编纂；天津市政协编译委员会译校：《日本军国主义侵华资料长编（下）——〈大本营陆军部〉摘译》，成都：四川人民出版社1987年版，第703页。

和平，坚决将战争进行到底"。他得到的回复是"明日中午天皇有重要广播，务请收听"。[1]

当日晚11时20分，裕仁天皇身穿陆军大元帅服，手捧诏书，一字一字地宣读《诏书》，至11时50分，总计两次录音完毕。

最后一次御前会议结束后，日本政府通过瑞士政府照会美、中、英、苏四国政府，表示无条件接受《波茨坦公告》和四国复文。

中国重庆时间晨7时，中、美、英、苏四国政府共同向全世界宣布：日本政府已正式无条件投降。

◀ 1945年8月14日，裕仁天皇在议会宣布接受《波茨坦公告》

8月15日晨，日本电台发出了通告，称将在正午广播一条特别重要的消息。不明真相的日本人怀着忐忑不安的心情等待着……

中午12时整，日本广播员和田信贤在麦克风前招呼国人

---

① 王辅：《日军侵华战争（1931—1945）》，沈阳：辽宁人民出版社1990年版，第2762页。

起立，倾听极为重要的"玉音放送"①，广播中响起了日本国歌《君之代》，然后响起了一个从未听过的声音。

虽然时值正午，"太阳神国"已经坠落。

关于8月15日中午裕仁天皇的广播讲话，几乎没有日本民众能够理解其全部意义。因为他使用了只有皇室和天皇翻译官才能够学习的古日文，语法中夹带汉语文言，普通日本人根本无法听懂；而且录音效果奇差，含含糊糊，民众对未知的命运，懵懵懂懂。

但是，不投降即毁灭是确定无疑的。在中、美、英、苏四国政府的《四国公告》约定发布时间前，即8月15日早晨7时整（重庆时间），从四国首都重庆、华盛顿、伦敦、莫斯科，用汉语、英语、俄语，向敌我双方海陆空军队播发日本投降公告前，美军继续出动了战机800架次对东京进行最后一次的大规模空袭。据美军第三舰队司令小威廉·弗雷德里克·哈尔西上将回忆：

> 8月15日晨，由103架组成的第一次空袭部队起飞。后于6时14分收到太平洋舰队司令"停止航空攻击"的命令。此时，第一次空袭部队已攻击完毕返航中，第二次攻击部队尚来到达目标，第三波正在甲板上整队完毕。②

---

① 玉音，又称鹤音，指天皇声音。1945年8月15日中午12时的"玉音放送"是日本天皇历史上第一次在大众前发声。

② 10时55分，舰队收到"立即停止对日本军的攻击行动"的电报，但仍须继续执行空中巡逻与搜索敌人的任务。参见［日］日本防卫厅战史室编纂；天津市政协编译委员会译校：《日本军国主义侵华资料长编（下）——〈大本营陆军部〉摘译》，成都：四川人民出版社1987年版，第726页。

第五章　自杀与"被自杀"的日本

　　1945年8月15日中午12时整，日本最有名的广播员和田信贤坐在广播麦克风前，用低沉的声音请所有听众起立，用最尊敬的心情倾听"天皇玉音"。奏过日本国歌后，天皇的讲话录音片被送上了唱机转盘：

　　朕深鉴于世界大势及帝国之现状，欲采取非常之措施，以收拾时局，兹告尔忠良臣民，朕已饬令帝国政府通告美英中苏四国愿接受其联合公告……①

　　面对裕仁天皇晦涩难懂的宫廷文，和田信贤简单解读了"玉音"的内容：草民难奉圣意，不得已纳戈而降，天奉不加呵斥，反说"朕自身如何不论，不忍见国民继续毙于战火"，天皇陛下对国民大慈大爱知此，谁能不反省自己的不忠呢？②

---

　　①　诏书全文参见《日本帝国停战诏书》（1945年8月14日广播《东京时间》），选自［英］《1942—1946年的远东》（下），上海：上海译文出版社1979年版，第738页。转引自王德贵，徐学新，郑晓亮编：《八·一五前后的中国政局》，长春：东北师范大学出版社1985年版，第320—321页。
　　②　［美］赫伯特·比克斯著；王丽萍，孙盛萍译：《真相——裕仁天皇与侵华战争》，北京：新华出版社2004年版，第384页。

1945年日军祭拜靖国神社

- 在战败投降的绝望中，强硬的主战派陆军大臣阿南、神风特攻队的始作俑者大西剖腹自杀。
- 鼓吹"生而不受俘囚之辱，死为勿遗罪祸之污名"的东条选择了手枪自杀，又"自杀而不死"，别有深意。
- 日军屠杀无辜平民，恐怖使民众绝望自杀，在冲绳更有被疯狂的日军"强制性集体自杀"。
- 在中国东北地区的日本"开拓团"被称为"没有枪的殖民者"，仓皇撤退、狼奔豕突之际，受军国主义思想毒害较深的开拓团民"一般都先杀掉自己的小孩和女人"。
- 第五航空军司令的最后特别攻击。

◎ 最顽固的法西斯分子，如陆相阿南惟几和第一航空舰队司令大西泷治郎等人绝望地选择了自杀……

8月15日中午12时，裕仁天皇宣布投降后，面对难以接受的现实和无法想象的未来，一些头脑中装满武士道精神、宁死不降的日本军人选择了自杀。首先自杀的是日军最高首脑、军方最强硬的主战派，最后一任陆军大臣阿南惟几大将。

15日凌晨1时，少壮派军人发动兵变，妄图以武力阻止日本政府投降，但是此举没有得到军部其他高层的支持，遭到了镇压。

得知部下已经发动了兵变，阿南在自己的三宅坂官邸写好了遗书：以一死奉谢大罪，坚信神州不灭，并作"辞世之歌"：身沐主隆恩，终生未得报。今日辞帝阙，无言可奉告。①

其实早在14日下午，阿南在《陆军坚决遵照天皇决定行动》文件上签字后，就已经做好了自杀的准备。穿好任侍从武官时天皇赐予的衬衣，摆好前年阵亡的儿子的遗像，陆相阿南步出室外，立在檐下走廊，遥望皇宫，跪下默祷，然后将剑刺入腹中，他凭着多年养成的一丝不苟，从容不迫，严格完成了武士剖腹的规定程式，在介错人——妻弟竹下正彦中佐的帮助下，身首异处。②

8月16日，自杀式攻击——神风特攻队③的始作俑者、日本海军第一航空舰队司令、策划并指挥了"重庆大轰炸"的刽子手大西泷治郎中将在遗书中写道：

告特攻队的英灵：尔等善战，深为感谢。

在深信我军定能获得最后胜利的同时，做为肉弹而战死，但其信念终未实现。我将以一死酬谢旧部下的英灵及其家属。

其次，告一般青壮年：我想轻死是对敌有利的行为。然如能成为遵奉圣旨、自重忍辱之戒，实属幸甚。即使隐忍持

---

① ［日］服部卓四郎；易显石等译：《大东亚战争全史》第4册，北京：商务印书馆1984年版，第1686—1687页。

② 介错人就是砍头的人。

③ "神风"起名来源于元朝忽必烈时期两次对日本东征，因为海上台风导致舰队损毁，日本人认为是"神风"保佑击退了元军。"神风特攻"是一种自杀性攻击作战，是在二战末期日本为挽救战败局面，利用日本人的武士道精神"一人、一机、一弹换一舰"，对美舰、登陆部队及固定集群目标实施的自杀式袭击的特别攻击队，即在飞机前段装置大量烈性炸药，携带单纯燃料，直接撞击敌舰。1944年10月19日，大西召集第一航空舰队精华成立了以寻歼航母为目的"神风"特别攻击队。此后"神风特攻队"在莱特湾大海战、硫磺岛海空战、冲绳海空战中，疯狂至极、成群结队地冲向美舰：残骸飞扬，血肉横飞，令美军士兵闻风丧胆，战后几十年后仍然心有余悸。

重，切勿丧失日本人的自尊心。诸君是国家之宝。虽处于平时，仍望坚持特攻精神，为日本民族的福利和人类的和平竭尽全力。①

将"坚持特攻精神与日本民族福利甚至是人类和平"相链接的大西泷治郎，实在是残忍至极。他的"武士之死"远远没有阿南那样顺利，其实这正是大西的本意：尖刀刺进肚子，在极度痛苦中，大西还拒绝对他进行"仁慈的一击"，他要为自己创造的最骇人听闻、惨无人道的野蛮战法而赎罪，忍受着死亡来临之前的痛苦，却没想到这痛苦竟然持续了一天一夜，这也算是对"残忍大西"的最后惩罚吧！

在这股战败自杀狂潮中，共有527名部队所属人员"以投降为耻"选择为大日本帝国殉葬，其中陆军394人，海军126人，护士3人，4人所属不明。② 死于自杀的日本将领（中将以上）共有11个：

第一总军司令官杉山元元帅；

第十二方面军司令官兼东部军管区司令官田中静一陆军大将；

前第十三方面军司令官兼东北军管区司令官吉本贞一大将；

第十方面军司令官兼台湾总督安腾吉利陆军大将；

原关东军司令官本庄繁陆军大将；

原军事参议官筱塚义男陆军中将；

陆军航空本部长寺本熊市陆军中将；

①　［日］服部卓四郎著；易显石等译：《大东亚战争全史》第4册，北京：商务印书馆1984年版，第1687页。

②　［日］鹤见俊辅著；高海宽，张义素译：《战争时期日本人精神史》，长春：吉林人民出版社1991年版，第141页。

第一百一十二师团长中村次喜藏陆军中将；

第五师团长山田清一陆军中将；

第十二师团长人见秀三陆军中将；

大阪海军监督部长森住松男海军中将。[1]

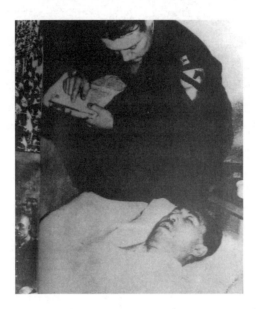

▶ 服毒自杀的近卫文麿

1945年12月16日清晨，两次组阁，效仿德国纳粹建立了"近卫新体制"和组织大政翼赞会的前首相近卫文麿，没有选择在日本战败的时候剖腹自杀，而是在4个月后被法庭传讯前服毒自杀——即使他不自杀的话，作为积极扩大侵华战争的首犯的《三国轴心协定》签订人，等待他的也是法庭绞刑判决。比他更疯狂的是在东京的法西斯分子们，用自身来抗议投降：一些超国家主义集团成员在精神上受到极大刺激，"尊攘同志会"的谷仁川等10名会员在爱宕山，鼓吹暴动，狂呼抵抗到底，却抱成一团拉响了手榴弹，血肉模糊[2]；"明朗会"在会长日比和一带领下，11人在皇宫前广场

①　[日]服部卓四郎著；易显石等译：《大东亚战争全史》第4册，北京：商务印书馆1984年版，第1689—1690页。

②　[日]林茂编：《日本终战史》上卷，东京：读卖新闻社昭和40年版，第44—54页。

上跪成一排，高呼"天皇陛下万岁"，集体完成了最后的演出——剖腹；在代代木练兵场，大东私塾有13名年纪轻轻的学生，也选择了剖腹自杀，杉山元的夫人为元帅殉死了，第四航空军参谋长隈部正美少将全家自杀了，参与发表陆军大臣训示的亲泊陆军大佐连同夫人和孩子全都死了……①

◎ 选择使用手枪自杀的"剃刀将军"东条，"自杀而不死"，别有深意……

东条英机（1884年12月30日—1948年12月23日），出身于军人世家，毕业于陆军大学，从小接受军国主义教育，是日本军国主义的积极推行者，更是扩大侵华战争和发动太平洋战争的罪魁祸首。东条参与策划"九一八"侵华战争，1937年3月出任关东军参谋长。"七·七"事变后，他率领察哈尔兵团侵占中国承德、张家口和大同等地，怂恿日军奸淫、烧杀、掳夺，无恶不作，因其独断专行、凶狠残暴，故在关东军中有"剃刀将军"之称。1941年11月，东条出任第四十任内阁首相，一人身兼陆相、内相，以后又兼任文部相、商工相、军需相等职，集各种大权于一身。任内发动了太平洋战争。

1941年初，陆相东条英机签发《战阵训》，宣传"以天皇命令为基准，发挥皇军真髓，攻必取，战必胜，将皇道遍

---

① 参见［日］服部卓四郎著；易显石等译：《大东亚战争全史》第4册，北京：商务印书馆1984年版，第1690页。［日］重光葵著；齐福霖，李松林，张颖，史桂芳译：《日本侵华内幕》，北京：解放军出版社1987年版，第424页。

布天下"，"生而不受俘囚之辱，死为勿遗罪祸之污名"，倡导全军和全体"皇国臣民"以死效忠天皇，以实现"大东亚新秩序"。《战阵训》为"日军官兵必读之物，必行之法"，许多日本官兵受此精神鼓舞，在战败时刻为天皇剖腹自杀。特别讽刺的是，东条没有选择自杀效忠天皇。

1945年9月11日，在麦克阿瑟发布命令逮捕日本甲级战犯时，东条开枪自杀却"打偏未死"。东条自杀，充满蹊跷。人们有理由怀疑东条根本就不想死，否则以他一个职业军人，怎么会打不中自己？况且，舍弃传统武士道最光荣的必死之死法——切腹而不用，如陆相阿南惟几就切腹自杀；也不使用氰化钾服毒自尽，如近卫文麿也是选择了服毒之死法；而是选择了使用手枪，瞄准的还不是自己的重要部位头部——而他是画了多次心脏部位的腹部，结果造成了为日本人耻笑的"自杀未遂"。

多年以后，日本人仍然对"东条之自杀"耿耿于怀。20世纪90年代，在日本留学多年的方军在《我认识的鬼子兵》一书中有过描写，说的是他与一个叫金井的日本老兵聊天。金井说：

我们旧日本军关东军司令叫东条英机。1945年9月11日他自杀时不敢双手握住军刀扎入自己的腹腔，而用小

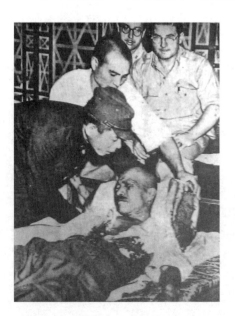

► 自杀未遂的东条英机

手枪照自己并不要害的地方开了一枪，没有自杀成。光让别人当武士，但自己不当武士。我一直记着东条英机的训话：国民，要像武士那样为了天皇尽忠赴死。武士道和武士文化是全体国民的价值标准和行动规范。"武运长久"就是皇运和国运长久的保障，可他自己食言了。[①]

总之东条自杀实在异乎寻常，在选择自杀的方式、自杀时选择的枪击部位、自杀的准备、自杀的用枪手势、自杀的时机、自杀的伤口、自杀的结果等问题上都疑点重重，[②] 引发了深层次的猜想。有学者分析东条并不是想真正自杀，自杀但不想死是别有深意：

　　对于制造烈士，东条决心自己来做。

　　他并不怕死，也知道难逃一死，唯一可做的是选择怎么死法才有价值。不自杀不算"英雄"，但真自杀又是白死。唯有既自杀又被杀，才能两全其美，为战败的日本与未来的日本能够重新崛起制造不可缺少的"英雄"和"烈士"。他显然认为以他的地位和处境来说，是最适合担任这样的角色的。为此，他不得不别出心裁，精心导演了一场有轰动效应的"自杀"秀。在以后的审判中，东条又摆出一副大义凛然、不屑一顾的模样，在法庭上一直闭目养神，不理不睬，在媒体与公众面前极力扮演"英雄"的角色，全力为以后做"烈士"作铺垫。[③]

---

①　方军：《我认识的鬼子兵》，北京：生活·读书·新知三联书店1997年版，第17页。

②　关于东条自杀的"七个异乎寻常"，参见孙果达：《东条英机居心叵测的"自杀"》，《党史文汇》2010年第2期。

③　孙果达：《东条英机居心叵测的"自杀"》，《党史文汇》2010年第2期。

东条位列日本战犯之首，实际上是"被独自承担"了天皇的战争罪责。[①] 因为主导东京审判的美国占领军为推行美国的对日占领政策，不愿追究裕仁天皇的战争责任。1948年11月12日，6票赞成，5票反对，东条英机被远东国际军事法庭以犯有发动战争、侵略别国、反人道罪等罪行判处死刑；12月23日被执行绞刑，结束了罪恶的一生。

◎ 发生在冲绳的普通民众"强制性集体自杀"，极度残忍……

除了那些"铁杆法西斯"选择绝望自杀之外，到了战争的后期，顽固的军主义分子还警告民众，说登陆后的美军要把日本男人送到中国去做苦工，所有的妇女都要当妓女。[②] 因此，很多普通日本民众"因为受到了两支军队（日军、美军）的威胁和长期以来所受到的忠实于日本帝国的纪律约束"而被"强制性集体自杀"。[③] 在日本本土，特别是在冲绳县，这种特殊的"被自杀"是十分普遍的现象。

退休后居住在横滨的乔治·福井在美国长大，能说一口

---

① 1987年日本《诸君》杂志以《东条的信仰》为题，发表了东条的遗嘱，1. 战争责任全归东条一人，与日本天皇（天皇是三军统帅）无关，2. 日军虐待俘虏的行为（不谈残杀居民的暴行）是东条一个人的责任等。这样一来，战犯东条就被打造成了忠君殉国的"军魂"。参见黎秀石：《见证日本投降》，广州：广东人民出版社2005年版，第148—149页。

② ［美］菲利普·莫里森等口述；吴山编：《战争与回忆：二战亲历者口述实录》，北京：新世界出版社2015年版，第106页。

③ 参见［美］诺玛·菲尔德著；曾霞译：《在垂死皇帝的王国——世纪末的日本》，南京：凤凰出版集团2012年版，第26页。

流利的英语，当年被美军俘虏后在莱特岛附近的帕罗战俘营充当翻译，他在回忆中说：

　　战争结束前，日本军方曾经发布和执行过一个命令：当日军受到美军攻击时，日本居民的孩子，凡是13岁以下的，将成为累赘，要处理掉。美军命令两名年青的军官彻查此事，我作为翻译官随行。发布这一命令的高级军官阵亡。一位叫青木的大尉和一名军曹受到了盘问。在严厉的审问下，这两个人供认出他们确曾得到这样的命令，但强烈否认他们已经执行了命令。最后，这一事件被认定为日本军队内部事务，调查以没有确定结论而告终。

　　这一事件中出现的被称作"鬼畜英美"的美军，和被信托为"日本平民和国土的保护者"的日军，形成了讽刺性的对照。[①]

　　显然，日军的凶残不仅仅是针对美军的，也针对日本平民。1945年3月，美军在冲绳进行了连续3个月的猛烈空袭和舰炮射击，炮弹如疾风骤雨般倾注。为了尽量迟滞美军进攻本土，日本政府和军部在冲绳实施了"全民皆兵""军民共死"政策——"为了不妨碍部队行动，向部队提供粮食"，日军残酷地命令"民众需要英勇自决"。因此冲绳平民的死亡超过了日军士兵：许多平民被迫"集体自杀"，也有因怀疑是间谍而被杀、躲在堑壕里被日军赶出来而死亡的。[②]

---

　　①　［美］法兰克·吉伯尼编著；尚蔚，史禾编译：《战争——日本人记忆中的二战》，北京：中央编译出版社2003年版，第275—276页。
　　②　《东亚三国的近现代史》共同编写委员会：《东亚三国的近现代史》，北京：社会科学文献出版社2005年版，第158页。

更为惨烈的是，日军不允许冲绳民众向美军投降，并强力灌输对美军的恐惧心理，宣称"一旦投降，男人便会被杀死，女人则将遭到强暴"，"根据大本营陆军部的指示，不论官兵、县民、重伤员都分到了自尽用的手榴弹和掺有氰化钾的牛奶"①。

军事高压之下，冲绳平民进退无路，被迫卷入了战争和死亡。如冲绳师范学校女子部与冲绳县立第一高等女校组成的222人"姬百合学生部队"，被日军强迫在战场上看护伤兵、处理尸体，手术时还要担任按住伤员将被切除肢体的工作，以及搬运医疗药品和器械，汲水做饭，甚至在枪林弹雨中穿梭于堑壕之间传递命令。被美军包围后，走投无路又不允许投降，最终有194名15—19岁的女学生被炮弹炸死或自杀。②

冲绳战役，日美双方战死者达到21万人，其中包括46万冲绳人口中的12万人，冲绳居民死于战火的人数多达9.4万人。③ 这场冲绳本地人死亡数量远远超过日军的战役，因其空前惨烈而在英文和日文中均被称为"钢铁风暴"④，"集体自杀"一词最早就出现在记录冲绳普通居民战争体验的《冲绳战记·钢铁风暴》（朝日新闻社1950年版）一

---

① ［日］日本读卖新闻战争责任检证委员会撰稿；日本朋友舍公会，郑钧，范菲，赵军，伊藤鸿，林一二三译；竹内实，步平校译：《检证战争责任：从九一八事变到太平洋战争》，北京：新华出版社2007年版，第220页。

② ［日］日本读卖新闻战争责任检证委员会撰稿；日本朋友舍公会，郑钧，范菲，赵军，伊藤鸿，林一二三译；竹内实，步平校译：《检证战争责任：从九一八事变到太平洋战争》，北京：新华出版社2007年版，第222页。

③ ［澳］加文·麦考马克，［日］乘松聪子著；董亮译：《冲绳之怒——美日同盟下的抗争》，北京：社会科学文献出版社2015年版，第17页。

④ 冲绳战役在英文里称作"Typhoon of Steel"，日文称为"铁雨"（鉄の雨，tetsu no ame）或"铁暴风"（鉄の暴風）。可见战斗之激烈、火力之密集及盟军战舰数量之大。

书中。①

　　"自杀"和"集体自杀"都是自行了断生命，在冲绳战役中的"集体自杀"的真实内涵却是"日军强迫的集体自杀"，即是在日军强迫下的自杀或家族成员和居民之间的互相杀害②，因此冲绳的"集体自杀"的准确说法应该"强制性集体自杀"③。大量无辜平民以"玉碎"④的方式，或使用手榴弹，或跳海，或是集体自杀死亡，是冲绳战役的重要特征。

　　冲绳之战中美军最初登陆是3月25日在冲绳本岛西南的庆良间列岛，县民最初的"集体自杀"就发生在列岛中的渡嘉

---

　　①　关于冲绳普通居民的战争体验，参见［日］末本诚：《关于冲绳村落日常实践具有的社会教育意义考察——以字志的冲绳战记录为中心》，《神户大学大学院人间发展环境学研究科 研究纪要第5卷第1号 2011》，第39—51页。

　　②　以往对冲绳居民"集体自杀"的解释是为国家和天皇自行牺牲，奉为"殉国美谈"，其事实非如此。冲绳居民的"集体自杀"是被日军士兵强迫。这种回避对日军和战争体制的批判，甚至由于缺少责任主体，起到了美化日军和日本战争体制的作用。参见陈言：《冲绳战：历史真相与集体记忆——从冲绳教科书事件及相关诉讼案件谈起》，《上海师范大学学报（哲学社会科学版）》2010年第6期。

　　③　2007年3月，日本文部科学省在历史教科书审定意见中要求删除"太平洋战争末期日军强迫冲绳居民集体自杀"的表述，改为"有的居民被迫集体自杀"，引起冲绳民众的强烈不满；6月，冲绳民众举行抗议集会，要求文部科学省收回审订意见；9月，冲绳又爆发了11万名民众参加的抗议集会。
　　关于冲绳战役集体自杀的记录和研究有大江健三郎的《冲绳日记》（1970年）、家永三郎的《太平洋战争》（1968年）、中野好夫、新崎盛晖的《冲绳问题20年》（1965年）等。2005年8月，冲绳座间味岛日军指挥官梅泽裕和渡嘉敷岛日军指挥官赤松嘉次以上述记录和研究损害名誉为由向大阪地方法院提起诉讼，2008年3月，大阪地方法庭判决"大江的记述有合理根据"，"旧日本军队与集体自杀密切相关"，"损害名誉不成立"。2008年10月，大阪高等法院判决支持地方法院判决，2011年4月，最高法院裁定后，原告放弃主张。

　　④　语出中国古典著作《北齐书》"大丈夫宁为玉碎，不为瓦全"的"玉碎"，其"不屈不挠"的本意被日军在这里借用美化为宁可战死，也不投降。但是"玉碎"一词在冲绳被用来"描述出于天皇的缘故而自杀"。参见［澳］加文·麦考马克，［日］乘松聪子著；董亮译：《冲绳之怒——美日同盟下的抗争》，北京：社会科学文献出版社2015年版，第18页。

敷岛。

当地日本守军最高指挥官、陆军士官学校毕业生赤松大尉声称将与美军战斗到最后一兵一卒，要求居民"祈祷皇国万岁、日本必胜！自杀！"下达了"全员玉碎"的命令。

52颗手榴弹被发给居民，于是惨绝人寰的悲剧发生了。家人、亲戚们选择了自杀地点，围在手榴弹周围。一颗一颗手榴弹爆炸了，"瞬间，男人，女人，老人，孩子，婴儿，血肉迸散，惨叫不绝，场面如同地狱。未被炸死者，互相用棍棒击打，或者用剃刀切断颈部动脉，或者用铁锹砸烂脑袋。世上未曾有的悲惨景象，出现在各处的集体自杀场所。恩纳河原上谷川的水，被鲜血染红。"（《铁之暴风·离岛的悲剧·集体自杀》）。

战后人们知道，在美军登陆之后的作战会议上，赤松大尉认为将进行持久战，为了保证日本守军的粮食供用，"事态要求住在岛上的所有居民都去死。①

这种"强制性集体自杀"既包含有对军队暴力的恐惧，日军告诉居民"遇到敌人时必须死"，也有对日本未来的绝望。平民使用的自杀武器是有日军赠送的手榴弹，如果手榴弹不够用，村民们就把手榴弹放在中间，人们围成一圈集体寻死；因为没有足够多的手榴弹，也有人使用了耗子药和绳子这种传统的自杀方式结束了生命；更疯狂的"强制性集体自杀"是疯狂的母亲抓着自己孩子的双脚摔向尖利的岩石，然后自己也死在孩子的旁边，"一个男人拿树杈打死了他的妻

---

① 董炳月：人间炼狱：美日冲绳之战。
　　http://club.chinaiiss.com/html/20129/26/wab2ab.html（2015-3-21）。

子和孩子",① 是恐惧和绝望造成了疯狂，导致败战之时的日本人"用石头、农具、剃须刀，以及带进山洞或家族墓穴里的厨房刀锯等工具进行疯狂的自我了断"。但是，日本文部省认为，这些"自杀的平民"加强了"英勇的日本人（即便他是冲绳人）具有光荣的牺牲精神和团结精神"的历史叙事。②

当然，真正的历史事实是日本士兵大量屠杀冲绳无辜平民，"或明或暗地促使了冲绳居民的集体自杀"，而更多的时候是被疯狂的日本士兵屠杀。

美军登陆冲绳后的第二天，读谷村发生了82人死亡的"集体自杀"。冲绳南部的岩洞，曾经是民众的避难场所。日军到来后，有的居民被杀死在了避难所，岩洞里，有的被赶出岩洞死于炮火中，还有的因为反抗日军而被当作间谍杀害。冲绳战役期间，为防止冲绳县民投降美军，或给美军通风报信，或制造反战厌战气氛，日军还在冲绳民众中间设置秘密特务机关，以"间谍"为名逮捕、杀害冲绳民众，据日本学者江口圭一考证，大约有800名冲绳民众被日军以妨碍战斗的理由杀害。③

中条光均是一名侥幸活下来的冲绳人，当时16岁。他讲述了疯狂的日本士兵为了抢夺他们的食物，闯进山洞杀死了他的家人：

① ［澳］加文·麦考马克，［日］乘松聪子著；董亮译：《冲绳之怒——美日同盟下的抗争》，北京：社会科学文献出版社2015年版，第27页。

② ［美］诺玛·菲尔德著；曾霞译：《在垂死皇帝的王国——世纪末的日本》，南京：凤凰出版集团2012年版，第26—27页。

③ 陈言：《冲绳战：历史真相与集体记忆——从冲绳教科书事件及相关诉讼案件谈起》，《上海师范大学学报（哲学社会科学版）》2010年第7期。

当时我们的食物只剩下了几个半腐烂的、黏糊糊的米团。只有孩子们才可以吃到，我们大人什么也没有吃。我们只是坐在那儿，观察着日本兵。或许他们以为我们一无所知。竟然宣称他们正在准备一场出其不意的反攻。他们拿枪威胁我们，抢走我们的食物。但是，我们知道他们只是想存活下来，活着回到日本本土大陆。

第二天，他们告诉我们要"处理掉"所有三岁以下的孩子，因为他们的哭声会引起美军的注意，招致敌人向洞里扔炸弹，三岁以下的孩子有五个，包括我的弟弟和侄女……

当他们说他们准备杀害五个孩子的时候，我们向他们的长官请求，让我们和孩子一块出洞，但是他拒绝了。他说我们会成为间谍，并在洞口派了几个士兵把守，防止我们出洞。然后有四五个士兵走过来从我们的怀里夺走了这五个孩子包括我弟弟，向他们体内注射毒药，毒死了他们。

第二天清晨，他们说我们是这个区域唯一幸存下来的平民，他们准备在美军抓到我们，在美军的坦克把我们碾碎之前先把我们"处理掉"。而我们知道他们之所以想杀死我们就是为了抢夺我们的食物。①

前田春，当时只是一个19岁的冲绳女孩。在美军逼近的时候，她看到疯狂的日军士兵伤害她的家人：

早晨，轰炸停止了，我们每个人都走出了山洞去取水。这时，我看见我的弟弟和妹妹在位于Miisumo（地名）的甘蔗渣

---

① ［美］诺玛·菲尔德著；曾霞译：《在垂死皇帝的王国——世纪末的日本》，南京：凤凰出版集团2012年版，第28—29页。

堆里向我哭喊。他们说他们在家门前被日军砍伤，是爬着回来的。

　　我把他们抱进山洞平放好，问他们母亲怎么样，他们说母亲已被杀害。我问他们母亲为什么会被杀害。他们告诉我说，有一个日本士兵来了，问母亲那有多少人，而母亲只懂冲绳地方语，不懂本土大陆日本语，她就用冲绳地方语回答说："什么？你说什么？"但是这个日本士兵立刻砍掉了母亲的头，头正好掉在嫂子由己（Yuki）的膝上。大家都惊恐万分。我妹妹立刻背上我弟弟逃跑。刚跑不久，日军士兵就抓住了她，把她推进屋里，用刺刀刺向她，她放开了弟弟。她的腹部被刺了三刀，肠子流得到处都是。我的弟弟也被刺了很深的一刀，肠子上有一个很宽的刀口，盘结的肠子都流了出来。我把他们抱进山洞不久，弟弟就死了。①

◎ 在中国东北地区，"没有枪的殖民者"即"开拓团"，也发生了集体"玉碎"事件……

　　"二战"末期，日军士兵对无辜平民的杀害和"强制性集体自杀"，不仅在冲绳一地，在关岛，在塞班岛，②在中国

──────────

①　［美］诺玛·菲尔德著；曾霞译：《在垂死皇帝的王国——世纪末的日本》，南京：凤凰出版集团2012年版，第29—30页。

②　塞班岛6000名当地居民的集体自杀发生在1944年7月9日，大部分是妇女和孩子，她们跳下塞班岛最北端的马皮角断崖，"如果有谁犹豫着不肯跳，那么等待他的就是一颗日本狙击手从后边射来的子弹"。参见［英］布衣著；戴晴译：《罪孽的报应：日本与德国的战争记忆与反思（1945—1993）》，北京：社会科学文献出版社2006年版，第99页。［美］詹姆斯·科比·马丁·兰迪·罗伯茨 史蒂文·明茨等著；范道丰，柏克等译：《美国史》，北京：商务印书馆2012年版，第1137页。

东北地区"被军队弃置不顾的开拓团"也发生了民众大量伤亡的"玉碎"事件。

从8月9日到18日，百万苏联红军和东北抗日联军如秋风扫落叶一般，彻底打垮了盘踞在中国东北的日本关东军。关东军溃败之时，那些不拿武器的侵略者——被日本政府派到中国东北的"开拓团移民"也纷纷随关东军撤退。

"开拓团"被称为"没有枪的殖民者"，是有计划、有组织地迁往中国的日本移民群体。目的是为日本发动侵华战争提供军事和资源等方面的支持，"在满洲建立以大和民族为核心的日本秩序"；"边耕边战"，即占据重要地区"作为确立和维持满洲国治安的协助者"，并防范苏联成为苏蒙边境的"活人碉堡"，开拓团民首先是日本侵华战争的"帮凶"和"加害者"。仓皇撤退、狼奔豕突之中，受军国主义思想毒害较深的开拓团民"一般都先杀掉自己的小孩和女人"，有的把走不了的聚到一起，堆上炸药和手榴弹，妇人搂着孩子围成一圈，更有日本兵从远处向圈里扔手榴弹，没炸死的孩子，还要用刺刀刺死。

黑龙江省方正县吉利村村民，81岁的刘安发至今还记得那些逃窜的开拓民，走不了的都聚到一起，堆上炸药和手榴弹，集体自杀。他亲眼看到"那些日本女人甚至硬把自己的孩子按在水里淹死，20多个孩子呢！"[1]赵炮屯日本人开拓团，中国人称之为"鬼子营"。关东军被苏军迅速击溃后，

---

① 张宝印 徐壮志：方正县老人口述日本开拓团在当地所犯罪行
https://news.qq.com/a/20110804/001383_2.htm（2015-5-1）

没有接到撤离通知的赵炮屯日本开拓团一片混乱，① 发生了
"集体被自杀"的惨剧。当年19岁的中国人王绍德给日本人
增田家作长工，亲眼目睹了这场日本人的最后疯狂：

> 当时，王正在和朋友吃饭，忽听"鬼子营"方向传来咚
> 咚咚仿佛劈柴棒敲油桶的声音。王心中一寒，"这不是枪声
> 么？"王扔下饭碗就往"鬼子营"跑。
>
> ……
>
> 他冲进"鬼子营"，只见各家都关死了门，像是走了。
> 匆忙中他推开一家相识的日本人家门，只见被子、褥子在床
> 上铺得很整齐，母女两个人头朝里枕着枕头仰面躺着。一个
> 母亲、一个孩子，都穿着崭新的衣服，一条白毛巾盖在头
> 上，只有殷红的嘴唇和冷冰冰的鼻孔露在外面。
>
> 王吓了一跳，一边想她们是不是服毒自尽了，一边去扒
> 拉她们的脚，想不到脚动头也跟着动，才发现她们已经死去
> 多时了，脑后和枕头上淤着冰盘大的血迹。原来是被枪打
> 的，子弹从眼眶打进去，从脑后出去。
>
> 震惊的王绍德跑到第二家打开门，这家有一个三十多岁
> 的母亲和三个孩子，也是他很熟悉的。结果看到这个母亲倒
> 在炕中间，三个孩子在她身边横躺竖卧，白毛巾丢在一边，

---

① 据日本关东军宪兵土屋芳雄回忆，1945年8月6日以后，"关东军对全满日本人
发出了总动员令，凡是男人全部应征入伍"，结果开拓团只剩下了老人、妇女和儿童，
关东军溃败时，有的开拓团被直接丢弃，无法回国。参见刘丹华，土屋芳雄著：《人鬼的
角逐》，沈阳：辽宁教育出版社1995年版，第169—172页。

日本士兵河村太美雄在回忆录中讲日本投降的时候，日军和日本政府不顾开拓团老
弱妇孺的生死，"对身处饥寒、震颤、疾病，形同乞丐，徘徊于山野的难民而言，一句
'忍受一切难忍之事'实等于'默默地去死吧'！这是多么残酷的举措"。[日]河村太
美雄著；屈连璧，丁大等译：《一个日本老兵对侵华战争的反思》，北京：东方出版社
2003年版，第364—365页。

显然曾经拼死反抗。

他们日本人在杀自己人！王绍德在他的回忆中写道："不用说，是日本人自己打死了自己。他们怎么这么残忍，我真不敢相信。日本兵、日本特务屠杀中国人我看见过，我相信，难道日本开拓团……连自己的同胞都不放过吗？"

"王的，"王绍德踉踉跄跄地冲出门，三个持枪的日本人迎面叫住他。

这几个人他都认得，两个是五十多岁的老头子，一个是十六七岁的少年，他们的眼珠子通红，枪口还冒着烟。然后，是一段令人难忘的对话。

那个少年把枪扔给王，问他："王的，是朋友不是？"

王很害怕，应付道："是，朋友！"

那少年把衣服拽开，指着胸口，冲王绍德喊："是朋友，朝这儿打！"

王绍德吃了一惊，看这两个日本老头血红的眼睛，他扔回了枪，不干。那少年冲上来揪着衣襟吼："大人，孩子，统统死了，我们心不好受哇！"

王问："是你们杀死他们的？"

"是！"两个日本老头直言不讳。

"你们自己为什么要杀死自己？！"王绍德愤怒地问他们，扔下他们想到秀子家住的第三排第二家去救人。

"不许动！"那少年举起枪，刚才还"朋友朋友"地速求一死，此时却凶相毕露，吼道，"她们也统统地死了，你去要抢东西，抢东西死了死了地！"

面对这些疯子，王绍德在枪口下，只好慢慢地退出屯去。他看到屯子里的十几个日本男人，都在提着枪四处搜索，敲豆油桶似的枪声一直响个不停。

王绍德离开以后，枪声忽然激烈起来。他打听后才知道是附近太平山屯的保安队（大排队）反正了。日本男人都趴在土墙上和保安队对射，有一个没死的女人也来取枪还击。打了一个多钟头，最终日本一边只剩下了一个老头、那个少年和那个女人。那个老头打死了少年和女人，自杀了，整个"鬼子营"大火烧了一天一夜。

方正"鬼子营"的日本人，除了一个到宝兴探亲的女子以外全部死光。①

1945年8月，刚满10岁的宫本和代住在满洲新京（现长春），她的父亲被征兵之后，她被疏散到朝鲜北部小镇定州，到定州的第三天就是8月15日，这天晚上，她和所有的妇女孩子都被集中到一间屋子里，团长告诉她们，战争已经结束了，今晚朝鲜人有可能发生骚乱，同时隐晦地要求她们要表现得像日本淑女，不要使自己蒙羞：

太阳落山了，电灯一盏盏亮起来。母亲、妹妹和我换上干净内衣和裤子，跪坐在一张铺在地板上的毯子上。母亲把一个白纸包按在我的手心里——那是我们团长分给每个人的。"危急关头，就把它吞下去。"母亲说。

旁边一位曾当过护士的太太忙碌着。她取出几个针筒，安上针头，唑地挤出一点药水……婴儿连哭都没哭一声，安安静静地和父母一起去了。这药水是氰化钾呀！我那时虽然

---

① 萨苏：《尊严不是无代价的》，济南：山东画报出版社2014年版，第271—273页。

还是个孩子，但也知道一包下去命就没了。我想活，不愿就这么死掉，不甘心死在这样的地方。我要跑！我的全身都在喊叫：逃出去！逃出去！四十年了，那种对即将来临的死亡的恐惧依旧无法从心头抹去。①

1945年8月9日，驻扎在鸡宁县（今鸡西市哈达乡）的哈达河开拓团1300多人，在得到撤退命令后，乘坐100多辆马车向鸡西方向撤离，预计到鸡西后乘坐火车撤退到哈尔滨后回国。8月12日，开拓团先头队伍遭到苏军的包围，团长下令先杀死孩子，大人再集体服毒，酿成421名团民集体自杀的"麻山事件"。据日本外务省、开拓自兴会联合统计，到1956年，原在中国东北的大约27万名日本开拓团民，战死、自杀、病死、冻死、饿死者约78500人。②

天皇投降诏书颁发后，也不是所有日本军人都停止了抵抗。还有一部分疯狂的战争狂人继续向美军发动攻击，其中最有代表性的是海军中将、日军第五航空舰队司令宇垣缠③的自杀袭击。

宇垣缠在太平洋战争爆发时曾担任联合舰队的参谋长，是联合舰队司令官山本五十六的重要助手。在战争后期主导疯狂的菊水作战，8月15日正午，在九州岛东北部大分飞行基

① ［美］法兰克·吉伯尼编著；尚蔚，史禾编译：《战争——日本人记忆中的二战》，北京：中央编译出版社2003年版，第287—289页。
② 关于日本开拓团民的悲惨结局，参见徐志民：《伪满开拓团的来龙去脉》，《世界知识》2011年第17期。
③ 宇垣缠，冈山县赤磐郡人，海军兵学校第四十期出身，和大西泷治郎同期。历任军令部参谋、驻德国海军副武官、第五舰队参谋、第二舰队参谋、海大教官、联合舰队参谋、海防舰八云舰长、战舰日向舰长、军令部作战部少将，后为山本五十六的参谋长和第五航空军司令。

地听到天皇的"玉音放送"后，宇垣缠无法忍受"羞耻地苟活在世界上"，他拒绝了参谋长的劝阻，决定对冲绳岛美军发动最后的特别攻击。下午5点正，宇垣缠手持山本五十六赠送的短剑，带领10架战斗机和18名头上缠着太阳旗的飞行员，飞向冲绳。

日本人在战争后期的自杀和"被强制性自杀"，是人类历史上最为疯狂的表现。宇垣缠他们没有如愿撞上美军航空母舰，在冲绳岛北部就被击落了。

第六章　疯狂的日本是这样炼成的

　　1945年8月15日这一天，日本人习惯称之为"日本最长的一天"。1967年日本导演冈本喜八根据战后日本历史研究机构对这一天的日本政治人物和官方文献的解读，拍摄了电影《日本最长的一天》，记录了日本向盟军投降、决定日本命运的这一天。电影告诉人们，是裕仁天皇顺应历史大势，英明圣断，避免了日本军民的重大牺牲，挽救了日本的毁灭，日本人在这一天经历了从死到生的转折。但是电影没有告诉人们：日本何以就走到了这一天呢？日本的疯狂又是如何炼成的呢？

　　屡屡偷袭大国并多次侥幸获胜，日本的疯狂当然不是一天炼成的。从甲午战争、日俄战争，到九一八事变、七七事变全面侵华战争，从偷袭珍珠港挑起太平洋战争，到神风特攻队、少壮派将校的八·一五叛乱，等等，疯狂的心态始终贯穿于日本人心中，不论是政府官员、军队首脑，还是普通日本平民、一般士兵，"孤注一掷""国运相赌"的行动，一次比一次疯狂……

- 疯狂的以小搏大：甲午战争和日俄战争的冒险取胜，炼成了日本的疯狂战争心态。
- 九一八事变后，面对陆军疯狂的"独走"，裕仁天皇持纵容态度：此度已无他法，以后务必充分注意。
- 疯狂的偷袭：偷袭珍珠港胜利后，恐怕我们只是惊醒了一只沉睡的老虎。
- 孤注一掷的心态。
- 疯狂的自杀式攻击是日本军国主义穷途末路下的最疯狂之举，堪称近代战争史上的一大怪胎。
- 疯狂的叛乱将民族带入绝境：他们的头脑里根本就没有"投降"二字，不是光荣的胜利就是悲壮的死亡。

◎ 偷袭中国运兵船，日本不宣而战，发动中日甲午战争……

1894年7月25日，日本舰队在丰岛海域偷袭中国济远、广乙两艘运兵船，不宣而战，拉开了中日甲午战争的序幕。战争的结果是次年2月，中国第一支近代化的海军舰队——号称亚洲最强的北洋水师在威海卫全军覆没。

战争是综合国力的比拼，当时中国的经济实力、人口、国土面积和资源等远超日本。当时中国人口4亿多，日本只有4000万人，中国是日本的10倍；中国国土面积1000多万平方公里，日本是37万多平方公里，中国是日本的30余倍。经济方面可资参考的数据太少，据历史学家迟云飞研究，中国军事工业的规模、生产能力也是大于日本，如中国已经在湖北建有大型钢铁厂，日本最大的八幡制铁所在1901年才投产。甲午战争前，日本只有4家大型军工企业：东京炮兵工厂、大阪炮兵工厂、横须贺海军工厂、筑地海军造兵厂。中国则有江南制造局、福州船政局、天津机器局、金陵机器局四大军工企业，还有湖北枪炮厂、山东机器局等16个军工企业。在企业规模方面，如1887年东京炮兵工厂有6个车间，发动机15个，马力300。江南制造局刚建立就有机器厂、洋枪楼、汽炉厂、长工厂、铸铜铁厂、熟铁厂、轮船厂、火箭分厂等，后又设汽锤厂、枪厂、黑药厂、炮弹厂、水雷厂等。1891年江南制造局有蒸汽动力机361台，总马力4521。在造船业上，1884—1890年横须贺厂造军舰七艘，其中除高雄号外都不到2000马力。同期福州船政局也造了七艘船，除广甲、广庚两战舰外都在2000马力以上。江南制造局虽停造轮船，但1885年制造的保民号（钢板暗轮）也有1900马力，可见其造船能力，而且天津机器局、金陵机器局和广东机器局也能建造轮船。中国的造船能力实大于日本；另外在财政收入和进出口等方面也都远超日本。[①] 但是如果仅论中国的军事工业，致命之处是缺乏统筹规划，生产的武器规格不统一，具体到海军方面，直接参战的北洋舰队的真正实力不敌日本。

---

① 据日本官方统计，1893年预算收入为8804.5万日元，决算为11376.9万日元。中国1893年为8867万库平两。若以一两白银约等于1.5日元计算，中国财政收入超过日本决算数1000余万两。日本1893年进口8943.1万日元，出口9043.4万日元。按经济史家的修正值，中国1893年进口13506.5万两，出口12740.6万两。总体看，中国经济实力大于日本。

迟云飞：中日甲午战争军力对比：中弱日强。

http://history.sina.com.cn/his/zl/2014-05-23/101191482.shtml（2015-5-6）.

当时的北洋舰队基本上也是一支近代化的舰队，将领大多受过西方近代思想熏陶和军事训练的青年军官，士兵多来自沿海地区的农家和渔家，组织训练也基本采用西法。甲午战争爆发前，北洋舰队已经拥有铁甲舰4艘，巡洋舰6艘，炮艇6艘，其他舰6艘，鱼雷艇12艘，总排水量约41800吨，火炮约260门，鱼雷发射管约49个，平均速力（节）12.4，总兵力约3400人。因此李鸿章在1894年5月校阅后，非常满意地称赞北洋舰队的操演"攻守多方，备极奇奥，灵便纯熟，快利无前"，"灵准非常"。① 是当时中国战斗力最为强大的舰队，并且占据着两个最好的港口旅顺和威海卫。

▶ PUNCH漫画标题：巨人杀手小日本，中国巨人已经被小矮子日本砍翻在地，这对当时的西方人来说也是难以置信的战果②

JAP THE GIANT-KILLER.③

① 《校阅海军竣事折》，《李文忠公全书》，奏稿，卷七八，第13—14页。转引自关捷：《甲午战争前中日海军力量之对比》，《东北师大学报》1982年第1期。

② 英国很有影响力的讽刺漫画杂志"PUNCH"（1841年创刊）在1894和1895年间刊登了几幅用西方人观点描述中日甲午战争的漫画，画中人物就是日本人痛打中国人，或日本小武士击倒中国士兵，欺辱清廷官员，洋人们则坐山观虎斗。

③ 以小欺大：西方漫画中的甲午中日战争。

http：//history.voc.com.cn/article/201407/201407240903001066_2.html（2015-5-6）

再看日本海军，明治维新后日本非常重视海军发展，天皇更是把海军作为日本发展的第一急务，要求迅速建立基础。[1]1872年设立海军省后，不断地增加海军军费，购置、建造军舰，并始终以中国海军特别是以北洋舰队为对手，增强战舰火力和速度。1884年海军省颁布《舰队编制》，将舰队细分为常备舰队和警备舰队。1894年7月，按照战时编制组成联合舰队，统一在联合舰队司令长官伊东佑亨领导下。到1894年甲午战争前，日本近代海军已经有铁甲舰1艘，巡洋舰20艘，炮艇7艘，鱼雷艇6艘，其他舰6艘，火炮约378门，鱼雷发射管约58个，排水量约超过57448吨，平均速力（节）14.5，总兵力约6600人。[2]

比较可见，日本舰队总吨数较大，火炮多，射速快，灵活机动性好，统一作战领导；北洋舰队总吨数小，火炮少，开炮速度慢，灵活机动性不够。日本舰队的实力远远超过北洋舰队。

同时，由于清政府政治腐败，备战不力，北洋舰队消极避战，炮弹奇缺，舰船火炮陈旧，军令不统一，其他舰队未能配合作战；反之日本海军后来居上，联合舰队组织领导有力，战争动员和思想动员充分，因此，国力虽然远超日本，但是海军实力和组织制度却与日本有很大差距。日本正是看准了这一点，"以小搏大"，泱泱大国最终败于蕞尔小国。

---

① 参见［日］德富苏峰：《公爵山县有朋传》，东京：原书房昭和44年版，第308页，第799页。

② 关于北洋舰队和日本联合舰队的军事对比，数据统计历来不一。本文统计数据主要依据梁启超《李鸿章》、日本参谋本部《日清战史》、日本海军军令部《二十七八年战史》，川崎三郎《日清战史》等。转引自关捷：《甲午战争前中日海军力量之对比》，《东北师大学报》1982年第1期。

日本从此取代中国确立了自己在东亚地区的盟主地位，并一直维系到1945年战败。更为重要的是日本当政者借此将"日本人民变成了国民"，如被强制参与捐献军资、迎送出征士兵、照顾出征士兵家属、慰问出征士兵、举行胜利游行、参加战死者葬礼、奉迎天皇、协助建立战争纪念碑等一切能够支援战争活动的"国民"义务，军人被社会优待、逃避兵役者被社会所唾弃，以此维持了国家军事体制：通过国民战争动员和兵役制，将国民变成了"军国之民"，[1] 最大限度地支持了日本的对外战争。

以《马关条约》为战争果实，日本夺取了中国的辽东半岛（后因三国干涉还辽而未能得逞）、澎湖列岛、台湾岛及其附属各岛屿，得到2亿两白银的赔偿，并确认了朝鲜的独立，为进一步通过朝鲜向大陆扩张打下了基础。

◎ 偷袭俄国太平洋舰队，日本不宣而战，发动日俄战争……

1904年初的日本和俄国在中国东北地区剑拔弩张，帝国主义大战一触即发。4月3日的法国日报 "*Le Petit Parisien*" 用一幅漫画"不对等的擂台摔跤"形象地表达了当时欧洲人眼中的世界局势和他们看待这场战争的态度：健壮傲慢的俄国选手，腰上缠着"欧洲冠军"的黄腰带，站在他占领的中

---

[1] ［日］檜山幸夫著；王铁军译：《东亚近代史中的中日甲午战争》，《日本研究》2007年第3期。

国东北地图上，俯视着身高不到自己腰部的对手：戴着士兵帽的瘦小日本选手，短裤上写着"亚洲冠军"，脚步横跨在日本和朝鲜半岛上，抬头叫嚣，摊开两手挑衅，双方对比实力悬殊。当然，在这幅漫画上还能看到右上方的中国人趴在墙上偷看，对外宣称"局外中立"，连观战的资格都没有。

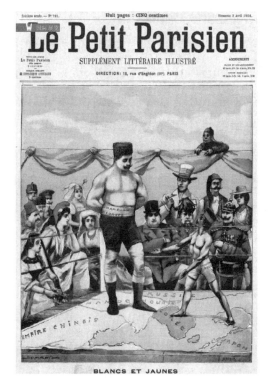

◀ 标题:《白种人与黄种人的对决》1904 年 4 月 3 日，"*Le Petit Parisien*" 增刊图文报道①

　　日本对俄国在中国东北的扩张早就心存焦虑。1890年3月，山县有朋任首相不久即在《外交政略论》中提出："我邦利益之焦点实在朝鲜，西伯利亚铁路业已修至中亚细亚，不出数年即可竣工，由俄都出发十余日即可饮马黑龙江，吾人须知西伯利亚铁路完工之日，即朝鲜多事之时；亦即东洋发生大变动之机。"② 加之甲午战争之后的俄国联合法国、德国逼迫日本交还辽东半岛给中国，更使得日本舆论为之愤怒"。主张养精蓄锐，日后报仇，十年不晚，"三餐变成

---

　　① 　中华世纪坛世界艺术馆、秦风老照片馆：《日俄战争与中国的命运——1904—1905法兰西画刊绘画精选展》，《世界知识画报（艺术视界）》2013年第6期。

　　② 　［日］大山梓：《山县有朋意见书》，东京：原书房1966年版，第159页。

两餐也要扩充海军"①，"天下人心都不能反对军备扩张"②，为了"远东的和平"而"早日对俄开战"的社会舆论甚嚣尘上。③

1904年2月9日，日本依然先发制人，海军采取"偷袭"战术——海军上将东乡平八郎率日本联合舰队突然袭击停泊于旅顺口外的俄国太平洋第一分舰队，俄军铁甲舰"柴沙列维奇"号等四艘舰艇遭受重创后，被日军"沉船堵塞"封锁在旅顺港内，同时，日本海军又击沉了停泊在朝鲜仁川的两艘俄舰，挑起争夺中国东北的日俄战争。直到10日夺得制海权后，日本才向俄国正式宣战。

就综合国力而言，日本居于绝对劣势，日俄双方的财政收入比是10∶1，人口比是3∶1，国土面积比是60∶1，海军经费比是5∶1，海军总吨位比也是3∶1，俄国人声称"扔帽子就可以把日本压倒"。④日俄战前的10年间，俄国每年的军事开支都增加48%，海军支出更增加到100%以上。⑤但是战争爆发时，俄国远东兵力与日本旗鼓相当，而且日本迅速增兵，数量几乎达到俄军的2倍，海军力量也以10∶7占据优势地位。⑥在陆路战场，经过辽阳会战，旅顺会战和奉天会战，日军大败俄军，特别是在旅顺会战，日本陆军大将乃木希典率领第三军疯狂进攻号称"东洋第一要塞"的旅顺要塞，不惜采用"肉弹战术"驱使士兵轮番攻击，仅耗时9天时间夺取203高地，伤亡日军就达到1.7万余名，整个战役日军参战兵力

① ［日］《报知新闻》1895年5月17日。
② ［日］《时事新报》1895年8月30日。
③ ［日］《时事新报》1903年10月15日。
④ 李永昌：《尼古拉二世传》，成都：四川人民出版社1997年版，第157页。
⑤ 参见中华世纪坛世界艺术馆、秦风老照片馆：《日俄战争与中国的命运——1904—1905法兰西画刊绘画精选展》，《世界知识画报（艺术视界）》2013年第6期。
⑥ 万峰：《日本近代史》，北京：中国社会科学出版社1981年版，第329页。

累计达13万人，伤亡累计达5.9万人。① 日本海军则埋伏在对马海峡以逸待劳，俄国海军规模虽然庞大，但是远征东方来解围的俄国第二太平洋舰队却是航速慢，装甲薄，火炮口径小、射速慢，而且还缺乏战斗训练、战争准备不足。1905年5月，这支32艘战舰组成的舰队在海上飘荡5个多月，史诗般地远涉重洋1.8万海里，"值得惊异的是终于到达了目的地"，极度疲惫地出现在已经结束了的东亚战场上——对马海峡，进入了日本联合舰队的包围圈，双方交战一整夜，俄国舰队被歼灭了三分之二。

综合国力虽然强大，但是俄国人对战争形势估计不足，在远东地区根本没有作战准备，轻敌冒进，后勤保障运转不灵。而日本以俄国为对手，10年备战，在远东地区不仅兵力数量、舰队规模、武器装备上具有优势，陆军疯狂攻击，海军突然袭击，以逸待劳，在军费开支、后勤供应等方面都具有优势。

日本以《朴次茅斯和约》（1905年9月5日）为战争成果，取得了在朝鲜的特权和拥有满洲南部附属铁路等权益，②

---

① 关于日军在旅顺战役中的疯狂与惨烈，参见王健：《日俄战争中的旅顺要塞争夺战》，《沧桑》2010年第5期。

② 经过17次谈判，日俄在1905年9月5日签订《朴次茅斯和约》。条约规定："俄罗斯帝国政府承认日本在朝鲜拥有最高的政治、军事和经济利益，并保证既不阻挠也不干涉日本帝国政府可能认为在朝鲜必须采取的指导、保护和管理措施。""俄罗斯帝国政府在中国政府的同意下，将旅顺口、大连和其邻近的领土和领水的租借权和有关或成为租借权一部分的一切权利、特权特许转移和转让给日本帝国政府，并还将上述租借的领土上的一切公共工程和财产转移和转让给日本帝国政府。""俄罗斯帝国政府约定在不需要补偿和在中国政府的同意下，将长春（宽城子）和旅顺口之间的铁路及其一切支线，及在该地区的属于铁路的一切权利、特权和财产，以及在上述地区的一切属于或为铁路利益经营的煤矿，转移和转让给日本帝国政府。""俄罗斯帝国政府将萨哈林岛（库页岛）南部和邻近该岛的所有岛屿，以及在该地区的所有公共工程和财产永久和全部割让给日本帝国政府。以北纬50° 为这块被割让领土的北部边界。""俄国约定与日本进行安排，为日本臣民在日本海、鄂霍次克海、白令海的俄国领地的沿海取得捕鱼的权利。"参见《国际条约集（1872—1916年）》，世界知识出版社1986年版，第255—257页。

付出沉重代价的却是中国。日俄战争，牵连之广泛，海战陆战伤亡之惨烈，对后来国际形势之影响，史上罕见，也为10年后的第一次世界大战爆发做了铺垫，所以日俄战争也被一部分史家称作"第零次世界大战"[1]。

◎ 进攻东北军驻地北大营，日本发动九一八事变，占领中国东北……

日本通过这两次战争，打败了曾经强大无比的中国和俄国，获得了巨大利益，也促使其更加疯狂地发动更大的战争。1931年9月18日，在疯狂的关东军参谋、号称"关东军大脑"的石原莞尔精心策划下，日本关东军铁路守备队柳条湖分遣队炸毁了距离东北军驻地北大营800米处的一小段铁路，嫁祸给中国军队。以此为借口，日军向驻守在北大营的中国军队发动了突然袭击。

当时，张学良任中华民国陆海空军副司令兼东北边防军司令长官，东北军总兵力约30万，拥有中国历史上第一支坦克部队，是中国战史上第一支能够同时使用大炮、坦克和飞机联合作战的军队。九一八事变前，除了为平定石友三叛乱调入山海关的11万人外，在东北地区还有19万兵力。当时的北大营守军为装备精良、官兵素质良好的东北军第七旅，总计1万余人，并直属有骑兵、炮兵、通讯和特务四个独立连，

---

① 冯绍雷：《关于日俄战争历史地位的再认知》，《史学集刊》2011年第5期。

战斗力极强。而日本关东军只有1.04万人，加上日本警察和在乡军人也不过2.34万人。①

◀1931年9月18日夜，日本关东军进攻东北军驻地沈阳北大营

柳条湖一声巨响，关东军500余士兵就冲进了东北军驻地北大营，由于张学良判断错误，给东北军下达了不抵抗命令②，500余日军在超过1万东北军士兵的北大营内逢人便杀，如入无人之境。致使东北军伤亡335人、失踪483人，日军仅死亡2人、伤23人。当晚日军攻占北大营。次日占领

　　①　何柱国：《"九一八"沈阳事变前后》，全国政协文史资料委员会编：《文史资料选集》（第76辑），北京：文史资料出版社1981年版，第68页。

　　②　1990年6月和8月，解除幽禁后的张学良两次接受日本NHK电视台采访。在谈及九一八事变时，张学良说："（对于日本军队的进攻）我当时没想到日本军队会那么做，我想绝对不会的，我认为日本是利用军事行动向我们挑衅，所以我下了不抵抗命令……我对九一八事变判断错误了。"此后，张学良又多次表示"不抵抗命令"与蒋介石无关，因为日本人多次在各地捣乱，中国采取的对策都是大事化小小事化了，如果知道这事情化不了，那处置就不同了。参见［日］NHK采访组，臼井胜美著；刘立善译：《日本昭和史的最后证人——张学良》，沈阳：辽宁大学出版社1993年版，第72页。王书君：《张学良世纪传奇》，济南：山东友谊出版社2001年版，第433页。段干木：《评〈张学良世纪传奇〉》，台北：传记文学出版社2002年第1期，第18—19页。

整个沈阳城，夺取了当时中国规模最大、生产设备门类最齐全（设有枪厂、枪弹厂、炮厂、炮弹厂、火药厂等能生产火炮、轻重机枪、步枪、枪炮弹和火炸药等）沈阳兵工厂，连同沈阳东塔机场的260余架飞机、650余门大炮、10余辆坦克以及数百万发各种子弹、大量物资器械等一日之内尽入日军之手。此后在短短的4个多月时间内，相当于日本国土3.5倍、工农业资源极为丰富、工业基础国内先进的东三省128万平方公里全部沦陷，3000万同胞陷于日寇铁蹄之下。

▲ 左图：九一八事变后，日军占领了沈阳兵工厂
右图：九一八事变后，日军占领了东北大学

关东军的疯狂始于炸死张作霖的皇姑屯事件（1928年6月4日）。由于得到陆军高层的支持，日本政府袒护策划者，并上奏天皇为主谋河本大佐开脱："鉴于事件发生于关东军守备区域，乃进行慎重调查，然可确认其真相之证迹一无所获，于我军部军人中亦未确认出与之有关者。"[1] 此事件成为日本陆军疯狂"独走"和"干预政治的开端"，也直接促使日益嚣张的关东军参谋制定新的侵华方案，并最终策划、发动了九一八事变。

---

① ［日］NHK采访组，臼井胜美著；刘立善译：《日本昭和史的最后证人——张学良》，沈阳：辽宁大学出版社1993年版，第34页。

对于陆军此次更加疯狂的"独走"，裕仁天皇持纵容态度，9月22日指示"此度已无他法，以后务必充分注意"①。9月24日的日本内阁会议只好决定了"不将事态进一步扩大"的方针。

一个星期后，裕仁天皇再次默认了他的军官们进一步扩大行动，他批准了对位于京奉铁路（北京—沈阳）沿线的锦州的空袭。②受到天皇的激励和鼓舞，从此日本军权开始凌驾于政权之上，疯狂的日本法西斯军人策划了一系列的"擅自军事行动"，如朝鲜军越界、轰炸锦州、进犯热河等，并在事后均得到军部、政府以及裕仁天皇的"追认"，在国内则发生了少壮派下级军官和右翼组织连续策动的暴力事件：日本极右组织樱会首领桥本欣五郎中佐等密谋通过武装政变建立军人专政的十月事件（1931年10月）、血洗首相府的五一五事件（1932年5月）、右翼组织大日本生产党阴谋组织发动的神兵队事件（1933年7月）、右翼组织血盟团刺杀政府官员的血盟团事件、倾向皇道派的军官相泽三郎中佐斩杀陆军省军务局长永田铁山的相泽事件（1935年8月），以及日本陆军"皇道派"青年军官刺杀"统制派"高级军官的二二六事件（1936年2月）等一系列暴力事件，直至排除政党政治建立起军人法西斯政权，彻底走上疯狂侵略道路。

---

① ［美］赫伯特·比克斯著；王丽萍，孙盛萍译：《真相——裕仁天皇与侵华战争》，北京：新华出版社2004年版，第168页。

② ［美］赫伯特·比克斯著；王丽萍，孙盛萍译：《真相——裕仁天皇与侵华战争》，北京：新华出版社2004年版，第168页。

◎ **偷袭美国海军基地珍珠港，对美国宣战，挑起太平
洋战争，从此走上败亡之路……**

当日本自以为打败了中国，迫使国民政府迁都重庆后，
就把战争目光投向了大洋彼岸，开始以美国为对手。1941年
12月7日，日本太平洋舰队出动6艘航母和350余架飞机偷袭美
国在太平洋夏威夷群岛上的海军基地珍珠港，在两个小时内
炸沉炸伤美军舰艇40余艘，炸毁飞机200多架，导致2402名美
军阵亡和1282人受伤。日本偷袭珍珠港，将具有强大工业实
力的美国卷入第二次世界大战，珍珠港事件就此成为第二次
世界大战的转折点之一。

▶ 1941年12
月7日，日本太平
洋舰队偷袭美海
军基地珍珠港

日本人并非不了解美国强大的经济能力和军事实力。太
平洋战争爆发前，"工业巨人"美国的综合国力远高于"二流
工业国"日本。1941年美国生产了军用飞机26277架，日本只

生产了5088架；美国造出了544艘主力战舰，日本是49艘。美国还有数量庞大又先进的武器和丰富的制造材料，完整的工业设施，相比之下，日本的制造材料严重缺乏。[①] 心存疑虑的裕仁天皇在1941年的夏天和秋天多次询问战争进展是否会顺利？国力不足的情况下使用武力能达到作战目标吗？9月初的时候，海军军令部长永野修身还在警告他的海军同事，美国一旦受到攻击：

> 必然会设法延长战争，利用它牢不可破的优势，卓越的工业实力和丰富的资源……我们帝国无法发动进攻，无法战胜敌人并迫使他们放弃战斗意志，因为我们的国内资源不足。[②]

10月，陆军大臣东条英机担任了内阁首相，他认为战争是防止日本滑向"三流国家"的唯一选择，对美开战已经是箭在弦上不得不发。海军联合舰队司令长官山本五十六曾在哈佛留学（1919年），并担任过日本驻美国大使馆海军武官（1925年）。他非常清楚美国的可怕国力，关于美国的工业实力，他形象地比喻说"美国的烟囱比日本的树都多"。但是，始终以弱胜强地打败老大帝国，善于在军事冒险和疯狂的进攻中取得巨大成功的日本，已经不相信战争是综合国力比拼，日本对美国的战争逻辑是：

> 如果快速出击，攻占整个西太平洋，美国人就会发现转

---

① ［美］迈克尔·亨特，史蒂文·莱文著；宗端华译：《躁动的帝国2：太平洋上的大国争霸》，重庆：重庆出版集团 重庆出版社：2015年版，第104—105页。

② ［美］迈克尔·亨特，史蒂文·莱文著；宗端华译：《躁动的帝国2：太平洋上的大国争霸》，重庆：重庆出版集团 重庆出版社：2015年版，第100—101页。

败为胜的道路太长，太艰苦，而不值得那样去做。

如果在此期间纳粹在欧洲获胜，情况更会是这样。[①]

而且，偷袭珍珠港也是"美国通"山本五十六在1941年1月7日写信给海军大臣及川古志郎正式提出的设想。[②]山本固执地认为，在日美开战之初，只有孤注一掷，断然对夏威夷的美国舰队进行袭击，并予以沉重打击，除此之外，别无胜途。[③]于是在日本政府高层提出反对意见时，山本不惜以辞职相要挟，终于获得了天皇裕仁同意对美开战的首肯。

偷袭珍珠港胜利后，山本五十六拒绝了下属欲为之举行的庆贺活动，因为他已经充分预见了后果："恐怕我们只是惊醒了一只沉睡的老虎。"果然，"选定在向华盛顿递交宣战书的同时'偷袭'珍珠港，让美国人在精神上蒙受了耻辱，促使他们作出了愤怒而持久的反应"，罗斯福在公众的强烈压力

---

① 日本人的偷袭战术一贯运用得不错，"确实在几个月之内成功地占领了全部东南亚以及由印度边界直到新几内亚和瓜达卡纳尔这一广大地区"。〔美〕埃德温·赖肖尔著；孟胜德，刘文涛译：《日本人》，上海：上海译文出版社1980年版，第106页。

② 在这封长达9页的《关于战备的意见》中，山本第一次正式提出了酝酿已久的夏威夷作战设想。全信分为"战备""训练""作战方针"和"开战之初应采取之作战计划"四个部分。关于"作战方针"，山本抛弃了日本海军传统的"邀击作战"战略，主张"开战之初，就猛攻猛打，摧毁敌主力舰队，使美国海军与美国人民的士气沮丧到不可挽回的地步"。关于"开战之初应采取之作战计划"，山本把具体进行作战的要领分三种情况作了详尽的论述。第一种情况：如美主力舰队的大部分停泊在珍珠港内，则"用飞机编队将其彻底击沉并封闭该港"；第二种情况：如美主力舰队停泊在珍珠港外，则"按第一种情况处理"；第三种情况：如美主力舰队提前从夏威夷出发前来进攻，则"出动决战部队予以迎击，一举将其歼灭之"。山本也承认，夏威夷作战蕴藏着极大的危险性。但是，生性好赌的山本在给及川的信中说："要取得此次作战胜利虽则不易，但只要有关官兵上下一致，抱有为国捐躯之坚强决心，当仰天保佑，获得成功。"参见汤重南，汪淼，强国，韩文娟主编：《日本帝国的兴亡（下）》，北京：世界知识出版社1996年版，第1110页。

③ 汤重南，汪淼，强国，韩文娟主编：《日本帝国的兴亡（下）》，北京：世界知识出版社1996年版，第1109页。

下对日宣战，美国人空前团结，决心不击败日本绝不罢休，并迅速建起了远比日本更为强大的海陆军力量"，"缓慢地，痛苦地，由太平洋一边打到另外一边"，[①] 一步一步地将战火烧到了日本本土。

就日本以往的战争经验来说，综合国力并非是战争胜败的关键，偷袭致胜、速战速决是其一贯的战略战术，甲午战争和日俄战争就是最好的例子。这次偷袭珍珠港，对美国开战也是同样希望在战略上和美国一决生死，迫使美国一蹶不振，失去长期战斗的信心。但是美国拥有强大的工业生产能力和军事实力，几次海上战役的失败都不可能决定美国的失败，只要在海上击溃日本舰队一次，就能够使日本海军崩溃——兵员补给、舰只和武器补充，甚至石油供应都是日本致命伤。

到了1943年秋季，美国的埃塞克斯运输舰已经到达珍珠港，这种运输舰载重2.7万吨，时速高达每小时32海里，能够搭载100架战机，而且美国的造船厂一个月就能生产一艘如此巨大的战舰，或者是"独立号"级轻型航母。[②] 面对日本望尘莫及的工业生产能力，日本军队除了依靠疯狂的偷袭和更加疯狂的武士道精神支撑，别无他法。

---

① ［美］埃德温·赖肖尔著；孟胜德，刘文涛译：《日本人》，上海：上海译文出版社1980年版，第106页。

② ［美］杰弗里，帕克等著；傅景川等译：《剑桥插图战争史》，济南：山东画报出版社2004年版，第301页。

◎ 穷途末路时，发动自杀式攻击——"神风特攻"，
    恐怖、疯狂到惨绝人寰……

1944年7月，战争逼近日本本土，"天皇批准了在北海道
和千岛群岛以外的菲律宾、台湾、西南群岛、琉球群岛和日
本本岛进行决战的战争计划"，自己打算"留在神州以死相
守"。[①] 从11月开始，美军B29飞机开始在日本本土侦察飞
行，1945年2月，美军开始对聚集大量木材结构房屋的东京、
名古屋、大阪、神户等大城市使用燃烧弹地毯式轰炸，1000
多万人无家可归，30多万人被炸死。[②] 意图迫使日本国民丧失
战斗意志。

但是，就在1月20日，日本大本营策划制定了《帝国陆海
军作战大纲》，计划组织240万防卫军，在日本本土进行最后
决战。

冲绳群岛位于九州南部，在日本本土防御中占有重要战
略位置，号称日本"国门"，因此美军在冲绳岛的登陆作战
就称为"破门之战"。1945年4月1日，超过20万美国陆军和
海军陆战队，凭借精良武器和强大的海空支援，与日军鏖战
冲绳主岛，为了遏制美军强大攻势，不被"破门进入"，普
通战术已无任何胜算的日本大本营，利用士兵的宗教心理和
狂热爱国精神组织"神风特攻队"，为激励士气，将冲绳岛

---

① ［美］赫伯特·比克斯著；王丽萍，孙盛萍译：《真相——裕仁天皇与侵华战
争》，北京：新华出版社2004年版。第348页。
② 参见［日］藤原彰著；伊文成，李树藩，南昌龙，赵春元译；邹有恒校：《日本
近现代史》第三卷，北京：商务印书馆1983年版，第113—114页。

◀ 1945年4月，冲绳海战，日本神风特攻飞机撞击"密苏里"号战列舰的瞬间

"神风特攻队"的敢死作战行动定名为"菊水特攻"[1]，对海军第五航空舰队、第一机动基地航空部队（九州、指挥官宇垣缠中将）、第五基地航空部队（台湾）、陆军第六航空军下辖第八飞行师团（台湾、指挥官山本健儿中将）下达了"陆海军所有战机特攻化"的命令，自此开始了恐怖、疯狂到惨

---

[1]　冲绳岛期间，为挽救败亡命运，日本法西斯组织的空中敢死队和海上敢死队的总称。作战名"菊水"由14世纪初日本著名武士、忠臣楠木正成的旗印而来，因为楠木在众寡悬殊的作战中有"平生报国"（与敌同归于尽）之语。空中敢死队由自杀飞机组成，直接撞击对方军舰，海上敢死队由特攻舰队组成。

绝人寰的自杀式"神风特攻"。①

"神风特攻"的始作俑者大西中将重新修理了陈旧过时的零式战机、俯冲轰炸机、鱼雷机和水上飞机，征召了一批被军国主义洗脑、甘愿舍身赴死的飞行员，满载炸弹，"菊水特攻作战"。在4月6日的第一次菊水特攻中，日军出动海军飞机391架、陆军飞机133架（其中海军有215架，陆军有82架为自杀机），击沉美军"布什"号和"科尔杭"号驱逐舰，"纽康姆"号与"柳特兹"号受重创，战舰"马里兰"号以及其他10艘驱逐舰轻伤。此后在为时80天的"菊水特攻"中对美军发起了10次疯狂攻击，据统计日军总计出动飞机3742架（内含特攻机1506架），特攻死亡的人数海军2045名、陆军1022名（此数据不包括自杀机以外的损失），共击沉美舰36艘（没有一艘为巡洋舰以上）、击伤368艘（含航空母舰8艘，战舰3艘，巡洋舰2艘与驱逐舰33艘），击毁美军舰载机763架、美海军官兵死亡或失踪4900余人，伤4824人。日本仅存的"大和"号战舰也装上单程燃料作为特攻舰突入冲绳，但是刚刚离开九州就被击沉。"菊水特攻"10次大规模攻击造成美军很大的恐慌，损失惨重，但是没有任何一艘重型船只被击沉，盟军仍然保持了大部分作战能力，"菊水特攻"未对整个战局起到决定作用。冲绳一战，日军两个半师团和县民义勇队总计10万人几乎全军覆灭，约有20万冲绳居民也在战争中被强制死于非命。

战争制胜的决定因素是综合国力，在日本战争比拼的却

① 莱特湾海战时，日军自杀飞机成功击沉美军普林斯顿号航空母舰，使日军大本营认为自杀飞机的攻击有效；在九州近海空战时，自杀机重创2艘美军航母，也让大本营确信自杀机攻击实为挽救战局的良方，因此开始重视使用自杀机大规模地攻击美国海军。

是冒险和疯狂。战争的要义是保存自己，消灭敌人，但是这一原则在疯狂的日军中根本不适用。即对于不属于西方文化传统又经过充分武装和训练的日本民族来说，西方国家公认的那些基于人性的战争惯例，对日本人显然是不存在的。[1]在西方各国的军队中，如果阵亡人数达到了军队人数的四分之一或三分之一时，那么军队很少有不缴械投降的。只是这一规律对于日军完全失效。如在北缅部会战中日军被俘同阵亡者的比例达到了142∶17166，也就是1∶120，[2]在"二战"中日军被俘投降的比例更是少得十分可怜，在美军收复巴丹的战役中，"日本守军5万人几乎全被歼灭，仅俘获20人"[3]。在最疯狂的特攻作战中，日本海军"特攻战死者"与"战死者"的比例为1∶75，[4]即日本海军每75名阵亡者中就有1名是因参与自杀式"特攻"而战死，疯狂程度可见一斑。"特攻攻击"是日本军国主义穷途末路下的最疯狂之举，堪称近代战争史上的一大怪胎。

进入6月，日本政府在"全民总武装"的"一亿玉碎"口号下，强制动员了15岁到60岁的男子和17岁到45岁的女子组成2800万民兵，参加军事训练，组成"国民义勇军"，抱着必死的决心与盟军在本土决一死战；国民义勇军的武器竟然

---

①　[美]鲁思·本尼迪克特著；吕万和，熊达云，王智新译：《菊与刀——日本文化的类型》，北京：商务印书馆1996年版，第1页。

②　[美]鲁思·本尼迪克特著；吕万和，熊达云，王智新译：《菊与刀——日本文化的类型》，北京：商务印书馆1996年版，第27页。

③　[美]道格拉斯·麦克阿瑟著；唐玉美主编；文国书局编译部译：《麦克阿瑟回忆录》，台北：文国书局1985年版，第149页。

④　刘庭华：《中国抗日战争与第二次世界大战系年要录·统计荟萃（1931—1945）》，北京：海军出版社1988年版，第498页。

是"从枪口装弹丸的土枪、竹矛、弓箭、两股叉……①陆军大臣训示继续退守本土的全军将士："纵令啮草啖泥，伏尸荒野，亦须断然奋战，相信死里自能求生"，即使"战到最后一个人，也要将维护神州的圣战，坚决进行到底"。②

超高的阵亡率、必死的"特攻"和"玉碎"以及宁死不降的低投降率等，使日军成为最疯狂的军队，在攻击状态下往往采取"自杀式冲锋""反坦克肉搏战"等方式以生命相搏，在攻击不利的情况下，则采取剖腹、服毒、饮弹、自焚等方式以死谢罪。

◎ **疯狂的青年将校发动政变，企图夺取天皇"玉音"，"全国国民即使都自杀，也在所不惜"，他们的头脑里根本就没有"投降"二字……**

8月10日凌晨2时，天皇裕仁决定投降，陆海军从全军特攻的决战态势转向投降。高唱"本土决战"的疯狂的陆海军极端派军人无法接受现实，他们坚决认为只有通过战争才能获得大日本帝国的生存空间，只有不断战争才是大日本帝国军人的价值和使命；他们所受到的军国主义教育、武士道精神，使他们的头脑里根本就没有"投降"二字——不是光荣

---

① ［日］日本读卖新闻战争责任检证委员会撰稿；日本朋友舍公会，郑钧，范菲，赵军，伊藤鸿，林一二三译；竹内实，步平校译：《检证战争责任：从九一八事变到太平洋战争》，北京：新华出版社2007年版，第225页。

② ［日］服部卓四郎著；易显石等译：《大东亚战争全史》第4册，北京：商务印书馆1984年版，第1654—1655页。

的胜利就是悲壮的死亡。而且此时的军部，已经很难再控制这个"在昭和动乱的时代一直支配着军部的实力派"，这些少壮派军人从"感情上而言也非反抗不可"。①

以陆军省军务局竹下正彦中佐、畑中健二少校为首的一批陆军将校，从8月13日开始计划夺取天皇"玉音"录音盘，阻止"玉音放送"，迫使天皇最终继续战争。根据重光葵在回忆录中的记载：

少壮派军人的计划是立刻用军人的力量实行叛变，将天皇身边的主和派人士及阁员予以全部铲除；拥护天皇继续实行战争政策，阻止敌人登陆；主张在本土与敌人决一雌雄，万一战败了的话，全国国民即使都自杀，也在所不惜。但是决不在本土没有决战之前考虑停战；并且已经准备在长野县建立天皇的避难所和内阁的办公处。②

"全国国民即使都自杀，也在所不惜"，这就是少壮派军人疯狂至极的叛乱计划。政变首领首先向陆相阿南请求支持，提出调动军队、隔离主和派、拒绝投降并继续谈判、发动政变的"兵力动员计划"③，遭到阿南、荒木和

① ［日］重光葵著；齐福霖，李松林，张颖，史桂芳译：《日本侵华内幕》，北京：解放军出版社1987年版，第425页。

② ［日］重光葵著；齐福霖，李松林，张颖，史桂芳译：《日本侵华内幕》，北京：解放军出版社1987年版，第422页。

③ 在阿南官邸，军事课长荒尾兴功大佐、同课课员稻叶正夫中佐、井田正孝中佐，军务课员竹下正彦中佐、同课课员椎崎二郎中佐、畑中健二少佐提出"兵力动员计划"，内容包括：动用东部军及近卫师团；调兵将铃木首相、木户内大臣、东乡外相等主和派和皇居隔离，目的是在国体得到确实保证前绝不投降，继续谈判，具体做法是运用陆相执行警戒时拥有的局部地区应急出兵权来发动政变。参见［日］半藤一利著；杨庆庆，王萍，吴小敏译：《日本最漫长的一天——决定命运的八月十五日》，重庆：重庆出版社2009年版，第24页。

梅津的反对。

　　畑中等人再来到近卫师团，希望得到师团长森赳的支持，森以"承诏必谨"当场拒绝，畑中恼羞成怒，突然拔枪射击森赳，同行的陆军航空士官学校大尉上原重太郎拔刀将其砍杀。政变军伪造师团长命令调派禁卫兵攻打宫城（此即宫城事件），抓捕天皇幕僚，占领东京广播局，切断皇宫至师团司令部之间以外的皇宫通讯网。他们放火焚烧了铃木首相和平沼议长的住宅，并在宫内搜寻天皇录音，以阻止对民众广播。但是宫城太大，录音一时无法找到。15日凌晨3时半，东部军接管了近卫军团的指挥权，立即解除了包围皇宫等命令。东部军司令官田中静一大将到宫城劝说少壮派军人投降，叛变已毫无成功希望，畑中等人逃离皇宫，来到被政变军队占领的广播局，畑中在播音间用手枪顶着播音员馆野守男的脑袋，命令他打开话筒让自己发表广播讲话，反对接受《波茨坦公告》。广播员镇静地借口战时广播军管，没有军管区批准，无法插播，连电都没有，予以回绝。[①]

　　① 〔日〕半藤一利著；杨庆庆，王萍，吴小敏译：《日本最漫长的一天——决定命运的八月十五日》，重庆：重庆出版社2009年版，第140页，第167页，第192页。

　　无奈之下，疯狂的畑中和椎崎二郎两人分别骑着马和摩托车，沿着皇宫四周散发号召继续抵抗的传单，号召民众起来"阻止投降"。然后二人在皇宫前广场各自切腹并开枪自杀。在畑中的口袋里，他的辞世句写道："圣世乌云散，我心无所悔"。同日，古贺秀正在近卫师团司令部的森赳棺前切腹并开枪自杀。上原重太郎则是在回到学校继续煽动抵抗未果后，于8月19日切腹自杀。①

　　陆军的最后一次疯狂以失败告终，一切喧嚣终归沉寂。

　　日本的疯狂不是一天炼成的。

　　自明治维新以来，经过《大日本帝国宪法》《军人敕谕》《教育敕语》《战阵训》等培养出来的日本政治家、大本营首脑和日本军人始终坚信"战争不是军备的较量，而是日本人信赖精神与将美国人信赖物质的较量"，日本的真心使命在于"弘扬皇道于四海，力量悬殊不足忧，吾等何惧于物质！""精神就是一切，是永存的。物质当然也是不可缺少的，但那是次要的，瞬间的"，日本的广播电台经常叫嚷"物质资源是有限的，没有千年不灭的物质，这是永恒的真理"。② 因此疯狂的日本军人才能在战场上以血肉之躯对抗钢铁战舰，他们相信军队手册上写的"必读必胜"，疯狂地驾驶着小型特攻机，带着单程燃料和炸弹撞向美军航空母舰。

---

　　① ［日］服部卓四郎著；易显石等译：《大东亚战争全史》第4册，北京：商务印书馆1984年版，第1685页。

　　② ［美］鲁思·本尼迪克特著；吕万和，熊达云，王智新译：《菊与刀——日本文化的类型》，北京：商务印书馆1996年版，第16页，第17页。

1945年8月15日，日本民众向皇宫跪拜，收听天皇的投降诏书广播

下篇

胜利日的反思：
日本罪与罚

　　胜利日不仅有战胜者的狂欢和战败者的疯狂，也应该有战胜者和战败者的反思，尤其是发动侵略战争的战败者更需要反思，反思自己的罪与罚。在近代史日本发动的对外侵略战争，其中就有10次针对中国。[①] 这一次日本战败投降，中国惨胜。但是裕仁天皇在8·14《诏书》中只承认"终战"，绝口不提"投降"；"没有罪恶感只有羞耻感的日本"[②] 更不承认败给了中国；战后以来，日本内阁政要对惩罚战犯的东京审判也多有质疑。[③]

---

　　① 这些战争主要有：1874年进犯台湾；1875年入侵朝鲜；1894年发动甲午战争；1900年参加八国联军侵华；1904年挑起日俄战争；"一战"分赃：攻占青岛、济南，提出灭亡中国的"二十一条"；1918年出兵西伯利亚；1927年入侵中国山东；1931年发动的九一八事变侵占中国东北；1937年7月七七事变发动全面侵华战争；1941年12月挑起太平洋战争。

　　② 关于日本人的羞耻感，美国文化人类学家鲁思·本尼迪克特在她剖析日本文化的名著《菊与刀》中指出，日本人将羞耻感纳入自己的道德体系，形成以"耻感"为主要基调的文化。"羞耻是对别人批评的反应。一个人感到羞耻，是因为他或者被公开讥笑、排斥，或者他自己感觉被讥笑，不管是哪一种，羞耻感都是一种有效的强制力。但是，羞耻感要求有外人在场，至少感觉到有外人在场。"所以耻感文化中的日本人"只须推测别人会作出什么样的判断，并针对别人的判断而调整行动"。即"羞耻感"是一种产生于外部的强制力，与产生于内部约束力的"罪感文化"不同。罪感文化中的人可以通过使当众认错甚至向神父忏悔寻求解脱，"但在以耻为主要强制力的地方，有错误的人即使当众认错甚至向神父忏悔，也不会感到解脱。他反而会感到，只要不良行为没有暴露在社会上，就不必懊丧，坦白忏悔只能是自寻烦恼"，"真正的耻感文化依靠外部的强制力来做善行。真正的罪感文化则依靠罪恶感在内心的反映来做善行"。参见［美］鲁思·本尼迪克特著；吕万和、熊达云、王智新译：《菊与刀》，北京：商务印书馆1990年版，第154—155页。

　　③ 如日本首相安倍就曾经多次公开质疑东京审判。2013年3月12日，日本首相安倍晋三在国会上表态。"东京审判是战胜国对战败国作出的裁决，而非日本人自己作出的总结"。早在2006年10月首次就任首相的安倍在第一次内阁答辩时说，"所谓的甲级战犯在东京审判中被定为罪犯，但在日本国内法上，他们不是战争的罪人"。但2007年4月，安倍内阁通过政府答辩书称"日本已经接受了东京审判的结果，没有再提出异议的立场"。安倍的外祖父岸信介因在日本侵略战争中充当重要角色，战后被当作"甲级战犯嫌犯"长期拘留审查。但是美苏冷战使美国对日态度急转，日本被打造为美国"抵挡共产主义洪流的堤坝"。岸信介被无罪释放并担任了日本首相，成为战后首开敌视新中国先河的日本鹰派人物。日本社会对东京审判的争议一直存在，日本媒体特别是右翼媒体每到8月15日前后，总要翻出陈年旧账，论说东京审判的是非，包括一些议员在内的不少日本人和安倍看法相似。

　　孙秀萍：日本首相公开质疑东京审判 称非日本人的总结（2015-5-5）。

　　http://world.huanqiu.com/exclusive/2013-03/3730838.html.

日本天皇裕仁（1901—1989）

第七章　天皇没有战争责任吗？

在长达20多年的时间里，他在政府和官僚政治之外行使实权和权威；他熟知战争和外交情势，在制定日本战争战略方面发挥了积极作用；他向陆海军将领发布命令，指挥了所有的军事行动；对于那场以他的名义开展、以他作为国家元首和最高指挥官，他自己也积极参与、指挥的战争，他从未公开承认负有道义上、政治上和法律上的责任。

日本战败投降时，他没有退位，一心要保住皇位，因为他相信自己是神授君主，是日本国必不可少的存在；他不认为他应该对于日本在海外的所作所为负责；对于那场持续13年又11个月、夺走数千万人生命的侵略战，他从未认罪。

在现代君主中，全然不计战争后果，是最为阴险奸诈者之一。[①]

他是裕仁。

---

① 参见［美］赫伯特·比克斯著；王丽萍，孙盛萍译：《真相——裕仁天皇与侵华战争》序章，北京：新华出版社2004年版，第3页，第10页，第11页。

- 天皇的法律地位：万世一系、神圣不可侵犯、国家元首，统帅陆海军。
- 在"神性天皇"保佑下的皇军，为实现天皇"海外雄飞"大略，侵略战争具有为天皇尽忠、无条件赴死的圣战色彩。
- 那些年，天皇参与、指导的那些大事：九一八事变、镇压近卫军叛乱、太平洋战争，通过宫中设立的大本营和御前会议，指导侵略战争。
- 天皇最重要的两次"圣断"，1945年8月10日的第一次"圣断"。
- 8月14日的第二次"圣断"。
- 天皇没有战争责任吗？试看天皇是如何掌控军部和战争的。

◎ 万世一系、神圣不可侵犯、国家元首，统帅陆海军，《大日本帝国宪法》中的日本天皇……

日本第124代天皇裕仁（1901年4月29日—1989年1月7日），自幼受教于陆军大将乃木希典和海军元帅东乡平八郎，滋养了强烈的武士道精神。大正十五年（1926年）继位，取中国《尚书》中"百姓昭明，协和万邦"之句，改元"昭和"。

　　裕仁是日本历史上在位时间最长的天皇，他的昭和时代
（1926年12月25日—1989年1月7日）长达63年，是日本历
史上动荡最为激烈、变化最为深刻的时代。以1945年8月15
日日本战败投降为分界，昭和时代的前20年历史，裕仁天皇
总揽国家大权，在其指导和纵容下，日本发动了侵略中国的
"九一八"事变、"七七"事变和全面侵华战争，在1941年12
月发动了针对美英等同盟国的太平洋战争，给亚洲和太平洋
地区的国家和人民带来了极为深重的灾难，1945年8月，日本
法西斯走投无路，裕仁天皇宣布战败投降。

　　关于裕仁天皇的战争责任问题，在战后日本一直讳莫如
深。在东京审判中，裕仁天皇并未被追究战争责任；而且裕
仁自己也极力推卸战争责任。如他在《独白录》中强调自己
只是立宪制君主，对国家大事没有否决权，只能同意政府和
统帅部的一致意见；裕仁还多次故意地贬低自己的权力和地
位，与在战时关键时刻站出来，解决政府无法解决的问题而
"圣断"的天皇裕仁判若两人。一些右翼分子也以"天皇是
立宪制君主"为依据为天皇开脱罪责，不仅说天皇在制定国
策上没有"决定权"和"否决权"，而且还力图把天皇说成
是"希望和平、反对战争"的"和平主义者"。在战后日本学
术界，绝大部分史学家都把天皇、重臣和宫廷官僚称为"稳
健派"和"主和派"，而把发动战争的称之为"激进派"和
"主战派"，如此划分，也无非是希望把裕仁和战争责任区分
开来。更为重要的是，日本普通民众也普遍地接受了"裕仁
天皇爱和平"的自由主义者形象，认为他在战争中的所作所
为都是迫于军方和政府压力。一些有影响力的政治家也有此
认识，如前首相中曾根康弘就认为：

陛下本人是和平主义者，曾竭力避免战争，而发动战争的是军部中的开战派一伙。①

那么，在日本发动的一系列侵略战争中，天皇到底有没有权力？有多大的权力？他是如何运用自己的权力发动战争的？裕仁天皇果真是爱好和平、种种侵略罪行都是"不得已而为之"吗？我们还是追根溯源，先看看《大日本帝国宪法》（即1889年颁布的《明治宪法》）中规定的天皇权力：

第一条　大日本帝国，由万世一系之天皇统治之。

第三条　天皇神圣不可侵犯。

第四条　天皇为国家元首，总揽统治权，依宪法之规定行之。

第五条　天皇依帝国议会之同意，行使立法权。

第六条　天皇批准法律，命其公布及执行。

第七条　天皇召集帝国议会，其开会、闭会、停会及日本众议院之解散，皆以天皇之命行之。

第十一条　天皇统帅陆海军。

第十二条　天皇规定陆海军之编制及常备军之兵额。

第十三条　天皇宣战媾和即缔结各项条约。②

在《大日本帝国宪法》发布《告文》中，天皇以"朕恭谨敬畏告皇祖皇宗之神灵"起首，宣布自己"循天地无穷之宏谟，承继惟神之帝位，保持旧图不敢失坠，宜应世运之发

---

①　尹协华：《日本的秘密》，北京：中国电影出版社1999年版，第173页。

②　［日］伊藤博文著；牛仲军译：《日本帝国宪法义解》，北京：中国法制出版社2011年版，第3—11页。

展，随人文之发达。明征皇祖皇宗之遗训，成立宪典，昭示条章。"在发布敕语中，天皇直接宣布自己"国家统治之大权，朕承之于祖宗，传之于子孙，朕及朕之子孙将来须循此宪法条款实行而无殆"。"朕之在朝大臣，应履朕之任，行施此宪法之责。朕现在及将来之臣民，应时此宪法负永远顺从之义务。"[①] 依据《大日本帝国宪法》，天皇对内是日本最高统治者、日本军队最高指挥官，拥有陆海军的绝对统帅权；对外是国家元首，集行政权、军事权于一身。天皇大权包括了立法权、议会开闭会权、任免权、军队统率权、外交权、戒严权、恩赦典、荣典授予权和祭祀权等等，总揽一切大权，等于从法律上承认了"万世一系""神圣不可侵犯"之天皇具有强烈的神权性，同时因其"万世一系"及历史上的"天皇祭神"（天皇被打造成为国家和民族的守护神）而具有神圣的宗教感：

> 天皇乃万物之主宰，自混沌除开以来天统无间断，与天地化育同，大成之妙灵自然全备。故惟天皇禀授天意，而国内臣民必悉遵天意。[②]

神圣不可侵犯的天皇具有超越宪法的神权，可以说天皇的权力是无限的。即便是在第五条中的"天皇依帝国议会之同意，行使立法权"，伊藤博文也将其解释为"天皇可命内阁起草，或经议会提案，两院审议通过之后，圣裁许可始成法

---

① ［日］伊藤博文著；牛仲军译：《日本帝国宪法义解》，北京：中国法制出版社2011年版，第1页，第2页。

② ［日］《勤斋公奉务要书残编》二。转引自［日］安丸良夫著；刘金才，徐滔等译：《近代天皇观的形成》，北京：北京大学出版社2010年版，第128—129页。

律。故至尊不仅为行政之中枢，亦是立法之渊源者也"①。

《大日本帝国宪法》基本原理是天皇超越宪法作为法律的根据，确立的日本国家政治制度即是天皇制②——在这个"基于对危机的不安和恐惧，以及为此付出相应代价的强硬心理而制造出来的"具有浓厚宗教色彩"③的天皇制下，宪法的目的已经不是限制天皇权力，而是要保护天皇，提供一种机制保障其权力不受任何限制，这种政体的外表虽然是立宪，但绝不是君主立宪制。④因此，内阁、议会、军部、枢密院仅仅是天皇的"辅弼"机关；天皇为陆海军大元帅，掌握着陆、海军大臣、陆军参谋总长、海军军令部长等内阁要员的任命权，内阁、议会无权过问。同时军部拥有"帷幄上奏"权，单独对天皇负责。由于采取了"陆海军大臣现役武官制"⑤，内阁若不满足军方要求，军方就不推荐后任陆海军大臣，内阁便无法运转，实际上是天皇和军队控制了政府。

天皇充分运用了《大日本帝国宪法》赋予的权力，作为国家元首总揽统治权，统帅陆海军，所以涉及军队的所有命

---

① ［日］伊藤博文著；牛仲军译：《日本帝国宪法义解》，北京：中国法制出版社2011年版，第5页。

② 历史上的日本是以天皇为中心的国家，先后经历了古代天皇制、近代天皇制和现代象征天皇制。明治维新确立了近代天皇制，使日本成为半封建君主立宪制国家，但是日本的立宪君主即天皇，与欧洲的立宪君主有很大不同，其在法律和精神上均享有至高无上的权力。

③ ［日］安丸良夫著；刘金才，徐滔等译：《近代日本天皇观的形成》，北京：北京大学出版社2010年版，第215页。

④ ［美］赫伯特·比克斯著；王丽萍，孙盛萍译：《真相——裕仁天皇与侵华战争》序章，北京：新华出版社2004年版。第5页。

⑤ 陆海军大臣现役武官制，又称军部大臣现役武官制，1900年第二次山县内阁时确立以军部操纵的"现役武官"为陆军大臣和海军大臣，当内阁不能满足军部要求，或内阁与军部冲突时，军部可命令陆、海军大臣直接向天皇请辞，同时不指定继任者，导致内阁无法运转，首相只能辞职，于是军部控制内阁成为实际上的日本最高权力机关。以此办法搞垮的内阁有1913年的第二次西园内阁、1937年的广宇组阁（因军部干涉未能组阁）、1940年的米内内阁。

令均以天皇名义颁布。如1872年以天皇名义发布的"征兵令"，日本军队称为"皇军"，即"天皇的军队"。[①] 1878年设参谋本部，为天皇直辖的军队司令部，凡用兵、作战等军令，内阁一概不得干预；军队统帅权归属于天皇直接领导，军队不受命于政府，就使得军方确立了能够"独断专行"的特殊地位。

1882年以天皇名义颁布的《军人敕谕》，规定军人必须遵守"忠节""武勇""礼仪""信义""职责"等五项武士道规范，天皇在"敕谕"中直言不讳地宣布："朕为汝等之大元帅，朕赖汝等为股肱，汝等应仰朕为首脑"[②]，一语道出天皇与军队的一体关系。

1890年，未经国务大臣副署，明治天皇以"尔等臣民"开头发布了《教育敕语》，学校教育的主题是"天皇是神的子孙，国民的使命是消灭不顺从天皇者，帮助世界成为一家"，在学校仪式上要对天皇、皇后行大礼，朗读"在需要的时候，要为天皇献身"，齐唱"天皇治理世界，永远持久"的"君之代"。[③] 规定国民必须遵守武士道和神道精神，强力灌输天皇"万世一系"之皇道思想；规定神道为日本国教，天皇即为大和民族的精神领袖。美国历史学家约翰·托兰在他的长篇历史纪实著作《日本帝国的衰亡》中这样解读天皇

---

① 天皇的军队是绝对服从于天皇的。在"二战"中，日本士兵认为，"只要天皇有令，纵然只有一杆竹枪，也会毫不犹豫地投入战斗，如果天皇下诏，第二天也会立即停止战斗，连最强硬好战的满洲关东军也会放下武器。只有天皇的圣旨，才能使日本国民承认战败，并情愿为重建家园而生存下去"。参见［美］鲁思·本尼迪克特著，吕万和，熊达云，王智新译：《菊与刀——日本文化的类型》，北京：商务印书馆1996年版，第24页。

② ［日］大山梓编：《山县有朋意见书·附录》，东京：原书房1966年版，第185页。

③ 《东亚三国的近现代史》共同编写委员会：《东亚三国的近现代史》，北京：社会科学文献出版社2005年版，第153页。

和日本人的关系:

对于日本人来说，天皇就是神，就像他父母师长是小神一样，他对天皇的感情，不只是敬畏而且是爱戴与尽义务，不管他的地位如何低下，每个臣民都觉得与天皇有家族血缘关系，认为天皇是他们大家的父亲。①

◎ "神性天皇"保佑皇军，为实现天皇"海外雄飞"大略，侵略战争具有了为天皇尽忠的圣战色彩……

对此，日本历史学者若槻泰雄指出："军队是把天皇当作现人神（活神）来信仰的"，"日本军队的忠诚不是对国家、对民族和政府的，而始终是对天皇的。为了天皇、按照天皇的命令，这就是日本军队的基本原则。"② 而对于民众来说，"天皇是神，是超越国家的存在"，相信天皇就要支持军队、支持战争，因为"军队的命令就是天皇的命令，所以不能反对战争，直到天皇下令停战为止"。③ 从明治天皇即位开始，即发布御笔信，展现"雄飞大略"，宣布要以军事力量为皇国

---

① ［美］约翰·托兰著；郭伟强译：《日本帝国的衰亡》（上册），北京：新星出版社1982年版，第30页。

② ［日］若槻泰雄：《日本的战争责任》，北京：社会科学文献出版社1999年版，第156页，第183页，第210页。

③ ［美］法兰克·吉伯尼编著；尚蔚，史禾编译：《战争——日本人记忆中的"二战"》，北京：中央编译出版社2003年版，第10页。

"开拓万里波涛，布国威于四方"，①迷信武力的明治天皇一年四季都是穿旧式军装，骑高头军马，嘴里叼着三八步枪子弹壳制作的烟嘴，热衷于参加军校毕业典礼和军事训练，与士兵们在一起实战演习。

1894年日本偷袭中国北洋舰队运兵船，挑起中日甲午战争，打败了亚洲第一大国。明治天皇在宣战诏书中说：

朕虽始终与平和相始终，以宣扬帝国之光荣于中外，亦不得不公然宣战，赖汝有众之忠实勇武，而期速克平和于永远，以全帝国之光荣。

1904年日本偷袭旅顺俄国太平洋舰队，挑起日俄战争。日本首次击败欧洲强国，也是世界第一领土大国，明治天皇成为"东亚霸主"，从此日本拥有了问鼎太平洋、争霸世界的底气和勇气。1926年继位后的裕仁天皇，继续秉承明治意志，甚至有过之而无不及。在践祚诏敕等文件中，裕仁天皇称：

"朕赖皇祖皇宗之威灵，继承万世一系之皇位，总揽帝国统治之大权，以行践祚仪式。率由旧章，聿修先德，庶几无坠祖宗之遗绪。惟以皇祖考睿圣文武之资，恢弘天业。内敷文教，外耀武功，颁千载不灭之宪章，固万邦无比之国体……（今当）明徵皇祖考之遗训，继述丕承皇考之遗

① 1868年3月14日，明治天皇发表"海外雄飞"大略："朕与百官诸侯相誓，意欲继承列祖伟业，不问一身艰难，亲营四方，安抚汝等亿兆，开拓万里波涛，布国威于四方！"［日］明治天皇：《维新敕语》，《列圣全集》之《诏敕集》（下卷），东京：列圣全集编纂会1916年版，第147页。

志……";"尔臣民宜骋思神武天皇之创业，使皇图宏远，念皇谟之雄深，和衷勠力，日益发挥国体之精华，致力克服时艰，以助国威昂扬，以对祖宗神灵";"宣扬大义于八纮，以坤舆为一宇，实乃皇祖皇宗之大训"。[①]

日本天皇本来就具有神格色彩。日本人的祖先崇拜认为，神人同格、神人同系，神是人的祖先，日本是神国。在王朝更替频繁、激烈的世界历史上，日本天皇家能够长期延续下来是极其罕见的，因此日本人对天皇持有特别感情，长期以来形成了天皇是天照大神万世一系的后裔，日本国是受神佑护的"神国思想"。特别是"自从将国家的命运和保卫皇位的赌注押在了战争上，天皇就比过去更加需要求助于神道的神明"。在日本袭击珍珠港一周年的时候，内大臣木户幸一在日记中写道：

1942年12月11日：今天是圣上陛下去伊势神宫亲拜的日子：

12月12日……上午6:45出京都皇宫，10:00抵山田站。首先，在外宫参拜，然后在内宫行在所用午餐后……入内宫亲拜。战时下，天皇亲自参拜祈祷真乃前所未有，体会陛下之心，深感敬畏。能在此盛典中享有侍奉陛下之荣光，为臣深感无上荣誉。

天皇海军侍从武官城英一郎的日记中也记载：

① ［日］《践祚后朝见仪式上之敕语》（1927年1月9日）；《2600年纪元节诏书》（1940年2月11日）；《日德意三国条约诏书》（1940年9月27日）。转引自韩东育：《日本对外战争的隐秘逻辑（1592—1945）》，《中国社会科学》2013年第4期。

1942年2月11日，值班。9：45至10：20，纪元节（国家创建日）陛下亲拜。他在祷告文中报告了前线情况。

1942年12月12日，13：20，陛下在皇太神宫参拜，念祷告文。祷告文：感谢初战告捷。国难当头，吾将亲率国民共赴国难，还祈求神明保佑将来。

1943年6月30日，今日，举行"节折之仪"。① 听说陛下对侍从武官长讲，他为最近战况不振做了驱邪除厄。②

有了神性天皇的"驱邪除厄"，"神明保佑"的皇军为实现天皇"海外雄飞"大略，发动的侵略战争就具有了为天皇尽忠、无条件赴死的圣战色彩。1941年1月8日，以陆军大臣东条英机名义颁布了日本士兵守则——《战阵训》③，其中规定："战阵是以天皇的命令为基准，发挥皇军的真髓，攻必取，战必胜，将皇道遍布天下，使敌人仰望我天皇的威仪尊严而铭感之处"（《序》）。"军队是在天皇统帅之下的，应体现神武的精神，以宣扬皇国的威德，任皇运之扶翼"（《皇军》）。在《军纪》一节中，《战阵训》宣扬：

---

① 皇宫的神道仪式，驱除和净化人们犯下的罪草——译者注。

② ［美］赫伯特·比克斯著；王丽萍，孙盛萍译：《真相——裕仁天皇与侵华战争》，北京：新华出版社2004年版，第323—324页。

③ 《战阵训》作为日本士兵必须遵守的守则，包括皇国、皇军、皇纪、团结、协同、攻击精神、必胜信念以及敬神、孝道、敬礼举措、战友道、率先躬行、责任、生死观、惜名等内容，以此要求皇军士兵听从天皇圣谕，躬行圣谕至完美境界，发挥出为国效力的至诚，恪尽军人职守，报效浩荡皇恩。《战阵训》促使日军坚信在战场上"为天皇而死是光荣的，虽死犹生，宁死不当俘虏"，因而出现奋不顾身地疯狂"玉碎"行为。

皇军军纪的精髓，存在于对天皇陛下的绝对服从的崇高精神当中。军队上下均铭记天皇统帅的尊严，在上而言应严谨地奉行指挥使命，在下而言则应存谨慎服从的忠诚。尽自己的忠心与赤诚，自始至终一贯坚持，全军一声令下，则不会出丝毫的混乱，这正是战争取胜所不可缺少的东西，亦确实是确保治安的重要方法。尤其是在战阵当中更要发挥服从的精神，实践其根本之所在。处在生死困苦之间，命令一旦下达，则很欣然地投身于死地，默默地真切地拿出自己的献身精神，实在是我们军人精神中的精华。①

◎ 天皇参与的国家大事：九一八事变、镇压近卫军叛乱、太平洋战争，通过宫中设立大本营和御前会议，指导侵略战争——

在昭和时代前20年日本发动的一系列侵略战争中，裕仁天皇依据《大日本帝国宪法》，最大限度地利用了自己"现人神"的神圣权威，统御自己武装到牙齿的皇军，指导和纵容疯狂的军部，对内逐步建立起了军国主义法西斯体制，对外在亚洲太平洋地区发动了侵略战争。日本历史学家井上清曾指出：根据日本国宪法规定，"天皇是日本唯一的最高统治者，没有这个日本国唯一的最高统治者的命令或同意，大日本帝国对外进行战争是绝对不可能的"，"因此，天皇必须承

---

① 战阵训：日军拒俘玉碎行为的推手！
　http://bbs.tiexue.net/post2_5098671_1.html（2015-6-3）.

担战争责任"。井上清进一步认为："裕仁作为大日本帝国军队唯一的最高绝对权威，是根据他自己对各种条件、情况深思熟虑之后作出的判断，推行和指导了从1931年9月18日开始的日本侵略中国东北的战争到1945年9月2日日本在无条件投降书上签字为止的一系列侵略战争。"毫无疑问，裕仁负有不可推卸的战争责任，"裕仁杀害了数千万亚洲人"，"是战犯、法西斯，是杀害5000万亚洲人的最大最高元凶"。①

在整个侵华战争期间，几乎所有的战争决策和重大军事行动均有裕仁天皇的暗示、默许和批准。裕仁天皇利用宪法赋予的至高无上的权威，多次下达诏敕鼓励皇军"圣战"，亲自询问或是委托询问战争进展、召开御前会议确定国家发展、军事外交等方面的大政方针，并在内阁大臣久议不决时，多次最终拍板"圣断"，决定战争走势，担当大政方针的决策者角色。纵观《大日本帝国宪法》和天皇与政府、战争的关系，正如日本学者所言：

一个无力的内阁，一部被阉割的宪法和一个强有力的天皇。他通过各种不同的干涉方式，间接地、但每一次都是决定性地、积极地参与了侵略的策划并引导了实施的全过程"。②

1928年6月，关东军参谋河本大佐策划炸死了东北王张作霖，天皇多次督促田中内阁调查真相，田中首相开始表示

① ［日］读卖新闻社编；蔡德金等译：《天皇和日本投降》，北京：档案出版社1992年版，第3页。
② ［日］安田浩：《天皇的政治史——睦仁、嘉仁、裕仁的年代》，东京：青木书店1998年版，第273页。

一定严肃处理此等行为。当天皇得知此事为关东军阴谋时，"命令田中首相追查责任严厉处罚"，由于遭到陆军强烈反对，田中无力完成天皇交办任务，只能做不公开处罚处理。①一个细节展现了天皇的无上威力：关于刺杀张作霖的幕后主使，田中首相在回答裕仁天皇的询问时，与此前的汇报"前后不一致"，使天皇认为首相不老实，于是下决心"以后再不听取首相的上奏"，田中首相感到失去了天皇的信任，惶恐万分，只得率领内阁总辞职下台②，田中内阁的倒台被陆海军强硬派和国粹主义者们认定是来自"宫中的阴谋"③。

九一八事变后，关东军占领了中国东北，裕仁天皇不顾元老和外相反对，颁布敕语表彰关东军"冒雪踏冰勇战力斗拔除祸根，宣扬皇军威力于中外"④，对关东军赤裸裸的侵略行为"深嘉其忠烈"。1932年第一次上海事变后，再次发布敕语对"派往上海方面之陆、海军将兵，同心协力以寡破众、行动机宜适切，得以宣扬皇军之威望于中外，朕深嘉其忠烈"⑤。日军占领热河后，1933年4月裕仁又对关东军"冒风雪逾艰险，长驱迅进以寡破众，得以宣扬皇军之威

①　实际上，按照当时日本宪法第十一条规定，天皇有统帅陆海军的大权。天皇主张追究炸死张作霖的责任，以田中大将在军部的权威，田中完全可再以首相的身份通过统帅部在内阁中的代表军部大臣，实现天皇的意志，但是田中缺乏执行的能力，这是田中失去天皇信任的一个重要原因。

②　参见〔日〕重光葵著；齐福霖、李松林、张颖、史桂芳译：《日本侵华内幕》，北京：解放军出版社1987年版，第23页。《昭和天皇独白录》，《文艺春秋》1990年12月号，第108页，第101页。

③　〔日〕读卖新闻战争责任检证委员会撰稿；日本朋友舍公会，郑钧，范菲，赵军，伊藤鸿，林一二三译；竹内实，步军校译：《检证战争责任：从九一八事变到太平洋战争》，北京：新华出版社2007年版，第112页。

④　王辅：《日军侵华战争（1931—1945）》，沈阳：辽宁人民出版社1990年版，第95页。

⑤　王辅：《日军侵华战争（1931—1945）》，沈阳：辽宁人民出版社1990年版，第197页。

望于中外，朕深
嘉其忠烈"①，
并指出当前世界
形势不容"顷刻
苟且"，要更加
"养其锐力"，
催促其加快侵
略扩张的步伐。

1936年2月
26日，东京爆发
了刺杀大臣的军
事政变——"帝
都不祥事件"（又
称"二二六事

◀ 裕仁天皇
（1901—1989）

件"），占据国家政治中枢永田町达四天之久。皇道派青年军
官率领1500名近卫军杀死内大臣斋藤实、教育总监渡边锭太
郎和大藏大臣高桥是清，重伤天皇侍从长铃木贯太郎，封锁
陆军省、参谋本部，包围陆军大臣官邸，占据了政府所在地
永田町一带。尽管叛军声称是"尊皇讨奸""昭和维新"，
但实际上是皇道派与统制派之间的争斗，陆军高层希望建立
军事政权，甚至一度答应叛军的要求，但是天皇盛怒，坚决
要求对"杀害朕之股肱老臣的残暴军官"采取强硬手段。根
据天皇侍从武官本庄繁在日记中记载，由于陆军高层迟迟不
肯动手，裕仁天皇几次催问都无济于事，天皇异常愤怒，竟

① 王辅：《日军侵华战争（1931—1945）》，沈阳：辽宁人民出版社1990年版，第
310页。

然要亲自率领近卫师团平定叛乱。[①] 在天皇高压下，陆军高层终于决心调动军队，讨伐叛军，最终拘捕并处死了17名叛乱军官和幕后支持暴动的两名民间人士北一辉（日本法西斯理论家）和西田税（日本军部中狂热的法西斯分子），与此有牵连及同情叛军的军部首脑也都被迫辞职或退出现役。之所以严厉制裁，是因为军事叛乱直接威胁到了天皇的统治权，即判处死刑的罪名不是杀死多名内阁大臣的谋杀罪，而是"未经天皇批准而擅自动用皇军之罪"。可见天皇绝非傀儡，而是拥有绝对统帅权的最高军事统治者。

裕仁天皇不仅在内政方面具有至高无上的权威，在关乎国运对外战争方面也具有毋庸置疑的控制力。1937年七七事变后，日本开始全面侵华战争。为了便于指挥，裕仁天皇在近卫的建议下，11月19日组建了一个政府内部的联络组织：大本营政府联络会议，目的是陆海军统帅部与政府能进行更紧密的协商。在11月27日，又在皇宫内成立了最高统帅机构大本营（天皇的司令部），通过这个纯军事机构，裕仁天皇行使大元帅的宪法职权，使陆海军更加统一行动。通过大本营，裕仁对陆海军行使了最终指挥权，其中包括直接听从天皇指令的战地部队：关东军和在中国的方面军。[②]

裕仁天皇就是通过主持这些"御前会议"（天皇会议），"批准那些不仅影响着日本命运，而且受日本政策牵连的中国及其他国家的命运的决策"。除了天皇以外，参加御前

---

① ［日］本庄繁：《本庄日记》，东京：原书房1967年版，第276页。转引自［日］藤原彰著；伊文成，李树藩，南昌龙，赵树元译；邹有恒校：《日本近现代史》第三卷，北京：商务印书馆1983年版，第55页。

② ［美］赫伯特·比克斯著；王丽萍，孙盛萍译：《真相——裕仁天皇与侵华战争》，北京：新华出版社2004年版，第232—233页。

会议的有陆军参谋总长及次长、海军军令部部长及次长，陆相、海相、首相、藏相、外相、枢密院议长和计划院总裁。

因为御前会议通常在大本营政府联络会议之后举行，而裕仁天皇事先就已经掌握了将要"决定"的内容，"所以御前会议的目的是为裕仁天皇提供一个表演的场合，就好像他是一个真正的立宪君主，对自己的行为不承担责任，只是依从顾问的建议在批准事项"，实际上，御前会议就是将"天皇意志"合法地转换为"国家意志"的一个工具：

因为每个参与审议的人都可以声称他们是顺应、根据和在天皇独一无二的权威之下行动的，而天皇则可以声称他是依照国务大臣的建议行事的，所以，御前会议分散了承担责任的主体。从这个意义上讲，它是日本的无责任习惯的最高体现，因为它支撑了四个不同的假象：（a）内阁拥有真正的权力；（b）内阁是天皇最重要的顾问机构；（c）内阁与军统帅部之间对需要商议的事务经过妥协达成合意；（d）天皇是一个被动的君主，仅仅是批准那些提交上来的各项政策决议。但事实正好相反：一个无力的内阁，一部被阉割的宪法和一个强有力的天皇。他通过各种不同的干涉方式，间接地、但每一次都是决定性地，积极地参与了侵略的策划并引导了实施的全过程。①

太平洋战争爆发前夕，日本军政当局经过反复策划，最

---

① ［美］赫伯特·比克斯著；王丽萍，孙盛萍译：《真相——裕仁天皇与侵华战争》，北京：新华出版社2004年版，第233页。

终由天皇在御前会议上同意对美开战：9月6日御前会议通过《帝国国策遂行要纲》，"带着疑虑，没有乐观的胜利前景，甚至是对于有可能要进行一场长期战没有任何的认识"——决定以10月下旬为目标，完成对美、英、荷之战争准备，对美谈判也同时进行。"到了这一步，仍然很从容"的裕仁天皇还当场朗诵了明治天皇在日俄战争开始时写下的一首著名和歌："四海之内，皆为兄弟。如此世界，何以风波不止？"①

他没有反对这个决定。这是因为在召开御前会议的前一天即9月5日，裕仁天皇已经把陆海军统帅部长官杉山和永野召到宫中询问，大声问他们："绝对能打赢吗？"然后对于杉山的说明又大声说："啊，知道啦。"②

终于，在1941年12月1日御前会议上，裕仁天皇通过了《对美、英、荷开战案》。他还在会后以言辞激励陆军、海军两总长："这样做是不得已的，望陆、海军双方合作，努力干。"此时，陆军参谋总长杉山元特别注意到，"陛下神色极为爽朗"。③

裕仁天皇时刻关注、了解战争进展情况，甚至通过军方了解到政府都不知道的战争真实情况，战况报告不分昼夜送进宫中，"就连从前线发给大本营的电报"也由24小时轮流值班的三位陆军和五位海军侍从武官交到裕仁手上，这些侍从

---

① ［美］赫伯特·比克斯著；王丽萍，孙盛萍译：《真相——裕仁天皇与侵华战争》，北京：新华出版社2004年版，第299页。

② ［日］藤原彰著；伊文成，李树藩，南昌龙，赵树元译；邹有恒校：《日本近现代史》第三卷，北京：商务印书馆1983年版，第90页。

③ ［日］参谋本部：《杉山笔记》，东京：原书房1967年版，第543—544页。

武官诸多的工作之一是定期更新裕仁手边的作战地图。[①] 如在1942年6月的中途岛海战中日本丧失了四艘主力航母，海军对政府和陆军隐瞒了惨败的实情。在6月10日的大本营政府联络恳谈会上仅轻描淡写地通报说一艘航母被击沉、一艘航母损坏。[②] 但是每天必听战况的裕仁天皇已经在第一时间从军令部总长上奏中得知了中途岛海战失败的详细情况。[③] 关于战时裕仁天皇被蒙蔽的说法，原内大臣木户幸一在战后证实说：

　　天皇非常了解战局发展情况。所谓天皇被蒙在鼓里的说法不正确。中途岛海战失利后，日本四艘航空母舰被击沉的消息很快就传到天皇那里。即使日军损失惨重，下面也是如实上奏。因此，除了开战后两三个月以外，听到的都是令人不快的消息。[④]

　　所以就战争进展来说，裕仁天皇要比他的内阁大臣们更加了解全局，不仅不可能被蒙蔽，而且是日本最大最全的战争信息掌握者，这是日本的天皇制国家特征决定的。天皇制国家机器的辅弼责任机关——内阁、议会、枢密院、陆海军统帅部和官僚机构等，相互独立，相互缺乏联系，却都与天皇有直接联系：国务大臣直接辅弼天皇；为了避免妨碍统帅

---

　　① ［美］赫伯特·比克斯著；王丽萍，孙盛萍译：《真相——裕仁天皇与侵华战争》，北京：新华出版社2004年版，第283页。

　　② ［日］参谋本部：《杉山日记》，东京：原书房1967年版，第130—131页。

　　③ ［日］野村实编：《侍从武官城英一郎日记》，东京：山川出版社1982年版，第162—163页。

　　④ ［日］祢津正志著；李玉，吕永和译：《天皇裕仁和他的时代》，北京：世界知识出版社1988年版，第187页。

权独立，内阁无法掌握军事情报；陆海军长期分立，禁止交换各自的军事机密信息。而裕仁天皇可以通过"上奏""御下问"、召开御前会议等形式，全面听取、掌握政治、军事信息，依靠"神授权威"掌控战争进展。①

蕞尔小国日本，历次发动对外侵略战争，无不倾其全力，以"国运相赌"，中日甲午战争、日俄战争如是，七七事变后的全面侵华战争、太平洋战争亦如是。一旦面临综合实力强大，不屈不挠、持久抗衡的对手，日本的败亡是不可避免的。太平洋战争持续到1945年年初，盟军以强大攻势逼近日本绝对防卫圈，开始大规模空袭日本本土，战败投降已经是"神国日本"不得不考虑的现实问题。但是，即便遭遇到如此重大的、从未有过的毁灭性打击，日本统治集团考虑的首要问题还是"必须维护天皇的地位"。② 为此目的，裕仁天皇和日本政府顽固地拖延战争，认为只要保留天皇制，日本就可以再次崛起，幻想"以战求和，维护国体"。在此后半年多的时间里，日本本土遭到了本来能够避免的巨大破坏，日本民众也惨遭无谓的重大牺牲。

---

① 关于裕仁天皇通过"内奏""御下问"、召开御前会议等形式"实现天皇与内阁意志的统一，实现统帅权一元化，协调陆海军指导战争"的详细内容，参见龚娜：《近代日本政治体制下皇权的运作机制》，《社科纵横》2013年第3期。[美] 赫伯特·比克斯著；王丽萍、孙盛萍译：《真相——裕仁天皇与侵华战争》，北京：新华出版社2004年版，第283—285页。

② [日]《东久迩日记》第217页。转引自 [日] 井上清：《天皇的战争责任》，北京：商务印书馆1983年版，第169页。

◎ **直接命令首相研究终战方案，只有"神性的裕仁天皇"才能压制疯狂坚持"一亿玉碎"的军部顽固分子……**

在是否承认战败、决定投降的关键时刻，"主战派"和"主和派"争论不休，内阁久议不决，裕仁天皇以"圣断"形式，超越军部和内阁，居高临下，最终决定结束战争，并承认战败投降，淋漓尽致地发挥了"现人神"的神圣权威作用。日本的最终命运是战败投降，这在1945年6月冲绳岛战役之后已经非常明显，裕仁天皇感到了战败求和的紧迫性："天皇对停战已经毫不犹豫地在心中决定了"，他一方面对铃木首相表示："战况似乎较我想象的更坏"的担忧，同时允许木户内大臣开始做终战的准备。①

6月13日以后，木户相继会见了米内海相、铃木首相和东乡外相，试探说："现在恐怕已经到了应该考虑停战的时候了吧？"但是面对木户的问询，米内海相指责铃木首相意见过于倔强，铃木首相指责米内海相的意见强硬，铃木则表示"因为御前会议已经决定继续进行战争"，而无法实施。② 于是在6月22日，裕仁天皇紧急召见战争最高指导会议的全部委员，催促立即开始研究结束战争的方法，裕仁说：

关于战争指导，前在御前会议上虽已作出决定，但是在另一方面，关于结束战争问题，此时也希望不拘泥于历来的

---

① ［日］重光葵著；齐福霖，李松林，张颖，史桂芳译：《日本侵华内幕》，北京：解放军出版社1987年版，第415页。

② ［日］重光葵著；齐福霖，李松林，张颖，史桂芳译：《日本侵华内幕》，北京：解放军出版社1987年版，第415页。

想法，从速进行具体研究，力求促其实现。①

　　直接命令铃木首相开始研究具体的终战方案，这是裕仁天皇对战败求和的首次明确表态，也只有"神性的裕仁天皇"才能压制疯狂坚持"一亿玉碎"的军部顽固分子；铃木首相当即表示："自当秉承御旨，努力求其实现。"为统一思路和步调，裕仁天皇还逐一询问了其他军政要员，海相米内、外相东乡、参谋总长梅津都纷纷表态同意——统一了军政当局的意见。对此结果，铃木首相很是感慨，回到官邸后对迫水书记官说："陛下今天把我们想说而不敢说的话坦率地说了出来，真是惶恐之至"。对于内阁首相铃木来说，有了"天皇的圣断"，政府终于可以改变模糊态度，终于可以明确地承认是"结束战争"的时候了。②

　　裕仁天皇时刻关注战争的进程，并在不得不出面的时候及时站出来，依靠自己的无上权威，为日本决定命运，最为突出的是他做出的"有条件接受《波茨坦公告》"和"终战决定"。

　　1945年7月26日《波茨坦公告》发布后，日本政府的内部主战派和主和派就"是否继续战争"争论不休，因为此前天皇决定的与苏联直接谈判仍未见结果，而且直到8月8日苏联宣战后，两派还在为"如何投降"争论不休。

　　苏联的进攻给长期以来极力避免日苏战争的日本政府沉重一击，使得1945年年初以来一直寄望于苏联调停、借此体

---

① ［日］服部卓四郎著；易显石等译：《大东亚战争全史》第4册，北京：商务印书馆1984年版，第1616页。

② ［日］服部卓四郎著；易显石等译：《大东亚战争全史》第4册，北京：商务印书馆1984年版，第1617页。

面结束战争的幻想彻底破灭。裕仁天皇、宫中大臣和铃木首相、东乡外相、米内海相等政府要员们陷入了深深的恐惧和绝望之中。

结束战争的时刻到来了。但是如何结束战争？8月9日，日本最高战争指导委员会召开"六巨头会议"上，"主战派"陆相阿南和

◀ 8月14日，裕仁天皇宣读诏书

"主和派"外相东乡争论不休，只好求助于天皇"圣断"。

对此，外相重光葵在后来的回忆录中记载自己去宫内省拜访内大臣木户请求天皇出面的情形：

木户最初面露不悦之色，他的意思是关于终战之事，既已特别麻烦天皇自己裁决，而现在实行这件事，似乎不应该再麻烦他，故木户表示踌躇。

笔者（指重光葵，作者注）当时强调：一步走错，军部与反对派的纠纷恐怕易被敌人所利用，若是再经过一个时期，大局恐不易收拾，反而误了整个国家。现在内阁已无力控制军部，必须呈请天皇批准，才可使军部就范。

木户这才同意这个办法。①

① ［日］重光葵著；齐福霖、李松林、张颖、史桂芳译：《日本侵华内幕》，北京：解放军出版社1987年版，第419—420页。

内阁已无力控制军部，只有天皇才可使军部就范。9日晚上11时左右，裕仁天皇在宫中防空洞内召开了御前会议，采纳外相意见，即"以不变更天皇统治国家大权作为接受《波茨坦公告》的附带条件"。①

8月10日日本发出"乞降照会"，并特别提出了附加条件——"不包含任何有损于陛下为至高统治者之特权的要求"。8月11日，美国国务卿贝尔纳斯的复文并没有正面地回答日本政府特别提出的"附加条件"，实际上就是拒绝了日本政府这一"真诚地盼望"，尤其是拒绝了日本政府迫切地希望得到附件条件的"明确指示"，即没有就天皇未来的地位作出明确答复，只是暗示天皇的权力将隶属于联合国最高司令官，复文对关键问题的刻意模糊化处理使得日本政府百思不得其解。

为此，日本政府又经过了8月12日、13日、14日的最高战争指导会议、内阁会议的激烈讨论。直到14日中午，仍然无法达成一致意见。紧急关头，裕仁天皇再次现身召开御前会议，表示"迅速地、和平地终止战争，总比看到日本被消灭要好"。②攸关国家兴废，事涉民族存亡，在"是战是和"的最后关键决策中，朝臣久议不决，军部强硬非天皇不能驯服，每次都是天皇以个人干预方式打破僵局，压制主战派，天皇"圣断"之后，再也没人能够反对。

可见，从决定战败投降，到决定最终以什么样的条件投

---

① ［日］外务省编纂：《日本外交年表及主要文书》（下），东京：原书房1978年版，第627—631页；［日］外务省编纂：《终战史录》，东京：终战史录刊行会1986年版，第586—587页。

② 关于天皇对日本战败投降的作用，参见龚娜：《昭和天皇与日本战败投降》，《社科纵横》2014年第4期。

降，裕仁天皇对战争的进程均具有绝对的掌控权。只是战争意志已经崩溃的裕仁天皇更加热爱自己的天皇制，对维持万世一系的重要性，远远超过他的人民、军队和国家。正如爱德华·J.德莱阿所指出的那样：

在面临着彻底战败的时候，他（日本天皇）将天皇制度看得比他的人民、他的军队以及他的帝国……等都要重要。也许并不仅仅只是盟军的空袭、原子弹的爆炸、苏联加入对日战争之中以及遭受盟军占领的恐惧使得日本天皇的意志力彻底垮掉。实际上，很可能是由于他的皇室祖先面临着威胁，以及仍然希望可以维护天皇制度等因素，才使得裕仁天皇的皇帝式抵抗意志走向了崩溃——尽管以前正是这些因素为他提供了进行对外侵略战争的强劲动力。①

◎ 作为日本战争机器的实际操纵者，裕仁天皇对侵略战争负有直接责任，是实至名归的最大的战犯……

论及裕仁天皇的战争责任，有日本学者认为，《大日本帝国宪法》虽然采取了"几乎在其他各国总难以见到"的大权中心主义和皇室自律主义，但是也因此造成了一种非依靠元老、重臣等超宪法的存在作媒介就无法使国家意志达到一

————————

① ［美］爱德华·J·德莱阿：《效忠天皇：日本皇军的相关研究论文集》，林肯：内布拉斯加州立大学出版社1998年版，第215页。转引自［美］康拉德·希诺考尔，大卫·劳瑞，苏珊·盖伊著；袁德良译：《日本文明史》，北京：群言出版社2008年版，第236页。

致的体制。即回避把决断主体（责任的归属）明确化，倾向于使用"互相依赖"的暧昧行为关系来处理国务。更直接地说，这些媒介——元老、重臣的"辅弼"，就是"一边揣度统治的唯一正统性源泉的天皇意志，一边通过向天皇进言来对其意志赋予具体内容"，由此形成了"跌入巨大的无责任体系的可能性"。[①]

果真如此吗？《大日本帝国宪法》体制下的天皇是傀儡吗？当然不是。

《大日本帝国宪法》规定了天皇统帅日本陆海军，现实中的天皇也积极指导、参与了日本的对外侵略战争，并总是在关键时刻代替内阁对重大事项做出"圣断"，裕仁天皇显然不是傀儡。

作为近代日本最高精神权威和专制君主、陆海军大元帅，拥有政治决断力的裕仁天皇如何就摆脱了战争责任呢？难道元老、重臣揣度天皇意志，再以元老、重臣之口向天皇进言，就不是天皇的意志？当然还是天皇的意志，只是通过元老、重臣表达出来而已。

在战争期间，日本军队集体屠杀中国人，造成了惨绝人寰的南京大屠杀；在东南亚制造了骇人听闻的"巴丹死亡行军"；抓捕士兵和平民从事采矿、修筑军事工程等繁重苦役，折磨、虐杀了无数青年；裕仁天皇许可使用的毒气武器、大规模细菌战以及无差别空袭、无人区"三光作战""鸦片战"，等等，给包括中国在内数以千万计的亚洲各国人民造成

---

① ［日］丸山真男著；区建英，刘岳兵译：《日本的思想》，北京：生活·读书·新知三联书店2009年版，第40页。

了巨大的灾难。①

　　同样，在侵略战争中数以百万计受到愚弄的日本士兵为效忠天皇而命丧异国他乡，在明知败局已定的情况下仍然拖延战争，"因为对皇室命运的全神贯注使他们陷入盲目，还因为专心致志于对苏乐观外交"而失去了三次结束失败的战争的机会。② 直至遭到美军原子弹的惨烈轰炸，裕仁天皇对于"决不能解决战局的原子弹轰炸"应该承担重要责任——在1945年7月26日《波茨坦公告》发布后的12天里，如果天皇和政府能为普通民众生命着想的话，明智地接受投降劝告，就可以避免50万人的伤亡。③

　　在整个战争前后，所有的重大军事行动与策划，都有"承之于祖宗，传之于子孙""万世一系""神圣不可侵犯"天皇"决定性"参与的影子，天皇集行政权、军事权于一身，凌驾于内阁之上，重大决策不是得到其批准，就是其在御前会议上最终"圣断"。对此，远东国际军事法庭庭长韦伯法官曾经指出："进行战争需要天皇的批准。如果他不希望战争的话，可以不予批准。"韦伯法官还强调说："即使认为

―――――――――――

　　① 关于裕仁天皇全面操控侵华战争，违反国际战争法规残害无辜民众的详细内容及其战争责任问题，参见吴广义：《日本侵华战争与裕仁天皇的战争责任》，《日本学刊》2005年第4期。〔美〕赫伯特·比克斯著；王丽萍，孙盛萍译：《真相——裕仁天皇与侵华战争》，北京：新华出版社2004年版，第262—266页。

　　② 如在1945年2月，近卫和外相重光都警告过裕仁，《日苏中立条约》不会给日本提供保护。一旦欧洲的形势变化，苏联会毫不犹豫地在远东攻击日本，但是裕仁天皇犹豫观望，使战争继续，葬送了无辜平民的生命。1945年6月冲绳战役惨败，梅津向天皇披露了他对中国战线形势的独自调查结果：极不乐观。加之4月5日苏联外长莫洛托夫通知日本：《日苏中立条约》将不会延续，德国又在5月8日无条件投降，但是孤立的日本却顽固地实施了"本土决战"，同时裕仁坚持命令特使访苏，继续谈判，使战争无谓持续。及至7月28日收到《波茨坦公告》，内阁仍然久议不决，裕仁天皇纠结于"护持国体"，拖延投降，最终遭致美军原子弹的惨烈轰炸和百万苏军的沉重打击。

　　③ 〔日〕姜克实：《"战争责任"问题的历史和现状》，《战后日本五十年国际学术研讨会论文集》，长春：东北师范大学出版社1995年版，第202页。

▶ 日本天皇裕仁
（1901—1989）

天皇的行动是采纳了他人的建议，那也是因为他认为那样做合适。"①

裕仁天皇通过8·14《诏书》，努力地在臣民面前"把自己装扮成和平主义者、反军国主义者和战争中完全受制于人的旁观者"，为了避免"敌方最近使用新式残酷之炸弹，频杀无辜"遭致民族灭亡而决定投降、给日本带来和平的仁慈圣人，结束了战争又与政治无关的统治者。② 战后美国出于自身利益，防止军部和右翼分子兴风作浪以顺利占领日本；从远东战略出发，"防止日本国民采取革命行动和共产主义化，确定了在东京审判中不将天皇作为战争罪犯起诉的方针，于是天皇成为再建民主主义日本的象征，对日本采取的这样的投降条件，对战后日本的社会走向，尤其是战争责任问题，产生了极大的影响"③。

在远东国际军事法庭上，麦克阿瑟认为如果审判天皇，日本必定四分五裂。因为所有日本人都把他视为领袖，都把《波茨坦公告》理解为保护日本天皇。废黜天皇……将会制

① ［日］朝日新闻东京审判记者团：《东京审判》下卷，东京：讲谈社1983年版，第296页。

② ［美］赫伯特·比克斯著；王丽萍，孙盛萍译：《真相——裕仁天皇与侵华战争》，北京：新华出版社2004年版，第384页，第385页。

③ 《东亚三国的近现代史》共同编写委员会：《东亚三国的近现代史》，北京：社会科学文献出版社2005年版，第170—171页。

造社会混乱和不安定，最终导致山区和边远地区发生游击战……一旦结束军事占领，也许会出现共产主义组织。[①] 麦克阿瑟的建议促使美国政府放弃了将裕仁作为战犯审判，也"损害了日本得以实践民主的机会，并严重歪曲了历史"，因为没有逊位，"裕仁的过去变得洁白无瑕，作为权力象征也被清洗擦拭，所有以他的名义而行的罪恶全部消失，痕迹杳然"[②]。

但是，不追究裕仁天皇的战争责任并不等于其没有战争责任。正如远东国际法庭庭长韦伯所言："天皇的权力，在他结束战争时毫无疑问地得到了证明。和结束战争一样，他在战争开始时也发挥了显著作用。"[③]

作为日本战争机器的实际操纵者，裕仁天皇对侵略战争负有直接责任，是实至名归的最大的战犯。没能彻底追究其战争责任，正是造成今日日本不道歉、不反省、不承认侵略战争，甚至美化侵略战争的根源之一。

---

① ［日］弥津正志著；李玉，吕永和译：《天皇裕仁和他的时代》，北京：世界知识出版社1988年版，第326页。

② ［英］布衣著；戴晴译：《罪孽的报应》，北京：中国社会科学出版社2006年版，第177页。

③ 龚娜：《昭和天皇与日本战败投降》，《社科纵横》2014年第4期。

1945年8月15日，东京《朝日新闻》报道日本投降

1945年9月3日，东京《朝日新闻》报道日本投降

第八章　　　日本是无条件投降吗？

1945年9月2日，《大公报》战地记者黎秀石登上了停泊在东京湾的美国"密苏里"号战列舰，亲眼见证了日本向盟国投降签字。但是这让他终生难忘的一幕，却也让他有了难以磨灭的歉疚。因为黎秀石后来了解到，美国为了维护自己在战后东亚的战略利益，单方面决定保留了日本天皇制，因此天皇裕仁颁布的8·14《诏书》[1]中，竟一字不提"投降"。在9月2日签降仪式当天的日本降书中，也没有"无条件投降"字样。[2]裕仁天皇还把日本的侵略战争解释为"希求帝国之自存与东亚之安定"。

"黎老到现在还甚感遗憾，自责没能准确报道事实，称自己是一个'洞察力不高'的记者。"[3]

---

[1]　关于当前普遍使用的裕仁天皇8月15日《诏书》的名称《终战诏书》，本文倾向于使用文史学者邱维骥"8·14《诏书》"的提法。邱维骥著文指出，日文版的《大本营陆军部》在《诏书》框栏之外附加题注为"战争终结の诏书"（日文），没有使用书名号，也没有使用引号，表明编者亦未敢以"战争终结的诏书"来取代《诏书》的原名。当年中国国内报纸在登载诏书译文时，也都是直接名之为《诏书》，或"日皇诏书"（有的译名"日皇敕书"），也没有在原名前加上评论性的词语。而且在逻辑上也不能用"停战"来代替"投降"。在海牙《战争法》中，"停战"与"投降"属于截然不同的两个法律概念，"投降"规定败方向胜方缴出武器，并将战斗人员置于胜方控制之下，成为战俘；而"停战"是双方的对等行为。所以也不宜使用"停战诏书"或"停战《诏书》"来做8·14《诏书》的名称。参见邱维骥：《对日皇裕仁8·14〈诏书〉流行评述的质疑》，《中学历史教学参考》2002年第7期。

[2]　黎秀石：《见证日本投降》，广州：广东人民出版社2005年版，自序二。

[3]　军史人物：中国最早的战地记者黎秀石（组图）。

　　http://mil.news.sina.com.cn/p/2006-01-24/1220346644.html（2015-5-17）．

- 8·14《诏书》的起草及修改，著名汉学家字斟句酌有深意。
- 内阁成员的修改，暴露了日本统治阶层的顽固无知和腐朽心态。
- 《诏书》罔顾事实，虚伪狡辩、强词夺理、颠倒黑白，更像是"文字游戏"。
- 通篇没有"投降"二字，天皇却自认为成功"护持国体"，"既成事实"地公之于世。
- 日本是无条件投降吗？从美国国务卿贝尔纳斯的复文、蒋介石的建议，到"知日派"格鲁的主张，原来与德国执行的"无条件投降"不同，日本的投降是美国主导、控制下的"有条件投降"。

◎ 8·14《诏书》的起草及修改，著名汉学家字斟句酌有深意——

1945年8月14日晚，裕仁天皇签署《诏书》，并经全体内阁成员副署后，在8月15日中午12时通过广播告知日本臣民：政府已经接受美、英、中、苏四国提出的《波茨坦公告》各项条款，此《诏书》即8·14《诏书》。

8·14《诏书》从起草到发布，几经修改，句句包含深意。

8月10日，裕仁天皇第一次"圣断"后，在两位著名汉学家——早稻田大学教授、汉学家川田瑞穗和安冈正笃协助下，内阁书记迫水久常开始负责起草《诏书》。川田瑞穗起草了《诏书》草稿的第一稿，由安冈正笃负责修改第一稿。

战败不说战败，要保全神性天皇的面子，安冈后来回忆自己当时修改诏书的想法：

第一，必须要选择任何国家败降时所没有用过的、可以代表日本天皇权威的辞令。

第二，不能显示出日本是因战败力尽、不得已而投降的；必须说是受道义之所存、良心之至上而做的决定。败降决非基于利害得失，这是日本的皇道，日本精神的精粹。①

按照这个思路，安冈搜肠刮肚、字斟句酌地对诏书大刀阔斧地进行了修改。如将草稿中"欲永远确保和平"的字样修改为"为万世之太平"，这句话出自中国宋代大儒张载的名句"为天地立心，为生民立命，为往圣继绝学，为万世开太平"（《张载集·张子正蒙》），显示了安冈这位日本著名汉学家的确是精通中国古典文化，竟然能够将为走投无路、被迫结束的侵略战争，大言不惭地总结出如此冠冕堂皇的理由，"高大上"的一句"为万世之太平"一放到诏书中，竟然使日本的战败投降凭空生出了虽败犹荣的效果。

汉学家安冈正笃继续使用中国古典，在《春秋左传》中找到了"以信行义，以义成命"（《左传·成公八年》），煞费

①　赵刚：《〈终战诏书〉背后的思考》，《随笔》2010年第6期。

苦心地在诏书"朕欲忍其所难忍，堪其所难堪"一句前面加上了"义命之所存"，日本汉学家的意思是希望这份《诏书》能告之全世界：日本的战败投降并非实力不济，也不是走投无路，而是追求道义使然。鉴于这两处"强词夺来的道理"十分的重要，他还特别嘱咐内阁书记官长迫水久常，此乃诏书全篇点睛之笔，万万不能修改。

迫水用了三天时间最终完成了草稿，提交铃木内阁审议。

14日，裕仁天皇针对战败的第二次"圣断"后，迫水又根据天皇圣谕做了一些补充修改，再次提交内阁审议。

◎ 内阁成员的修改，暴露了日本统治阶层的顽固无知和腐朽心态……

当晚，内阁大臣们围绕《诏书》进行了长达六个小时的讨论，进行了三次修订。

第一次修订的是"战势日非"。陆相阿南认为，如果使用"战势日非"就变成迄今为止大本营发布的信息都是欺人诳语了，改为"战局并未好转"，[①]目的是继续隐瞒事实与现状，实则是继续狡辩。

第二次修订的正是安冈正笃颇为看重的、来自中国古语的"义命之所存"，尽管特意叮嘱，此句大有"追求道义使然"的深意，还特意加在了"朕欲忍其所难忍，堪其所难

---

① [日]小森阳一著；陈多友译：《天皇的玉音放送》，上海：三联书店2004年版，第42页。

堪"的前面，但是大多数内阁成员认为"义命"一词难以理解，根本就不是一个词语。据铃木回忆，当时安冈苦笑着说，此乃千岁之恨事，令人遗憾。然，面对如此无识之辈，徒叹奈何！只好任由内阁改成"时运之所趋"。日本学者小森阳一不客气地指出：这足以判断当时日本最高首脑层的水平是何等之低。①

第三次修订的是"常奉神器"。农商相石黑忠笃非常荒诞地提出"常奉神器"有向美军泄露皇室神器秘密之虞："这样写的话，说不准会授人以柄，致使美国占领军或出于好奇心，或出于削弱皇室力量的企图，无事找事地就神器进行多余的调查"。②由于担心美军知道神器后来夺取之，结果此句被删除了事——神器之重要决不能在公开发布的《诏书》中提及，也再一次证明了裕仁天皇及其亲信们只顾醉心于保护"三种神器"的腐朽心态。

因为在《诏书》中没能体现出裕仁天皇和政府关心的"护持国体"问题，这是1945年年初以来裕仁天皇和内阁大臣们昼思夜想的唯一重要问题，怎能缺席？于是《诏书》又加上了"朕于兹得以维护国体，信赖尔等忠良臣民之赤诚并常与尔等臣民同在"一句。裕仁天皇自称依靠忠良臣民已经护持住了国体，这可视为日本"实际上保留天皇制""有条件投降"的证明。

---

① ［日］小森阳一著；陈多友译：《天皇的玉音放送》，上海：三联书店2004年版，第42页。

② 参见［日］日本防卫厅战史室编纂；天津市政协编译委员会译校：《日本军国主义侵华资料长编（下）——〈大本营陆军部〉摘译》，成都：四川人民出版社1987年版，第711页。［日］小森阳一著；陈多友译：《天皇的玉音放送》，上海：三联书店2004年版，第43页。

◎ 《诏书》罔顾事实，更像是"文字游戏"，通篇没有"投降"二字，天皇认为成功"护持国体"……

诏书终于修改完毕，1945年8月15日12时整，裕仁天皇以尖利的嗓音在广播中"玉音放送"，作为日本历史上从未有过的奇文，8·14《诏书》如下：

诏 书

朕深鉴于世界大势及帝国之现状，欲采取非常之措施，以收拾时局，兹告尔等忠良臣民。

朕已饬令帝国政府通告美、英、中、苏四国，愿接受其联合公告。盖谋求帝国臣民之康宁，同享万邦共荣之乐，斯乃皇祖皇宗之遗范，亦为朕所拳拳服膺者。前者，帝国所以向美英两国宣战，实亦为出于希求帝国之自存与东亚之安定而出此，至如排斥他国主权，侵犯其领土，固非朕之本志。然自交战以来，已阅四载。虽陆海将兵勇敢善战，百官有司励精图治，一亿众庶之奉公，各尽所能，而战局并未好转，世界大势亦不利于我。加之，敌方最近使用残酷之炸弹，频杀无辜，惨害所及，真未可逆料。如仍继续交战，则不仅导致我民族之灭亡，并将破坏人类之文明。如此，则朕将何以保全亿兆之赤子，陈谢于皇祖皇宗之神灵。此朕所以饬帝国政府接受联合公告者也。

朕对于始终与帝国同为解放东亚而努力之诸盟邦，不得不表示遗憾。念及帝国臣民之死于战阵、殉于职守、毙于非命者及其遗属，则五内为之俱裂；对负战伤、蒙战祸、损失家业者之生计，亦朕所深为轸念者也。今后帝国所受之苦难固非寻常，朕亦深知尔等臣民之衷情，然时运之所趋，朕欲忍其所难忍，堪其所难堪，以为万世开太平。

朕予兹得以维护国体，信倚尔等忠良臣民之赤诚，并常与尔等臣民同在。若情之所激，滥滋事端，或者同胞互相排挤，扰乱时局，因而迷失大道，失信义于世界，此朕所深戒。宜举国一致，子孙相传，确信神州之不灭，念任重而道远，倾全力于将来之建设，笃守道义，坚定志操，誓必发扬国体之精华，不致落后于世界之进化，尔等臣民其克体朕意。①

裕仁天皇的8·14《诏书》是日本国内的特殊公文形式，是其"颁发给日本臣民的诏书"。在著名汉学家的字斟句酌

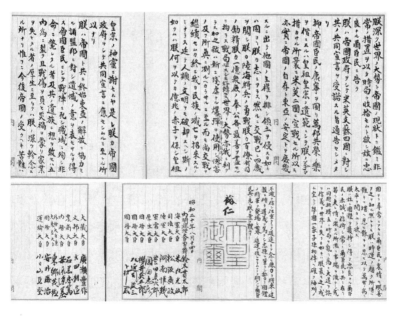

◀ 8·14《诏书》原件影印版②

---

① 王辅：《日军侵华战争（1931—1945）四》，沈阳：辽宁人民出版社1990年版，第2762—2763页。

② 参见［日］小森阳一著；陈多友译：《天皇的玉音放送》，北京：生活·读书·新知三联书店2004年版，第46—47页。

中，《诏书》以第一人称"朕"，矫言伪行，对"朕"的臣民解释帝国政府为何采取非常措施收拾时局。因此8·14《诏书》不是日本给美、英、中、苏四国的投降公文。

8·14《诏书》通篇没有"战败"字样，而以"采取非常措施，以收拾时局"代之，也讳言"降"字，精简为"朕已饬令帝国政府通告美、英、中、苏四国，接受其联合宣言"。作为一篇能够结束战争的宣言，其用词更像是一场文字游戏。

作为国内公文，8·14《诏书》这种不承认侵略战争、不承认日本战败，并为侵略战争诡辩的态度，无非包含两种意图，一是在臣民面前维护天皇尊严，因为《战阵训·惜名篇》有"生不受俘虏之辱，死不留罪名之污"之律令，显然万世一系之天皇不能自杀，所以没有"战败"，也没有"投降"；二是采取国内公文有别于外交照会的手法，对外可以宣告无条件投降，对内则巧言诡辩，目的是凝聚人心，维持军队和民众的稳定。

于是，8·14《诏书》作为"颁发给日本臣民的诏书"，全文都是"高大上"的诡辩用词，815个字中无"投降"二字，也不明确承认"战败"；通篇罔顾事实，虚伪狡辩，不仅不明确告知民众日本战败投降的基本事实，更用心险恶地翻转战争伤害之因果关系，足见其阴暗与无耻。

8·14《诏书》的强词夺理是显而易见的。

如诏书中声称："帝国所以向美英两国宣战，实亦出于希求帝国之自存与东亚之安定，至如排斥他国主权，侵犯其领土，固非朕之本志。"同时强调："交战以来已阅四载"，故意忽视日本对亚洲的侵略战争，尤其是对中国的侵略战争，意在强调日本的对手是美国，而不是中国和亚洲其他国家。

这里面包含了两个方面的含义，其一是轻蔑中国，否认日本从"九一八"事变开始对中国长达14年的侵略战争，完全不顾中日战争以及日本在亚洲的殖民侵略历史，否认中国战场是第二次世界大战东方的主战场。其实在战后日本学术界也有"十五年战争"的说法，即指从1931至1945年的日本侵华战争是一个统一的、连续的战争状态，不能将其分成日本对中国的战争、日本与美英法和其他各国的战争两个部分。①8·14《诏书》故意地仅仅提及"交战以来已阅四载"的对美英作战，就是要把连续的对外侵略战争强行说成是一个一个的"断断续续的事变"，实质目的是要否定日本败给了中国。日本政府至今不肯承认侵略中国，其历史根据即源于此。

其二是绕过侵占中国领土、屠杀中国人民不谈，直接将袭击美国海军基地珍珠港、挑起的太平洋战争歪曲为维护"帝国自存"、"东亚安定"，实质是将美英视为亚洲之敌人，日本越过中国等亚洲国家直接与美英对阵，将自己作为亚洲盟主，带领亚洲各国摆脱白人控制，即建立"大东亚共荣圈"，8·14《诏书》避而不谈疯狂的日本皇军铁蹄肆虐，给亚洲各国人民造成的巨大灾难，一味强调日本民族的生存和所谓的日本控制下的"大东亚共荣圈"之"东亚安定"，实在是强盗逻辑，混淆是非。

至于盟军为对抗疯狂攻击的日军，促其早日投降、避免更

① 日本著名思想家鹤见俊辅在1968年出版的家永三郎《太平洋战争》（岩波书店）序言中即持此种观点，并认为"满洲事变""上海事变""日支事变""大东亚战争"这种断断续续的"事变"和战争，就是当时日本政府不让日本人将其联系起来看，是强行灌输给日本国民的观念。他还认为，作为一个连续的15年战争，应该看成是日本败给了中国人的战争。参见［日］鹤见俊辅著；高海宽，张义素译：《战争时期日本人精神史》，长春：吉林人民出版社1991年版，第101—102页。

大损失而使用的原子弹，也颠倒因果地以"频杀无辜"来作谴责性表述，故意曲解为裕仁天皇为了从"残酷之炸弹"（原子弹）下"拯救""人类之文明""保全亿兆之赤子"，因而"圣断"结束了战争，此等言论实是无稽之谈。惨败至此，裕仁天皇和日本政府仍在欺骗受愚弄的民众，不仅故意混淆造成这种毁灭性伤害的原因，回避战争责任，而且把自己打扮成救世主模样——极力表明是裕仁天皇站出来解救了亿兆民众，摆脱了民族毁灭性之结果，实在是强词夺理、颠倒黑白。

但是在8·14《诏书》的结尾，裕仁天皇还是暴露了"本音"，那就是"尔等忠良臣民"要继续以赤诚维护天皇制国体。是因为贝尔纳斯复文中提出了"自投降之日起，天皇及日本政府统治国家之权力，即须听从于盟国最高司令官"，"日本政府之最后形式将依日本人民自由表示之意愿确定之。"① 所以现在更要强调为了举国一致、子孙相传、神州不灭，全力以赴地建设未来，"尔等忠良臣民"决不能生事端，乱时局，只有"誓必发扬国体之精华"才能使日本"不致落后于世界之进化"，深谋远虑如此，这才是裕仁天皇结束战争的真实目的。

更为重要的是，在这个通篇没有提到"投降"二字的8·14《诏书》中，依然隐含着皇国史观，裕仁天皇称自己不仅对他国无错："排斥他国主权，侵犯其领土，固非朕之本志"，且因对死伤之日本国民"五脏为之俱裂"，"深为轸念"而有劳苦之功："朕欲忍其所难忍，以为万世开太平。"

---

① 参见《美国国务卿贝尔纳斯给瑞士临时代办格拉斯利对日本第一次乞降照会的复文》（1945年8月11日），选自〔英〕《1942—1946年的远东》（下），上海：上海译文出版社1979年版，第732—733页。转引自王德贵，徐学新，郑晓亮编：《八·一五前后的中国政局》，长春：东北师范大学出版社1985年版，第317—318页。

裕仁天皇高居“云端”，凌驾于日本政府、武装力量和人民之上，不仅不能投降，无战争罪责，实际也并未表示投降，从未认罪，还自认为国体已经得以维持，“既成事实”地将其公之于世，更要继续“誓必发扬国体之精华”。

战后以来，8月15日成为日本一个非常特殊的日子，日本政府和社会各界对“8·15”这一天的称呼，至今未能达成一致。学术界多称之为“战败日”，日本政府和大众媒体则通称这一天为“终战日”，最终演变成具有中性语义的“终战纪念日”。[①] 8·14《诏书》可谓是20世纪最低调、最暧昧的“终战宣言”，既以暧昧的态度“体面地终结”了日本发动的侵略战争，也宣布开始了战后日本社会关于历史和战争责任问题的混乱、复杂的认识。

◎ **日本是无条件投降吗？从美国国务卿贝尔纳斯的复文、蒋介石的建议，到“知日派”格鲁的主张，原来与德国的“无条件投降”有不同……**

无条件投降，顾名思义就是战败国投降不附带任何条

---

① 关于日本法西斯投降的具体时间问题。1945年8月10日上午7时30分，日本发出乞降照会，美英中苏四国政府经磋商共同约定《四国公告》发布的时间为8月15日早晨7时正（重庆时间），并从四国首都重庆、华盛顿、伦敦、莫斯科，用汉语、英语、俄语，向敌我双方海陆空军队播发内容一致的公告：日本无条件投降。另在1945年的《中央社讯》有明确记载：“日本正式投降的消息，系15日晨5时1刻由美国国务卿贝尔纳斯，用无线电打字机通知美国驻华大使赫尔利及我外交部吴次长国桢，约定于华盛顿时间14日下午7时即重庆夏季时间15日晨7时同时公布。”可见日本投降的具体时间应以中国重庆时间为准，即1945年8月15日早晨7点，而不以日本电台播放“天皇玉音”的1945年8月15日中午12时为准。参见赵刚：《〈终战诏书〉背后的思考》，《随笔》2010年第6期。

件，一切听从战胜国指示和命令，战胜国主要受舆论与文明
的约束。无条件投降的主要特征有两个，一是不谈判，战胜
国只向战败国传达单边的迫降要求和投降的具体事宜；二是
不承认，战胜国不承认战败国原政府、原政治团体、原领导
人有任何政治权力。从战败国投降签字到与战胜国建立正常
关系之前，战败国政府的职能由战胜国驻军首脑机构行使。[①]
以同是二战战败国的法西斯德国为例，德国即是典型意义的
无条件投降。1944年2月22日，丘吉尔在下院明确解释了盟国
对德国实施"无条件投降"的具体含义：

"无条件投降"并不意味着德国人民将受到奴役或灭
亡。但是它却意味着盟国在受降时不受任何条约或义务的约
束……我们只凭着自己的良心对文明负有义务。我们并不因
订立契约的结果而对德国人负有义务。这就是"无条件投
降"的意义。[②]

在德黑兰和雅尔塔会议上，斯大林主张德国必须无条件投
降，这样做的好处是"有利于使必将发生的事情为整个德国人
民所承受"；丘吉尔坚持"没有必要把我们将来的政策告诉德
国人——他们必须无条件投降，然后等待我们的决定"；罗斯福
的态度是既要"坚持无条件投降的基本公式"，又要保持"行动
的自由"。最终，三巨头达成了一致意见："坚定不移地消灭
德国军国主义和纳粹主义，保证德国不能够再扰乱世界和平"，

---

① 参见赵刚：《〈终战诏书〉背后的思考》，《随笔》2010年第6期。
② ［英］温斯顿·丘吉尔著：《第二次世界大战回忆录》第四卷下部第三分册，北
京：商务印书馆1975年版，第1012页。

"不是要消灭德国的人民，但是只有当纳粹主义和军国主义已经根绝了的时候，德国人民才有过适当生活的希望"，并将其写在了雅尔塔会议结束后公布的《英美苏三国克里米亚（雅尔塔）会议公报》中（1945年2月12日）。[①]

在具体的操作中，在苏美英法四国签署的《关于击败德国并在德国承担最高权力的宣言》（1945年6月5日，柏林）中规定："德国的陆海空武装力量已被彻底击败并已无条件投降"，"德国没有中央政府或当局能够承担维持秩序、国家行政和执行战胜国要求的责任"，四国政府"从此承担德国的最高权力，包括德国政府、最高统帅部和任何州、市或地方政府或当局所有的一切权力"。在国家改造方面，苏美英法四国政府还将采取措施使德国彻底非武装化和非军事化，并命令"一切德国当局和人民应该无条件地遵行盟国代表的要求"[②]。同一天，四国还在《关于德国管制机构的声明》和《关于德国占领区的声明》中对组成盟国管制委员会，分区占领德国等做出安排。

盟国对德国执行无条件投降政策是明确的。

由于日本提出保留天皇制的"有条件投降"，在可见到的日本投降文件中又均未提及是否保留天皇制问题，所以关于日本是有条件投降还是无条件投降问题，长期以来在国内

---

① 参见《德黑兰雅尔塔波茨坦会议记录摘编》，上海人民出版社1974年版，第33页，第106页，第109页，第111—112页，第210—213页。［美］罗伯特·达莱克：《罗斯福与美国对外政策》下册，商务印书馆1984年版，第215页。转引自徐康明：《日本的"有条件投降"及其消极影响——日德两国投降情况比较》，《日本学刊》2000年第2期。

② 宣言共15条，其中第1—11条规定了德国必须立即遵行的一系列规定。第12—13条规定"盟国代表将按照他们自己的决定，在德国的任何部分或全部驻扎部队和设置行政机构"。参见《关于击败德国并在德国承担最高权力的宣言》，《国际条约集》（1945—1947），北京：世界知识出版社1961年版，第27—33页。

外史学界都多有争论。① 日本历史学家藤原彰援引外务省《终

① 赞成"无条件投降说"的学者，如孙凤山在《日本"有条件投降"质疑》（《常熟高专学报》1999年第5期）中指出日本能够保留天皇制得益于战后国际政治的客观形势。天皇制的保留没有违背"无条件投降"的原则，不足以构成"有条件投降"的根据。黄瑞云的《关于日本投降是有条件的还是无条件的小议》（《湖北师院学报》1985年第4期）列举日本"无条件投降"的"依据"，反驳"美国统治集团为了战后建立世界霸权的需要一手操纵实现了日本的有条件投降"的说法。华永正的《不是无条件投降吗？》（《安徽党史研究》1993年6月）从同盟国家作战目标、法律以及日本投降的过程三个方面进行阐述，树立日本"无条件投降的观点"。邱维骧的《"二战"铁案：日本无条件投降——驳"日本是有条件投降"之说》（《历史教学》2003年第7期）认为，"二战"后的"冷战"局面使得日本无条件投降的有些条款未能被认真履行，但这丝毫改变不了先前的既成事实。

赞成"有条件投降说"的学者，如陈正飞在《关于日本"无条件"投降》（《安徽师大学报》1980年第4期），指出日本"无条件投降"，严格说来是不准确的，是有条件的保留了天皇制。张继平、胡德坤所著的《第二次世界大战史》（甘肃人民出版1984年）和谈艳萍的《从〈波茨坦公告〉的策划看日本是无条件投降还是有条件投降》（《九江师专学报》1995年第4期）均认为，所谓日本"无条件投降"的条款只限于日本武装部队，日本政府被允许继续行使权力。美国要求日本政府的"无条件投降"，其实是以保留天皇制为前提的有条件投降。徐康明的《无条件投降政策的形成和作用》（《历史教学问题》1985年第4期）指出美国统治集团为了战后世界霸权的需要，同日本统治集团进行交易，操纵了日本的"有条件投降"。

国外史学界传统的观点认为日本是按照《波茨坦公告》向反法西斯盟国无条件投降的。但也有一些学者持不同见解。如英国著名军事史家利德尔·哈特在《第二次世界大战史》（上海译文出版社1980年版）、美国史学家麦克尼尔在《美国、英国和俄国——它们的合作和冲突（1941—1946）》（上海译文出版社1978年版）中都认为日本是"有条件投降"。日本学者井上清在《战后日本史》（天津人民出版社1972年版）等著作中也认为日本是"有条件投降"。日本历史学家藤原彰在《日本近现代史》（商务印书馆1983年版）第三卷中，也肯定了关于日本接受《波茨坦公告》是有条件投降还是无条件投降问题，至今仍有争论。

其他相关阐述参见徐康明：《论罗斯福与无条件投降政策》（《思想战线》1984年第4期）；徐康明《是无条件投降还是有条件投降》（《世界史研究动态》1985年第8期）；徐康明：《再论日本的有条件投降及其影响》（《世界史研究动态》1988年第1期）；陈本善《关于日本无条件投降的问题》（《现代日本经济》1990年第5期）；郑毅《日本"无条件投降论"质疑》（《外国问题研究》1994年第2期）；延华《日本是有条件投降而不是"无条件投降"》（《历史教学》1995年第6期）；蔡泽军、张红：《试析美国与日本的"有条件投降"》（《云南教育学院学报》1996年第3期）；赵晓兰《"无条件投降"新论》（《浙江师大学报》1999年第1期）；徐康明：《意、德、日三国投降情况比较——四论日本的有条件投降及其影响》（《日本学刊》2000年第2期）；赵文亮《是无条件投降，还是有条件投降？——近20年来中国学术界关于日本投降方式问题的研究》（《许昌学院学报》2005年第6期）；李恒、邱维骧：《日本无条件投降是不可更改的历史事实》（《中学历史教学参考》2005年第11期）；邱维骧、李春文：《究竟什么是无条件投降》（《云南师范大学学报》哲学社会科学版，2006年第6期）；陆伟《日本无条件投降的决策过程》（《历史教学》2006年第8期）等。

战史录》的文件认为，日本接受《波茨坦公告》是有条件投降还是无条件投降，有不同意见，可是公告的第五项有"我们之条件如下"，以下列举了对日本提出的投降条件，说明了与要求德国、意大利无条件投降有所不同，接受这个公告的日本统治阶层也理解"这是无条件投降的条件"。① 而且在战后并没有追究裕仁天皇为战犯，而是把东条英机列为最大战犯；承认日本实施了"象征天皇制"。

关于日本是否有条件投降，应该放在日本提出的"条件"，即日本提出的"保留天皇制"上。单就这个"条件"而言，8月10日上午7时，日本外相东乡通过中立国瑞士、瑞典分别向中、美、英、苏四国政府发出乞降照会：

日本政府准备接受中美英三国领袖于一九四五年七月二十六日在波茨坦所发表其后经苏俄政府赞成的联合宣言所列举的条款。而附以一项谅解：上述宣言并不包含任何要求有损天皇陛下为至尊统治者的皇权。日本政府竭诚希望这一谅解能获保证。且切望关于这事的坦白表示，能迅速获致。②

日本政府明确、正式提出投降条件为"不包含任何要求有损天皇陛下为至尊统治者的皇权"，要求盟国"保证"，并"能迅速获致"。

<hr />

① ［日］藤原彰著；伊文成，李树藩，南昌龙，赵春元译；邹有恒校：《日本近现代史》第三卷，北京：商务印书馆1983年版，第118—119页。
② 参见《反法西斯战争文献》，北京：世界知识出版社1955年版，第317页。转引自王德贵，徐学新，郑晓亮编：《八·一五前后的中国政局》，长春：东北师范大学出版社1985年版，第315页。

8月11日，美国国务卿贝尔纳斯根据四国首脑磋商结果，复文如下：

自投降之日起，天皇即日本政府统治国家之权力，即须听从于盟国最高司令官，该司令官将采取其认为适当之步骤以实施投降条款。

日本天皇必须授权并保证日本政府及日本帝国大本营能签字于必需之投降条款，俾波茨坦公告之规定能获实施；且须对日本一切陆海空军当局以及彼等控制下之一切部队（不论其在何处）颁布命令使其停止积极活动，交出武器。此外，并须发布盟国最高司令官在实施投降条款时所需之其他命令。

……

按照波茨坦公告，日本政府之最后形式将依日本人民自由表示之意愿确定之。①

也就是说，贝尔纳斯复文刻意回避了日本提出的投降附加条件——"保留天皇统治权"。既不承认，也不否认，不做明确、正式答复，而将"日本政府之最后形式""交由"日本人民之意愿"。美国故意回答的不具体，"事实上华盛顿的高层决策者早已决定保持天皇制，让占领能更顺利

---

① 参见《美国国务卿贝尔纳斯给瑞士临时代办格拉斯利对日本第一次乞降照会的复文》（1945年8月11日），选自［英］《1942—1946年的远东》（下），上海：上海译文出版社1979年版，第732—733页。转引自王德贵，徐学新，郑晓亮编：《八·一五前后的中国政局》，长春：东北师范大学出版社1985年版，第317—318页。

进行"①。

在8月13日下午4时的内阁会议上，铃木首相认为贝尔纳斯复文"并非出于恶意"，尽管"表达方式虽有不同，实质上并无改变天皇地位意图"。②在8月14日上午11时的最后一次御前会议上，裕仁天皇听完内阁大臣们关于如何投降和"护持国体"的陈述后，也表示"关于国体，虽有疑虑，但朕并不认为对方存有恶意"，③决定接受公告。

于是日本政府通过瑞士政府照会美、英、苏、中四国政府，表示天皇接受《波茨坦公告》，"授权并保证他的政府和帝国大本营，签署为执行波茨坦公告的规定所必需的条款"。命令所有军队停止作战计划，交出武器，听从盟军最高统帅的命令。④其中的奥妙在于，裕仁天皇超然于政府和军队之上，授权给日本政府和日本军队"执行《波茨坦公告》"。

此后，关于保留天皇制问题，再未进入公开讨论范围，在8月14日杜鲁门总统声明《日本接受波茨坦公告》、同日国务卿贝尔纳斯《关于接受投降给日本政府的通知以及关于

①　［美］安德鲁·戈登著；李朝津译：《日本的起起落落——从德川幕府到现代》，桂林：广西师范大学出版社2008年版，第274页。

②　［日］服部卓四郎著；易显石等译：《大东亚战争全史》第4册，北京：商务印书馆1984年版，第1664页。

③　参见［日］井上清：《天皇的战争责任》，东京：现代评论社昭和50年版，第213页。［日］信夫清三郎编；天津社会科学院日本问题研究所译：《日本外交史》（下），北京：商务印书馆1980年版，第704页。

④　《中央日报》，1945年8月16日。转引自王德贵、徐学新、郑晓亮编：《八·一五前后的中国政局》，长春：东北师范大学出版社1985年版，第318—319页。

投降事项的命令》①和9月2日的《日本投降书》中也未有涉及。②反倒是在8·14《诏书》中裕仁天皇对"日本臣民"提到"誓发扬国体之精华，不致落后于世界之进化"，继续强调日本天皇制国体的强大动力和能量。

8月15日当天，南京中国派遣军司令部，冈村宁次接到了陆第68号密电，其中也有关于国体的分析：

> 鉴于内外形势及战局之转变，如今日不收拾战局，必将陷于国体破坏、民族灭亡之绝境。敌所提出帝国最后之政体应依日本国民自由意志决定之条款，不应视作有损帝国之国体。③

以上，应该能够认定日本政府提出在战后"护持国体"的愿望，盟国方面至少是没有否认，尚有一线希望。对此，上至天皇，下至内阁、军方，都有一致的认同。

再未进入公开讨论范围的实际效果是，表面上搁置，实际上是默认了日本提出的"保留天皇制的条件"，只是暂时将天皇地位"置于未定状态"，要求天皇必须听从同盟国最高统帅的命令，至于"同盟国最高统帅的命令"是保留还是废

---

① 参见《杜鲁门总统声明〈日本接受波茨坦公告〉》（1945年8月14日）；国务卿贝尔纳斯《关于接受投降给日本政府的通知以及关于投降事项的命令》（1945年8月14日），选自［英］《1942—1946年的远东》（下），上海：上海译文出版社1979年版，第735—737页。转引自王德贵，徐学新，郑晓亮编：《八·一五前后的中国政局》，长春：东北师范大学出版社1985年版，第318—320页。

② 参见《日本投降书》（1945年9月2日签于日本东京湾），选自［英］《1942—1946年的远东》（下），上海：上海译文出版社1979年版，第739—740页。转引自王德贵，徐学新，郑晓亮编：《八·一五前后的中国政局》，长春：东北师范大学出版社1985年版，第323—324页。

③ ［日］稻叶正夫编；天津市政协编译委员会译：《冈村宁次回忆录》，北京：中华书局1981年版，第29页。

除，则由深受日本传统文化影响、历史上就被神性天皇牢牢掌控思想的"日本人民"决定。

其实关于是否保留日本天皇制问题，不仅仅是日本人单方面的考虑，盟国方面也非常重视天皇的作用。1943年开罗会议的主要议题是讨论三国联合对日作战和战后处置日本问题，自然涉及日本天皇制问题，只是12月1日中、美、英三国首脑发表的《开罗宣言》并未涉及。

《开罗宣言》明确提出了今后中、美、英三国一致对日作战，"此次进行战争之目的，在于制止及惩罚日本之侵略，三国决不为自己图利"，"剥夺日本自从一九一四年第一次世界大战开始后，在太平洋上所夺得或占领之一切岛屿；在使日本所窃取于中国之领土，例如东北四省、台湾、澎湖群岛等，归还中华民国"。宣言还强调"三大盟国将坚忍进行其重大而长期之战争，以获得日本无条件投降"①。

中国国民政府主席蒋介石参加了开罗会议，会议期间与罗斯福总统商谈了日本天皇制问题，罗斯福指出美国内舆论要求废除日本天皇制、追究裕仁天皇的战争责任。对此，蒋介石采取了温和、低调的态度（与战后中国政府对日本"以德报怨"政策的基调相吻合，显见蒋介石的对日主张由来已久），他说："关于未来日本的国体应由日本人民决定，在这一问题上不能留下影响国际关系的持久后患，最好待日本

---

① 《开罗宣言》亦称《开罗会议公报》，美国东部战争时间1943年12月1日晚7时50分于华盛顿发表（中译本于重庆时间12月2日公布，3日在各报发表）。参见转引自王德贵，徐学新，郑晓亮编：《八·一五前后的中国政局》，长春：东北师范大学出版社1985年版，第516页。

新进的觉悟分子自己来解决，我们应该尊重他们国民自由的意志，去选择他们自己政府的形式。"同时蒋介石又说："因为战争胜利，便去过问一个国家的国体，实在并非上策。而且，日本的天皇制在其民族的精神构造上自有地位，西方人未必会有认识，而同为东方人的中国人则是比较了解的。"① 蒋介石早年曾经在日本学习军事，亲身体会到日本天皇制对日本民众的影响力——东方人蒋介石认为自己比西方人罗斯福更加了解日本，更加懂得利用权威控制民众的真谛。

蒋介石的主张正合日本的要求。以至于冈村宁次认为这是蒋介石的"宽容"，九一八事变的策划者之一、"关东军的大脑"石原莞尔也认为这体现了蒋介石的"胜而不骄"。②

蒋介石的主张在《波茨坦公告》第十二项中有所体现，这一项的内容是"依据日本人民自由表示之意志成立一倾向

---

① 国立编译馆（主编）：《中华民国外交史料汇编》（12），台北：渤海堂文化事业有限公司1996年版，第6060页。

蒋介石在日记中也有所记载："坚持由其国民自决，联合国不应干涉，以免造成中日两国历史上之遗憾也"。参见《蒋介石日记》（手稿），1943年11月23日，1944年11月8日。

② 黄自进：《蒋介石与日本：一部近代中日关系史的缩影》，台北：中研院近代史研究所2012年版，第338页。

和平及负责之政府后，同盟国占领军队当撤退"①。

---

①　1945年7月26日，在波茨坦会议上，美国总统哈利·S·杜鲁门，中国国民政府主席蒋介石和英国首相温斯顿·丘吉尔联合发表了《波茨坦公告》（全称《中美英三国促令日本投降之波茨坦公告》），亦称《波茨坦宣言》。主要内容是声明三国在战胜纳粹德国后致力于战胜日本以及决定战后对日本处理的方式。全文十三项，第一项至第五项为前言，指出日本继续抵抗只有毁灭一途；第六项以下是投降条件。

（一）余等：美国总统、中国国民政府主席及英国首相代表余等亿万国民，业经会商，并同意对日本应予以一机会，以结束此次战事。

（二）美国、英帝国及中国之庞大陆海空部队，业已增强多倍，其由西方调来之军队及空军，即将予日本以最后之打击，彼此之武力受所有盟国之决心之支持及鼓励，对日作战，直至其停止抵抗为止。

（三）德国无效果及愚蠢之抵抗全世界奋起之自由人之力量，所得之结果，彰彰在前，可为日本人民之殷鉴。

此种力量当其对付抵抗之纳粹时，不得不将德国人民全体之土地工业及其生活方式摧残殆尽。但现在集中对待日本之力量则较之更为庞大，不可衡量。

吾等之军力，加以吾人之坚决意志为后盾，若予以全部实施，必将使日本军队完全毁灭，无可逃避，而日本之本土亦必终归全部摧毁。

（四）现时业已到来，日本必须决定一途，其将继续受其一意孤行计算错误，使日本帝国已陷于完全毁灭之境之军人之统制，抑或走向理智之路？

（五）以下为吾人之条件，吾人决不更改，亦无其他另一方式。犹豫迁延，更为吾人所不容许。

（六）欺骗及错误领导日本人民使其妄欲征服世界者之威权及势力，必须永久剔除。盖吾人坚持非将负责之穷兵黩武主义驱出世界，则和平安全及正义之新秩序势不可能。

（七）直至如此之新秩序成立时，及直至日本制造战争之力量业已毁灭，有确定可信之证据时，日本领土经盟国之指定地点，必须占领，俾吾人在此陈述之基本目的得以完成。

（八）开罗宣言之条件必将实施，而日本之主权必将限于本州、北海道、九州、四国及吾人所决定其他小岛之内。

（九）日本军队在完全解除武装以后，将被允许返其家乡，得有和平及生产生活之机会。

（十）吾人无意奴役日本民族或消灭其国家，但对于战罪人犯，包括虐待吾人俘虏者在内，将处以法律之严厉制裁。

日本政府必须将阻止日本人民民主趋势之复兴及增强之所有障碍予以消除，言论、宗教及思想自由以及对于基本人权之重视必须建立。

（十一）日本将被允许维持其经济所必需及可以偿付实物赔款之工业，但可以使其重新武装作战之工业不在其内，为此目的，可准其获得资料，以别于统制原料。日本最后参加国际贸易关系当被准许。

（十二）上述目的之达到及依据日本人民自由表示之意志成立一倾向和平及负责之政府后，同盟国占领军队当即撤退。

（十三）吾人通告日本政府立即宣布所有日本武装部队无条件投降，并对此种行动诚意实行予以适当及充分之保证，除此一途，日本即将迅速完全毁灭。

参见《促令日本投降之波茨坦公告》（1945年7月2日），选自［英］《1942—1946年的远东》（下），上海：上海译文出版社1979年版，第729—731页。转引自王德贵，徐学新，郑晓亮编：《八·一五前后的中国政局》，长春：东北师范大学出版社1985年版，第519—520页。

1945年7月26日发表的《波茨坦公告》，在措辞方面与《开罗宣言》有了明显不同。除了上述第十二项外，第十三项的内容规定"日本政府立即宣布所有日本武装部队无条件投降"，即指明了无条件投降的是日本武装部队，而非日本政府，全篇公告也并未涉及天皇制存废问题。同时也在第十项中宣布"日本政府必须将阻止日本人民民主趋势之复兴及增强之所有障碍予以消除，言论、宗教及思想自由以及对于基本人权之重视必须建立"，即承认"日本政府"仍将继续存在并发挥作用，① 此项要求与在被彻底摧毁的德国执行的无条件投降政策——四国政府"从此承担德国的最高权力，包括德国政府、最高统帅部和任何州、市或地方政府或当局所有的一切权力"具有本质性的不同。

1945年9月2日，盟国在停泊于东京湾的美国战列舰"密苏里"号上举行了日本投降签字仪式，日本外相重光葵代表日本天皇和政府、陆军参谋长梅津美治郎代表帝国大本营在《日本无条件投降书》上签字。正式接受"美、中、英三国政府元首7月26日在波茨坦宣布的，及以后由苏联附署的公告各条款"，并"宣布日本帝国大本营及在日本控制下驻扎各地的日本武装部队，向同盟国无条件投降"，即承接《波茨坦公告》的提法，日本武装部队向同盟国无条件投降。投降书中关于天皇的表述是"日皇与日本政府统治国家的权力，将服从盟国最高统帅，盟国最高统帅将采取他们认为实行这

---

① 重光葵在回忆录《日本侵华内幕》中也认为《波茨坦公告》与德国无条件投降的不同，即是"并未否定日本政府的存在，且在对日本将来的国家和人民的生活上保障供给各种原料"。参见［日］重光葵著；齐福霖、李松林、张颖、史桂芳译：《日本侵华内幕》，北京：解放军出版社1987年版，第417页。

些投降条款所需要的一切步骤"① 。即与1945年8月11日美国国务卿贝尔纳斯的复文大体一致，同时在表面意义上增加了"裕仁天皇地位的不确定性"。

盟国从对日本保留天皇制的要求置之不理（8月11日贝尔纳斯复文），到天皇自认为已经"护持国体"（8・14《诏书》），再到日本正式投降时也未涉及天皇制存废问题（9月2日《日本无条件投降书》），其中暗含着什么呢？日本战败投降后，裕仁天皇的地位最终是不确定的吗？当然不是。

在日本方面，盟国预计保留日本的天皇制也有先兆。通过比较《波茨坦公告》和《开罗宣言》的措辞，日本外相东

---

① 日本无条件投降书（1945年9月2日）

我们谨奉日皇、日本政府与其帝国大本营的命令，并代表日皇、日本政府与其帝国大本营，接受美、中、英三国政府元首七月二十六日在波茨坦宣布的，及以后由苏联附署的公告各条款。以下称四大强国为同盟国。

我们兹宣布日本帝国大本营及在日本控制下驻扎各地的日本武装部队，向同盟国无条件投降。

我们兹命令驻扎各地的一切日本武装部队及日本人民，即刻停止战事，保存一切舰艇、飞机、资源、军事及非军事的财产，免受损失，并服从同盟国最高统帅，或在他指导下日本政府各机关所要求的一切需要。

我们兹命令日本帝国大本营，即刻下令日本的一切武装部队及不论驻在何地的日本控制下的武装部队的指挥官，他们自己及他们所率的武装部队，无条件投降。

我们兹命令一切民政的、军事的与海军的官员，服从与实行盟国最高统帅认为实践这一投降所适当的一切宣言、命令与指令，以及盟国最高统帅及在他授权下所颁布的一切宣言、命令与指令，并训令上述一切官员留在他们现有职位，除非由盟国最高统帅或在他授权下特别解除职务者外，继续执行非战斗的职责。

我们兹担承日皇、日本政府及其继承者忠实实行波茨坦公告的各项条文，并颁布盟国最高统帅所需要的任何命令及采取盟国最高统帅所需要的任何行动，或者实行盟国代表为实行波茨坦公告的任何其他指令。

我们兹命令日本帝国政府及日本帝国大本营，即刻解放在日本控制下的一切盟国军事俘虏与被拘禁的公民，并给予他们保卫、照料，维持并供给运抵指定地点的运输工具。

日皇与日本政府统治国家的权力，将服从盟国最高统帅，盟国最高统帅将采取他们认为实行这些投降条款所需要的一切步骤。

参见《反法西斯战争文献》，北京：世界知识出版社1955年版，第323—324页。转引自王德贵，徐学新，郑晓亮编：《八・一五前后的中国政局》，长春：东北师范大学出版社1985年版，第315页，第321—322页。

乡茂德得出的结论是盟国已放弃了以前的绝对无条件投降主张，提出了同日本建立和平的八个项目的特定条件。无条件投降一词，在这个公告中只用过一次，而且明确规定只适用于日本武装部队。① 这是日本判断盟国可能保留日本天皇制的一种"合理猜测"。

8月15日，铃木内阁总辞职时继续强化这个"合理猜测"。铃木当天在广播讲话中宣称，他是把帝国存在的根基即天皇统治大权不变作为条件，并确信无误后才接受了《波茨坦公告》。② 15日下午，外务省也把"仅对日本实行象征性占领、由日本自主解除武装"等要求通过中立国瑞士提交给了同盟国。③

为确保国体，裕仁天皇再次发挥对国家和政府的实际控制力，指定自己的叔叔、陆军大将东久迩宫稔彦④接替铃木内阁组成皇族内阁，在指定其组阁的命令中，裕仁天皇强调帝国宪法的重要性，要求新内阁：

> 尊重帝国宪法，以诏书为基本，致力军队的统制和治安的维持，努力收拾时局。⑤

---

① ［日］服部卓四郎：《大东亚战争全史》第4册，北京：商务印书馆1984年，第1630—1633页。

② ［日］服部卓四郎：《大东亚战争全史》第4册，北京：商务印书馆1984年，第1682页。

③ ［日］服部卓四郎：《大东亚战争全史》第4册，北京：商务印书馆1984年，第1672—1673页。

④ 东久迩宫稔彦，皇族大将，久迩宫朝彦亲王第九子，裕仁天皇的叔叔。曾作为第二军司令官参加了徐州会战和武汉会战。日本投降诏书下达后，由于他的皇族地位和陆军大将衔，能够控制住当时日本的局势。因此成为日本第一位皇族首相。

⑤ ［日］东久迩宫稔彦：《一皇族的战争日记》，东京：日本周报社1957年版，第198页。

8月26日，东久迩在接受内阁记者团采访时也明确表示自己的主要任务就是维护国体：

所谓护持国体，它是我们超越理由、感情等的坚定的信仰。是祖先传来并流淌在我们血液之中的一种信仰。我坚信它绝不会为四面八方袭来的状况或风雨所动。现在，本人奉行先前所赐诏书，将此议付诸实践，是为护持国体。①

新内阁成员有地位相当于副首相的战时首相近卫文麿任国务大臣，朝日新闻社原副社长、战时担任情报局总裁的绪方竹虎任内阁书记官长兼情报局总裁，曾任北支那方面军司令官的陆军大将下村定为陆军大臣兼教育总监，外务大臣重光葵，内阁顾问石原莞尔，海军大臣米内光政。也就是说，战后内阁与战时内阁在人选上竟然有惊人的连续性，可见裕仁天皇和日本政府此时已经对能够保留天皇制深信不疑。

美国是保留日本天皇制的幕后推手，起到了至关重要的作用。

罗斯福总统在任期间，始终坚持要求日本无条件投降，1945年3月1日在向国会报告雅尔塔会议情况时，他还重申日本的无条件投降同德国战败是一样重要的，日本军国主义必须像德国军国主义一样被彻底铲除。1945年4月12日，罗斯福总统病逝。此时德国法西斯即将败亡，日本法西斯的崩溃已指日可待，美苏更多考虑的是各自利益和战后世界格局，因此在反法西斯同盟内的分歧日益突出。尤其是杜鲁门上任

① ［日］小森阳一著；陈多友译：《天皇的玉音放送》，上海：三联书店2004年版，第76页。

后，支持了美国国务院和军方为在远东对抗苏联而保存日本实力的想法——战前曾任美国驻日大使长达十年的"保守的共和党人"格鲁升任副国务卿，主管对日政策，格鲁的上任被认为是美国改变对日政策的标志。

使日十年，格鲁变成了美国政府中有名的"知日派"，他深知日本国民对天皇的狂热崇拜，确信"美国式的民主主义不适合于日本"，① 因而强烈主张利用裕仁天皇为美国利益服务。1944年12月12日在参议院外交委员会上，他将天皇形象地比喻为像蜂巢中的"蜂王"一样受到周围蜜蜂的注目，天皇是日本社会的安定要素。② 1945年5月，格鲁还强调在实现日本顺利投降的过程中，"天皇是唯一能使日本稳定的力量。只有天皇有足够的力量强制日军停止在中国的战斗，而靠军部首脑是无法使日本彻底投降的。③ 曾经与日军血战太平洋的麦克阿瑟也成为天皇制的大力支持者，他在给美国国内的报告中说，假如天皇被迫退位或要接受战犯审批，则日本可能要出现动乱，社会秩序及美国要实施的政策可能因此不保。④ 麦克阿瑟还坚信日本"皇权这个象征，是可以用来加强他自己的威权的"。⑤ 美国政府已经完全倾向于利用裕仁天皇的权威，在战后日本迅速建立稳定的社会秩序，认为这既

① ［日］信夫清三郎编；天津社会科学院日本问题研究所译：《日本外交史》（下），北京：商务印书馆1980年版，第712页。

② 参见［美］赫伯特·比克斯著；王丽萍，孙盛萍译：《真相——裕仁天皇与侵华战争》，北京：新华出版社2004年版，第366页。［日］中村政则：《通往象征天皇制之路》，东京：岩波书店1989年版，第122页。

③ ［日］祢津正志著；李玉，吕永和译：《天皇裕仁和他的时代》，北京：世界知识出版社1988年版，第222页。

④ ［美］安德鲁·戈登著；李朝津译：《日本的起起落落——从德川幕府到现代》，桂林：广西师范大学出版社，2008年版，第287页。

⑤ ［英］布衣著；戴晴译：《罪孽的报应》，北京：中国社会科学出版社2006年版，第177页。

有利于对日本实施民主化改造，也有利于美国对日本的单独占领。

还有一个重要原因是1945年7月16日，美国试验成功了超级武器原子弹后，已经从迫切需要苏联参加对日作战，转为在亚洲地区遏制苏联的影响。因此格鲁要求保留日本天皇制的主张被杜鲁门总统赞誉为"真知灼见"，并得到了国务院、陆军部、海军部协调委员会、参谋长联席会议的一致同意，杜鲁门总统还决定在即将召开的波茨坦会议上公布这一战略。①

果然，格鲁主持起草的《波茨坦公告》表现出了对日政策的重大变化，没有提出废除日本天皇制的要求，②代之以第十二项"按照波茨坦宣言，日本政府之最后形式将依日本人民自由表达之意愿确定之"，不但背离了无条件投降的基本原则，而且违反了《波茨坦公告》关于绝不更改吾人之条件的明确规定。可以说是基本满足了日本维护天皇制的要求，也为战后保留天皇制留下了后路。天皇制有利于日本民众的稳定，方便美国占领日本；天皇制也有利于团结国民万众一心，维系日本精神实现疯狂的战争动员，这是日本天皇制一体之两面。日本成功地利用了美国的这一想法，达到了自己的目的——"护持国体"，保留了天皇制国家的内核。

另外一个事实是，在日本即将败亡的时候，美国政府已经着手制定战后对日政策。但是战场上的美国人不大了解日本，不知道日本政府会不会投降，如果不投降就直接武力占

① ［美］哈里·杜鲁门著；李石译：《杜鲁门回忆录》第1卷，北京：世界知识出版社1966年版，第316页。

② 参见［日］藤原彰著；伊文成，李树藩，南昌龙，赵春元译；邹有恒校：《日本近现代史》第三卷，北京：商务印书馆1983年版，第15页。

领，采用与德国相同的占领政策。如果日本战败投降，还需要由盟军直接统治日本吗？还是采用其他的什么统治方式呢？为了制定战后决策，美国政府动员了大量的专家学者来研究日本，美国人类学家鲁思·本尼迪克特也接受了这项任务。经过研究，她从人类学观点出发得到的最终结论是：日本政府会投降，但是美国不能直接统治日本，而必须保存并利用日本原有的行政机构。因为日本跟德国的文化类型不同，不能用对德国的办法对日本，否则日本人会拼命到底。战争结束了，美国的对日政策同鲁思·本尼迪克特的研究成果高度一致，她的日本文化研究著作《菊与刀》以及其中的"日本耻感文化说"在国际社会引起了强烈反响。

美国默认日本的"有条件投降"，实现了单独占领日本；日本利用美国战后与苏联对抗的心理，实际保留了最后的精神堡垒——日本军国主义的象征天皇制，变成了"象征天皇制"。日本在战后70年来一直不能正确认识和深刻反省其军国主义战争罪行，正是天皇制这一历史根源，导致其不断地否认、美化侵略历史。

第九章   "一亿总忏悔论"的真相是什么？

　　1945年9月2日，参加了麦克阿瑟主持的日本投降签字仪式后，《大公报》战地记者黎秀石又跟随盟军部队前往日本本土采访。

　　在东京，在横滨，黎秀石了解了很多日本人的真实心理，他问一个依然佩带剑的日本陆军军官："日本侵略中国是日本错了吗？"军官回答："日本没有侵略中国。"他问《朝日新闻》的矢野和末常：

　　　　"你们认为东条英机是战争罪犯吗？"
　　　　"不"，末常回答道。
　　　　矢野说："当东条发动太平洋战争的时候，除了同美中英荷四国作战以外，他已无路可走，但是他没有准备好，这是他的错误。"①

　　8月15日正午，收听接受《波茨坦公告》的天皇广播，在皇居前伏地哭泣的民众①

　　①　日本通讯社的消息称：14日，天皇作出决定，"所有集宫外哭泣之人员，均以羞耻之态度鞠躬至地"，"天皇陛下之人民，无不因无边无限之圣虑，而感激涕下"。参见钱钢：《日本投降了！——六十年前华文传媒关于抗日战争胜利的报道》，《南方周末》，2005年8月11日。

- 8月15日，日本宣布投降，全体日本人都停止了活动，面朝皇宫，跪听"天皇玉音"，却不知天皇所云。
- 疯狂的日军不相信投降：愤慨，痛哭，强烈要求继续作战到底，也有狂热分子选择了自杀。
- 普通士兵和民众反倒显得很平静：既不能理解，亦无思考这些的能力；知识分子的心态也很平静：高见顺、大佛次郎、永井荷风和李香兰的8·15。
- 总体战下，日本普通民众是侵略战争的支持者。
- "人人有份"的"一亿总忏悔论"是为战犯开脱罪责，是向天皇"忏悔"，为失败"反省"。

◎ 这是天皇有史以来第一次公开向民众讲话，只是日本民众根本听不懂，也听不清断断续续、模模糊糊的天皇古文体"玉音"……

1945年8月15日，东京。

这天从早晨开始，全日本最著名的播音员和田直元就在广播里反复播送通知，说"天皇陛下将于今日正午亲自发表演说，此乃最高之恩泽，举国臣民务必届时恭听"。

和田的播音异常严肃，凡是能够听到广播通知的日本民众，都停止了一切活动，从日本本土到殖民地朝鲜半岛、伪满洲国、台湾地区，乃至其他日本占领地，从已成废墟的城市，到破败不堪的农村，从低矮的木板房前，到劳作的田间地头，长期处于战争威胁、在美军轰炸下已经麻木的日本民众，聚集一起，朝着东京皇宫的方向一边遥拜，一边等着收听重要广播。

东京时间中午12时整，广播里传来一个略带鼻音的尖利男声，这是日本天皇有史以来第一次公开向民众讲话：

朕深鉴于世界大势及帝国之现状，欲采取非常之措施，以收拾时局，兹告尔忠良臣民。

朕已饬令帝国政府通告美、英、中、苏四国，愿接受其联合公告。盖谋求帝国臣民之康宁，同享万邦共荣之乐，斯乃皇祖皇宗之遗范，亦为朕所拳拳服膺者。往年，帝国所以向美英两国宣战，实亦为出于希求帝国之自存与东亚之安定而出此，至如排斥他国主权，侵犯其领土，固非朕之本志。但自交战以来，已阅四载……

今后帝国所受之苦难固非寻常，朕亦深知尔等臣民之衷情，然时运之所趋，朕欲忍其所难忍，堪其所难堪，以为万世开太平……①

在8月10日，日本即将投降的消息已经传遍了全世界。但是日本当局对国内民众严密封锁信息，普通的日本人和一般官兵对真实战况毫不知情，他们满耳听到、满眼看到的都是政府报纸、广播等宣传机器里鼓吹的"皇军必胜"神话和"东亚圣战"大捷。

———————————

① 王辅：《日军侵华战争（1931—1945）四》，沈阳：辽宁人民出版社1990年版，第2762—2763页。

◀ 1945年8月15日，日本民众收听天皇玉音

民众听不懂也听不清裕仁天皇断断续续、模模糊糊、日本古文体的"玉音"，4分37秒的全文，一个字也没有提到战败、投降，这引发了自幼受到忠君教育的皇军士兵和民众的各种猜想——是要跟着他一起去"玉碎"，还是天皇要给大家发储备米准备决一死战，莫非是大日本帝国海军要进攻美国本土了，民众一时间都茫然不知所措，根本想不到是日本要战败投降。

半个小时后，广播员用清晰的声音说："天皇陛下为开万世之太平，已于昨日通知美英中苏四国，接受《波茨坦公告》。"60年后，当时居住在东京的木村良平回忆道：虽然我们都不太清楚《波茨坦公告》的具体内容，但这一刻大家知道，日本真的已经战败了。[①] 这一天，被软禁在日本长野县

①　阎月凡：胜利时刻的回眸，新华每日电讯6—7版（2005−08−15）。
　　http：//news.xinhuanet.com/mrdx/2005−08/15/content_3355140.htm
　　（2015−1−24）.

轻井泽町的白人罗伯特·奇兰看到村民们都集中到了邻组组长家:

村里人低着头,毕恭毕敬地聆听着广播里传出来的天皇的声音。这些人过去未曾听到过天皇的声音,对天皇说话的表达方式和讲话的内容,似乎听不大懂。他们并不理解为什么要播放天皇讲话。广播结束后,把天皇的讲话用现代普通日语进行了说明,村民们才明白了天皇讲话的意思是投降。天皇讲话的表达方式和腔调给奇兰的印象是很像能乐唱词,单调,缺乏感情。曾经聆听过天皇讲话的群众,也用日本古典戏剧的表演形式,来对待他的讲话。他们将内心中涌现出来的感情,用不动声色的做法表现出来。把他们的深刻的感情隐藏在装作毫不激动的表情中。广播一结束,就听到了憋着声音的抽泣声。村民们各自回到自己的家中躲藏起来,整个村子完全陷于沉默之中。①

◎ **侵华日军总司令冈村宁次在这一天的日记中写道:余决心置身于不求生亦不求死之境地……**

残暴的日本中国派遣军总司令冈村宁次,此时已经全无斗志。南京时间正午12时,他召集了司令部全体人员,"按平时遥拜式队形,拜听广播诏书,悲极无泪",向全体人员作了

---

① 〔日〕鹤见俊辅著;高海宽,张义素译:《战争时期日本人精神史》,长春:吉林人民出版社,1991年版,第140—141页。

谨遵诏命的训示。午后，又对日军将士训示：

> 蒙亲赐救语，忧及圣虑诚惶诚恐，不知所措。
>
> 值兹圣战中途，而逢建国以来从未曾有的最恶事态，实无限悲痛，然事已至此，本职惟谨遵圣谕，以慰圣怀。
>
> 派遣军将士切勿削弱斗志，应愈益严肃军纪，坚持团结，根据唯一方针，分别为完成新任务而迈进。①

突然听到天皇广播，"几乎还认为胜利在望"的日军一般官兵"大为震惊，目瞪口呆，不知所措"。少壮军官和一部分下士官更是心态各异，他们有的愤慨，有的痛哭，有的要胁迫部队长官强烈要求继续作战到底，更有狂热的法西斯军官在悲愤之余选择了自杀。

其实早在8月8日，派遣军总司令部情报课已经从欧洲、重庆等地的无线广播中收听到日本投降的消息，这一消息仅传达到高级干部。同时也接收到了大本营命令——大陆命第1378号要点电报："为摧毁苏联野心，重新开始全面作战。击破该方面苏军以维护国体、保卫皇土。关东军总司令官应将主要作战针对苏联，就地击破来攻之敌，保卫朝鲜。"② 冈村宁次等人开始还迷惑不解，到了8月11日，陆机密电第61号传来，政府明确了投降意向。但是同日参谋总长的来电称，"为维护国体，保卫皇土，全军宁可玉碎决不收兵"。

于是，冈村宁次依然强硬指示日军：

---

① ［日］稻叶正夫编；天津市政协编译委员会译：《冈村宁次回忆录》，北京：中华书局1981年版，第29页。

② ［日］稻叶正夫编；天津市政协编译委员会译：《冈村宁次回忆录》，北京：中华书局1981年版，第24页。

苏联参战早在预料之中。

我数百万精锐皇军正严守皇土及大陆。必须发挥建国以来最大勇猛之传统，为维护国体、保卫皇土，只有断然决一雌雄。

本官决意率吾百战百胜皇军之最精锐部队，抱全军玉碎之决心，誓将骄敌击灭，以挽狂澜于既倒。[①]

如今，裕仁天皇在本土东京宣布投降，作为侵华日军总司令的冈村宁次深陷中国大陆，在南京进退不能，"无限忧烦"，他在这一天的日记中写道："余决心置身于不求生亦不求死之境地。"[②] 求生不得，求死不能，这应该是所有日军指挥官的悲凉心态。

◎ **日军士兵的烦躁和担心，茫然和庆幸，"谢天谢地！我活了下来！"……**

陆军少尉草柳大藏驻扎在北海道，他在师团司令部收听到了"玉音放送"，这一天的天气很热，热得让人烦躁不安，他几乎什么都没听懂，只记得他们这些学生兵的心情都很狂暴：

---

① ［日］稻叶正夫编；天津市政协编译委员会译：《冈村宁次回忆录》，北京：中华书局1981年版，第25页。

② ［日］稻叶正夫编；天津市政协编译委员会译：《冈村宁次回忆录》，北京：中华书局1981年版，第29—30页。

为什么，为什么终止了，无论如何也不能理解？"玉音放送"结束后我们都去了机场附近的杂木林，拔出刀来开始砍削杂木，我也拔刀砍倒了30多棵杂木，昭和的新刀就是锋利。[①]

从高级指挥官的悲凉绝望，到一般将校的狂暴不安，反倒是最下层的士兵"心情平静的多"——在大队长的命令下，宫城县驻军见习少尉士官石桥政嗣[②]到附近的农家去听天皇"玉音"，广播的噪音太大，听不清内容。石桥凭感觉判断是"结束战争、天皇宣告战败"，他流下了眼泪。"不过这是很短暂时间的事，随后逐渐冷静下来，心情恢复了正常"。[③]

从7月末开始，上等兵下平翅雄在战俘营里就陆续听到了《波茨坦公告》，广岛和长崎遭到了原子弹轰炸，以及"苏联宣布参战，并越过边界到了满洲"等消息，这个曾经在吕宋岛中部大山里游荡的日本鬼子终于感到"现在一切全完了"。下平翅雄在8月15日迎来了日本投降，终于可以离开战俘营回家了，但是他还是"不能从心里高兴"，反而有很多担心：

在大约8点钟的时候，日本正式宣布投降。在帐篷里，我们所有的人都面向北方默默地鞠躬。我不由得双泪长流。

---

① ［日］牧野喜久男编集：《决定版昭和史》第12卷，东京：每日新闻社昭和58年版，第141页。

② 石桥政嗣（1924—2019），日本政治家，日本社会党委员长。

③ ［日］石桥政嗣：《我听到投降广播之后》，王季平主编：《八·一五这一天》，北京：光明日报出版社1985年版，第86页。

就在我们开始从最初的情绪中恢复过来的时候，这里那里开始有人高兴地议论说，既然是整个国家投降，我们应当高兴，因为我们可以不必羞愧、大摇大摆地回家了。一名宪兵过来告诉我们说，大家就要回家了。他好像真的为我们能回家而高兴。那一天我们没出工，一个劲谈论自己的家乡。

但我觉得自己还是不能从心里高兴。我担心日本投降后会有什么事情发生。政府的政策会变成什么样呢？人们的日子会变成什么样呢？国家会被分而治之么？整整一天，我都深陷在这思索里。这就是天意，这就是宿命。今后我除了在神佛的教导下，尽力行善，别无他法。①

▶ 1945年8月15日，日本俘虏听天皇诏书广播

在中国河南、江西、广西等地作战的日本士兵河村太美雄得知日本败局已定的时候，正随部队奉调回国，进行本土

_____

① ［美］法兰克·吉伯尼编著；尚蔚，史禾编译：《战争——日本人记忆中的二战》，北京：中央编译出版社2003年版，第273页。

决战，走到朝鲜罗津的时候，日本投降了。和俘虏下平翅雄的心态完全不同，他在回忆录中写道：

为什么败了？尚未进行本土决战就打完了？这也难怪，苏军参战我们腹背受敌，只能如此。然而"原子弹"真有迫使一国投降那么大的威力吗？天皇当真表示了投降？

高呼"圣战""五族共和""大东亚建设""击溃英美、必胜信念"而死去的众多生命究竟算是什么？应当说："圣战"也好，"大东亚和平建设"也罢，完全不是正义的战争。我既不能理解，亦无思考这些的能力，只是茫然地呆站在那里。①

雨季过后，西贡被炎热包裹着，后来成为儿童文学作家的日本海军士兵石川光男，在8月15日这天的一大早就坐在财务部窗口前，等待当地的越南补充兵来领工资：

广播里突然传来命令："天皇陛下即将发表讲话。下士以上的军官立刻到士官食堂集合！"天皇直接向平民讲话是不曾有过的事情，财务部里立刻骚动起来。几位士官和下士军官急忙走出门去，剩下的是包括石川光男在内的普通士兵们议论起来："喂！陛下究竟打算说什么？""不知道。是鼓励大家继续加油吧。战局越来越艰苦了。"

但石川光男的推测与其他人相反——"也许是宣布战败"。

他怀疑越南补充兵是得到了日本战败的情报、担心领工

---

① ［日］河村太美雄著；屈连璧，丁大等译：《一个日本老兵对侵华战争的反思》，北京：东方出版社2003年版，第364页。

资留下与日军合作的证据因而受到联合国军的惩罚，所以不来领工资。

广播之后在食堂午餐的时候，石川低声询问身边的杉浦军曹："陛下在广播里说了些什么？"杉浦回答说"是敌人的假广播，撒了大谎"，然后就一声不响地吃饭。奇怪的是其他军官也都不声不响地吃饭，那种异常的沉默是平日没有的。下午，军营内又变得异常。大小军官们匆忙地处理事务，卡车来来往往，院内一角的空地上有人在焚烧文件，白烟滚滚。晚上，食堂里的长桌上摆满了丰盛的食品，那是海军纪念日的时候也未曾有过的。人员到齐之后，布目军曹开始讲话："今天中午，我们聆听了天皇陛下的广播讲话。电波是来自日本内地。现在在场的几位军官应当是听到了。可是，广播的内容太重要，所以紧急与司令部等部门取得联系，进行了确认，知道那确实是天皇陛下本人的广播，内容也是天皇陛下自己的主张。内容是，从今天开始日本军队停止战斗行为，如果继续进行战争日本民族就会灭亡，人类文明就会毁灭。收起武器开太平……就是说，日本决定投降了。"说到这里，布目军曹停了下来，站在那里一言不发。

石川光男在内心深处发出了叫喊："结束了？是的！还是结束了！谢天谢地！我活了下来！"在大约百分之九十的官兵战死的日本海军中，身为一名海军士兵能够活下来确实是值得庆幸的。①

---

① 天皇"玉音"投降：《日本人最长的一天》。
　　http：//history.sina.com.cn/bk/kzs/2014-08-20/131798195.shtml（2015-4-24）.

◎ "平静"的大藏省官员大平正芳："应该到来的日子终于来到了"，16岁的鹿儿岛少女幸本京子："叔叔，我恨你！"

"心情平静"的不仅仅有一般日军官兵，在大藏省任职的大平正芳①也有一种"如释重负"的感觉，他一边听着天皇玉音，一边望着泪流满面的主计局长中村建城，他"不知为什么，并不怎么激动，反倒像心里放下了一块石头，觉得应该到来的日子终于来到了"②。在战争的最后一年，即将被拖垮的日本，只能用疯狂的"一亿玉碎"来支撑，"应该到来的日子终于来到了"，这已经是无力支撑战争的极度疲劳心态！

同样是面对战败投降，日本本土的士兵和底层民众的心态迥然不同，甚至是对立的。家住鹿儿岛的幸本京子，这一年才16岁。8月15日这一天，奄美岛炎热异常，她正在村边一条小溪中给小妹妹洗澡，突然看见两个日本兵急匆匆地从山间公路上跑过来，问道：

"邮政局长住在哪里？"

我脱口而出："我叔叔就是邮政局长呀，我们住一起。"

然后我就缩住了口——叔叔做了什么错事？我全身发起抖来。大兵径直跑向叔叔，朝他喊道："你这个叛徒，吃饱了撑得到处撒谎。你还要这命干什么？你说！那广播是不是敌人的

---

① 大平正芳（1910—1980），日本政治家，第六十八、六十九任内阁总理大臣（首相）。

② 大平正芳：《应该到来的日子终于来到了》，王季平主编：《八·一五这一天》，北京：光明日报出版社1985年版，第83页。

阴谋？"

啪！啪！他们使劲扇他耳光，叔叔给打倒在地。我抱住一个大兵的腿，哭喊着："对不起！对不起！饶了我叔叔吧，求求你们饶了我叔叔！"

叔叔趴在地上，一声不吭。我用两个拳头使劲捶他的背，大叫："叔叔，你真从广播里听说仗打完了？我们真的不再打下去直到胜利了？我恨你，叔叔，我恨你！"

"明天把你逮起来。你死定了！"大兵说着，愤然离去。那天晚上，村里没有人谈论战争的结束，我的叔叔更是一言不发，无论问他什么，都不回答。①

▶ 1945年8月
15日，日本民众
聆听天皇诏书

"16岁的幸本京子"和这两个日本兵的心态是一样的，拒绝相信，日本怎么能投降呢？一定是敌人的阴谋！说日

---

① ［美］法兰克·吉伯尼编著；尚蔚，史禾编译：《战争——日本人记忆中的"二战"》，北京：中央编译出版社2003年版，第303页。

本投降的都是叛徒，因为日本在历史上还从未经历过战败投降。

如果从1894年甲午战争开始，日本的战争状态已经超过50年，站前、战中和战后已经成为划分日本近代历史的最常用关键词。站在战中和战后的分界日上，谁也不知道明天要发生什么。这一年，35岁的黑泽明已经凭借《东京狂想曲》（1936年）、《姿三四郎》（1943年）等电影成为日本著名导演，他在自传中记录了这个气氛很紧张的日子：

> 1945年8月15日，为了听天皇诏书的广播，我被叫到制片厂。那时我在路上看到的情景是永远难忘的。去的时候，从祖师谷到砧制片厂的路上，商店街的情况真有一亿人宁为玉碎的准备一般，非常紧张。有的老板拿出日本刀来，拔出刀鞘，目不转睛地看着那刀身。
>
> 我早就料到，这是战争结束的宣言。看到眼前这种情景我就想到，日本究竟会发生什么事情呢？①

◎ 知识分子的复杂心态，有平静、难过、宽慰、高兴，唯独没有忏悔……

日本究竟会发生什么事情呢？不同身份的日本人对此都有不同的推断。这个时候，知识分子的心态更复杂，但是也

---

① 赵刚：《〈终战诏书〉背后的思考》，《随笔》2010年第6期。

能够更多一点理性思考。

大学生的思想最接近知识分子，与狂热的日本军人、普通民众的心态又有不同。8月15日这一天，东京大学法学院学生三浦秋良从一个朋友那里听到了天皇宣布投降的广播讲话，他说天皇唱了各种各样的高调，使事情变得含含糊糊，但我们认识到了日本已经投降。我们难过极了，但又感到很宽慰。我们知道苦吃够了，形势总是要变的。我们做工的那家工厂附近有一个海军基地，有些狂热的军官们想打下去，光荣战败，死在沙场上。他们威胁大家都这样这样做，但是行不通。① 19岁的中根千枝②正在泽田塾专科学校的宿舍里，一个星期前，她已经从同学那里得到了日本战败的消息，所以当全体师生都集中在一起收听广播的时候，"思想上属于自由派"的她已经有了思想准备："尽管也有不少人哭泣，但我的心情，与悲伤悔恨相比，'战争好容易结束了，从此可放心'占了上风。"③她很快地脱下了"战斗服"，换上了很长时间都没有穿的浅蓝色"布拉吉"，和同学到校园里去了。

知识分子的政治嗅觉敏锐，对此事早有预料，面对日本战败，心态与一般民众和日军士兵大有不同。④作家高见顺在战前曾经参加反战运动，战争开始后"转向"加入了文学报

---

① ［美］菲利普·莫里森等口述；吴山编：《战争与回忆："二战"亲历者口述实录》，北京：新世界出版社2015年版，第106—107页。

② 中根千枝（1926— ），日本著名人类学家、藏学家，东京大学东洋文化研究所教授。

③ ［日］中根千枝：《我听到投降广播之后》，王季平主编：《八·一五这一天》，北京：光明日报出版社1985年版，第84页。

④ ［日］重光葵著；齐福霖，李松林，张颖，史桂芳译：《日本侵华内幕》，北京：解放军出版社1987年版，第424页。

国会并担任审查部长，7月28日，他就从《读卖新闻》上读到了《波茨坦公告》的要点，"心情一片烦乱。不知所措。心绪不定。心里满是怨愤。对谁的？因为什么？没有对象……也是因为有一种想哭泣的冲动"①。因为在8月10日听到了日本要投降的消息，他的心情在8月15日已经很平静：

　　十二点。报时。演奏君之代。朗读诏书。果然是宣布战争结束。——终于战败了。已经被战争拖得疲惫不堪了。夏日的太阳灼灼发光。令人眼睛发痛的光线。

　　在烈日之下获知了战败的消息。……车站上，与往常无异。一位中年女子对着中学生问道："说是中午有重大的广播，什么事呀？"中学生显出尴尬的神情，低下头轻声作了回答。"啊？啊？"那妇女大声追问道。

　　轨交车厢内也与平日无异。比平时稍空些。……都在互相欺骗，政府欺骗民众，民众欺骗政府。军部欺骗政府，政府欺骗军部。……新桥的站台上出现了宪兵，检票口也站着宪兵。但民众的气氛极其安稳。平静。

　　没有看见一个激动的。……呜呼，八月十五日。

　　不管日本将变成怎样的形态，东亚必须获得解放。为了人类的利益，东亚也必须获得解放。②

　　高见顺的"平静心态"里竟然有一丝对政府、民众、军部互相欺骗的"不满"，但毕竟是参加了支持侵略战争的"文

---

　　①　［日］高见顺：《战败日记》，东京：中央公论新社2005年版，第266页。
　　②　［日］高见顺：《战败日记》，东京：中央公论新社2005年版，第310—314页。

学报国会"，他在8月15日还念念不忘"解放东亚，为了人类的利益"。

另一位作家大佛次郎的8月15日，没有高见顺那般平静，他"难以入睡"，很是担心那些"流血太多的日本人"该如何忍受，仿佛自己并不是一个日本人，这真是一种奇怪的感受：

十二时新闻，吹奏君之代，主上自行广播大诏，接着公布波茨坦的建议和开罗会谈的诸条件。台湾满洲朝鲜均被剥夺，暂时允许敌军统治本土。……这对世上完全如同一个突然袭击。……上床就寝，却无法入睡。这不仅是一前所未有的革命性事件，对于这一屈辱，流血甚多的日本人，尤其是那些少壮军人能够忍受么？"①

▶ 1945年8月15日，跪听玉音的日本人

_____

① ［日］大佛次郎：《战败日记》，东京：思草社1995年版，第308页。

与"平静的高见顺"和"难以入睡的大佛次郎"相比，坚定的"消极反战者"永井荷风在8月15日摆起了庆祝的酒宴——由于拒绝加入几乎网罗所有文人的"文学报国会"，他在冈山市严井三门町避难：

S君夫妇告知，今日正午的广播，公布了日美战争突然停止的消息。是该停止了。傍晚洗染店的老妇携来鸡肉葡萄酒，于是摆开酒宴，庆祝停战，人人皆醉，就寝。①

远在中国上海租界的电影明星、歌星李香兰②，一直在为自己是日本人却要被"满映"等公司强迫扮演中国人而苦恼着，8月15日这一天，她被叫到上海陆军报道部部长公馆，收听日本重要广播：

短波广播杂音太大，以至于天皇的广播讲话未怎么听清楚。可是大家都十分清楚，日本战败了。那是第一次，李香兰听到了那个传说中的天皇的声音，那一刻，李香兰得到的印象是，天皇的声音也和普通人一样啊。③

日本投降了，李香兰的心态十分平静，这不仅是因为她已经从其他渠道知道了这一事实，也是她再也不用苦恼、隐

---

① ［日］永井荷风：《永井荷风全集》第25卷，东京：岩波书店1994年版，第356页。

② 李香兰（1920—2014），出生于辽宁省灯塔市，祖籍日本佐贺县，日本名山口淑子，"满映"明星、歌手。1945年日本战败，李香兰以汉奸罪名被逮捕，后因其日本人身份被无罪释放。

③ 肖菲：《那时的寂寞——一代名伶李香兰》，北京：团结出版社2008年版，第110页。

瞒自己的真实身份了——她的心情"太好了",她想到的是
"再也不用去拍自己不喜欢的电影啦!"

当然,如永井荷风这般,能够在8月15日这一天公开庆祝
日本战败投降的日本人实在是少之又少,面对日本战败,日
本人的心态复杂,是悲观、绝望、担心、平静,是狂暴、拒
不相信、难过,宽慰、高兴、心情太好了,只是唯独没有对
侵略战争所犯罪行的忏悔。

◎ 从"一亿总动员"到"一亿玉碎",日本普通民众疯狂支持侵略战争……

从50年连战连胜,夺取邻国的肥沃土地和巨额赔款,到
一朝战败,还是在毫不知情、普通日本人毫无征兆的情况
下,所以很多普通日本人都不相信投降,更谈不上忏悔。

关于这一天日本民众的心态,大阪府的调查报告说,
"有七成的日本民众以为天皇在讲话中是要把战争进行到
底,没想到竟然宣布结束战争,许多人立即感到失魂落魄,
悲愤不已";神奈川县的调查认为县民都以为要宣誓抗战,听
了天皇玉音,许久说不出话来。① 大阪府和神奈川县的调查,
证明了日本民众始终是支持对外发动战争的。进入20世纪以
来,日本民众和社会因"总体战"而被一次又一次、毫无保

---

① 步平:《裕仁的〈终战诏书〉只字未提投降》,《文史参考》2010年第17期。

留地动员起来，①从战时的"一亿总动员"到战争后期本土决战的"一亿玉碎"，民众的战争热情一步一步地被激发到了无以复加的疯狂程度，竭尽全力地参与侵略战争，不顾一切地打赢侵略战争，支持在对外侵略战争中夺取他国主权和利益，已经成为日本民众的疯狂愿望。

那么，日本民众是如何支持、参与侵略战争的？全面侵华战争爆发后，日本《朝日新闻》号召民众开展"军用机献纳运动"，仅用一个月时间就募集了民间捐款461.9万元，给军方捐助了总计60架轰炸机、战斗机和侦察机，12月份又追加献纳了30架。②到了战争后期，日本国力不支，民众开始节衣缩食地支持战争。1943年7月14日，《每日新闻》以《一日一户节约五十粒米，全国一年就有五千余石——数字所见的一亿常见御奉公》为题，号召民众在玄米、米、电灯、煤气、旅行、衣物、旧报纸、钢铁等方面厉行节约，精打细算，支持战争：

"一户一日炊事之时流失和扔掉残饭五十粒（全国一千四百三十二万户），那么一日全国就扔掉了一百三十七石九斗五升二合，一年就扔掉了五千零三十二石。""全国各家庭如果把旧报纸一张一张节约起来，一天就可以达到富士山的两倍，可卖三万七千五百二十三元，两天就可以买一架

---

① 日俄战争以来，特别是"一战"后期，山县有朋开始认识到"总体战"的重要意义，即战争"必须动员国民，竭尽全力，依靠上下一统，举国一致之力"。参见〔日〕德富猪一郎编著：《公爵山县有朋传》下卷，山县有朋纪念事业会1933年版。转引自〔日〕纐缬厚著；申荷丽译，黄大慧审校：《我们的战争责任——历史检讨与现实省思》，北京：人民日报出版社2011年版，第5页。

② 〔日〕今西光男：《新闻 资本与经营的昭和史——朝日新闻笔政·绪方竹虎的苦恼》，东京：朝日新闻社2007年版，第164—165页。

军用飞机。"①

▶ 1937年日本侵华战争全面爆发后,日本妇女团体的活动更加活跃,图为日本女性慰劳日军官兵

南京陷落后,日本民众欣喜若狂,整夜提灯游行,庆祝前线的胜利。据日本《读卖新闻》报道:

由于是史无前例地成功攻占敌首都,14日夜,帝都东京淹没在庆祝胜利的旗海和万岁的呼喊声中。整座城市灯火通明,呈现出激动和欢乐的场面。下午4时,在九段的靖国神社前,以集中的东京实业组合联合会的50,000会员为先头,在靖国神社、神宫外苑、芝、清澄、上野等各公园集合的市政人员、市立学中学、防护团员等15,000人,在丸之内大厦街集合的保险协会的5,000人,在东京银行区集合的7,500人,以及其他各公立私立学校的学生、各区街道居民会等团体,于傍晚5

① 《每日新闻》1943年7月14日。

时左右一起点亮了庆祝胜利的红灯笼，以演奏雄壮行进曲的乐队为先头，向宫城前广场前进，开始了欢天喜地的"百万人提灯大游行"。正因为人们此前一直迫切等待着南京陷落公报的发布，所以积蓄起来的兴奋如同决堤的潮水奔涌而出。参加游行的男女老少和旁观的市民们一起高呼"万岁""万岁"，狂热的提灯大火龙从市内的四面八方汇集到了宫城前。从宫城前大广场到三宅坂、丸之内一带，完全化为了灯火的海洋。

……

连平日里不露感情的日本银行今晚也有千名职员参加了游行，创造了"自日清战争以来首次"的纪录。

回荡在灯火海洋浪头上的"天皇陛下万岁"的欢呼声传到了皇宫，直达后宫。据说陛下夸奖了民众的赤诚，非常高兴。原本只有在四大节日时才会点亮的二重桥的两排灯笼也特地被点亮了，胜利的光辉照耀着皇宫。在门廊附近，宫内官挥舞着灯笼，回应着民众的赤诚，市民中更加感动。

灯火的洪流从宫城前涌到大本营陆军部、陆军省、海军省。在大本营陆军部参谋本部前，两盏高高挂起的灯笼灯火通明，与游行队伍的"万岁"声相呼应。部员们金色的丝缎肩章也显得格外闪亮。陆军省正面阳台贴出了上书"多谢后援"几个两尺见方的大字，新闻班的窗口则通过扩音器不断地播放着唱片里的军歌。杉山陆军大臣8时许从在首相官邸举行的重要会议上赶了过来。因为市民们的热情，他没有吃晚饭就来到了阳台上，以坚定的姿态挥手致意。新闻班的上田大尉感慨万千地说："汇集了这么多人的提灯游行我还是第一次见到。"海军省也在大门处竖起了军舰旗，并高高挂起了灯笼。约五十名海军省的信号兵极富海军特色地和着市民们的欢呼声挥舞着灯笼。军事普及部报道班的松岛中佐和恤兵部的石渊少佐站在答礼台上不停地挥着手。

就这样，灯火的洪流带着人们难以消退的兴奋，从银座、新宿等街道来到本社前，整座城市都在庆祝胜利，市民们呈现出了前所未有的喜悦。①

▶ 1945年8月，长崎街头，穿和服的日本女人和她的孩子，脸上的伤痕是原子弹轰炸后留下的

日本民众的狂喜是暂时的，疯狂从来都不能持久——国力不济如何能坚持长期战争？血肉之躯怎能抵挡原子弹和百万苏军的进攻？"以空间换时间"，广阔的中国战场使百万日军深陷泥淖，日本的败亡从发动不义战争的那一刻起，就已经注定。

1945年8月15日，或站或跪，聆听"玉音"的民众有的哭

① 李斌译：《满是庆祝胜利的灯笼　向二重桥陆海军部行进　欢庆的大爆发》（《读卖新闻》1937年12月15日星期三），王卫星编；王卫星，李斌等译：《南京大屠杀史料集58〈东京日日新闻〉与〈大阪每日新闻〉报道》，南京：凤凰出版传媒集团　江苏人民出版社2011年版，第446—447页。

倒在地，悲痛欲绝；有的一言不发，呆呆地退回到小木屋，震惊中混杂着难以置信。日本政府该如何收拾战败投降的时局？如何面对节衣缩食、疯狂支持战争的民众？

这时，日本政府抛出了所谓的"一亿总忏悔论"。

◎ 从"一亿相哭之秋"到"一亿总忏悔"，因为"国民道德的低下也是败因之一"……

大众传媒作为宣传战的武器总是最先发声。8月15日，《朝日新闻》刊发裕仁天皇8·14《诏书》，同时配发了社论——《一亿相哭之秋》，社论告诫民众"今后几年或是几十年都将是苦难的时代"，并发起了号召：

只要坚持举国一家、护持国体，坚信神州不灭，冷静应对，就能开拓前途，到达苦难的彼岸。只要发挥我国独有的特攻队精神，以解放被压迫民族，再建无压迫无隶属的民族国家为目标，就一定能够获得大东亚战争中的荣誉。不管战争的结果如何，这些精神将永远是我国民性的美果。[①]

社论还说，"一亿臣子拜读从未有过之意义重大的诏书，感慨之情笔舌难尽"，"同胞相哭直面君国之新事态，

---

① 　《一亿相哭之秋》，《朝日新闻》1945年8月15日。参见［日］早濑贯：《太平洋战争与朝日新闻——战争宣传研究》，东京：新人物往来社2001年版，第436—437页。

实在是对不起天皇和天地神明"。原来,《朝日新闻》呼吁的"一亿相哭"的对象不是战争中的"牺牲",所称的"对不起"也只是"对不起天皇和天地神明",即与战时论调无异。[①]

8月16日,日本政府组成了专司投降事务的东久迩皇族内阁,开始酝酿"一亿总忏悔论"。8月20日,《朝日新闻》继续发表社论:"日本今日之战败是过去战争指导之失败,面对现实,这个苦果不能不由全体国民一起来分尝。"[②] 在这里,日本的"战争责任"问题偷换成了日本的"战败原因"问题。

8月25日,沿袭了战时称谓的"内阁情报局"发表了广播讲话——《面对联合军的进驻》,清楚地表达了"一亿总忏悔"的论调:

> 我们要下定决心,绝对不能失去冷静沉着和毅然的态度,绝对不能乱了步伐,全体国民要步调一致,谨遵圣旨,当前最要紧的事是应该一亿总忏悔。
>
> 事已至此,我们必须要以从未有过的虔诚态度对上御一人真诚道歉、反省,全体同胞都要深刻反省,必须集中一亿力量,一个人也不能落伍,相扶前行。[③]

8月26日,东久迩宫稔彦在会见新闻记者时谈到了战败

---

① [日]塚本三夫:《实录:侵略战争和报纸》,东京:新日本出版社1986年版,第30页。

② 《朝日新闻》1945年8月20日。

③ [日]今西光男:《占领期的朝日新闻与战争责任——村山长举与绪方竹虎》,东京:朝日新闻社2008年版,第30页。

的原因，并确认了承担日本战争责任的"一亿总忏悔论"，他说：

　　我国战败的原因是作战力量的迅速毁坏。……加之，惨绝人寰的原子弹爆炸事件以及苏联的参战，也构成了战败的原因……进而，我认为，国民道德的低下也是败因之一……我认为，军官民、全体国民都应该彻底地反省并忏悔。我相信，全国人民总忏悔是我国进行重建的第一步，也是国内团结的第一步。①

　　"全国人民总忏悔是我国进行重建的第一步"，实际上是把战败的屈辱转移到民众身上，通过让全体民众自省，达到转移战争责任的目的，掩盖对"战争责任"的追究。9月4日，东久迩又在第八十八次帝国议会的施政演说中，再次把战争责任推卸给全体日本民众：

　　今天我们回顾过去，不是追究谁的责任问题，所有国民都要冷静反省，只有总忏悔、洗净邪心，才能将过去作为未来之借鉴。②

---

　　①　［日］东久迩：《日本再建的方针》，《朝日新闻》1945年8月30日。［日］小森阳一著；陈多友译：《天皇的玉音放送》，上海：三联书店2004年版，第78—79页。
　　②　［日］千本秀树：《天皇制的侵略责任和战后责任》，东京：青木书店1991年版，第146页。

◎ **民众不接受"一亿总忏悔论",扭曲、变了性质的**
　　"一亿总忏悔论"实际包含了三个层面的问题……

　　把"战败责任"偷换为"战败原因"、回避对天皇制的批判,刻意模糊战争责任并把战争责任均摊、转嫁给全体民众,政府提出的"一亿总忏悔论"并没有被民众接受。9月8日,有民众致信《每日新闻》,对"一亿总忏悔论"展开了愤怒声讨:

　　让一个人不停地反省,让一个人不断地忏悔,这不是对整个国民开刀吗?直到天皇宣布停战前,我们不都是在拼命地努力吗?分配不公正啦、各种事业上的消极和失误啦,所有窗口的不明朗啦,导致战斗力低下的,难道不是那些官僚吗?而现在那些达官贵人们有哪一个说"应当反省","应当忏悔"了呢?你们难道不扪心问一问自己:能让那些特攻队和其他战死者的遗属们,让那些在工厂战死的遗属们同罪孽深重的官僚们一起忏悔、一起反省吗?①

　　"一亿总忏悔论"遭到"战败心态各异的日本民众"的强烈反对。特别是那些被一张红纸召集、听从长官命令战死的士兵的遗属,和那些被卷入战争死掉的民众的遗属,他们严厉地批判:难道"牺牲的战死者也要忏悔吗?"②

---

　　①　《每日新闻》1945年9月8日。转引自步平:《跨越战后:日本的战争责任认识·前言》,北京:社会科学文献出版社2011年版,第92页。
　　②　[日]今西光男:《占领期的朝日新闻与战争责任——村山长举与绪方竹虎》,东京:朝日新闻社2008年版,第31页。

　　日本民众拒绝接受"一亿总忏悔论"。原因显而易见，因为达官贵人们都"不反省""不忏悔"，为何仅仅让老百姓忏悔？"一亿总忏悔"的内部首先发生了分裂，责任最大的人呼吁责任最轻的人忏悔，"责任最轻"的一部分人不同意忏悔，这是第一个层面的问题；"一亿总忏悔论"主张的是日本民众向国家和天皇忏悔，而不是向亚洲被害国的国民谢罪、忏悔，这是问题的关键，是第二个层面的问题；还有第三个层面的问题，所有人都有战争责任，就意味着谁也没有战争责任；每个人都有一亿分之一，战争责任被极度稀释，消解于无形。

　　但是，当有记者采访日本市民，问及日本为什么被打败？刚刚经历了战败的日本民众，多数回答竟然是"日本还没有准备好"。[①] 直到20世纪90年代，日本舆论在进行民意调查时仍发现，认识到过去那场战争是侵略战争者不足50％，而认为这场战争是为了生存不得已进行者占50％，同意这场战争是"反抗欧美压迫，解放亚洲诸国"者竟然占了45％，而对此持不同意见者仅有25％。可见"日本之所以掩盖侵略、逃避历史、拒绝反省、缺匮忏悔，绝非只是少数统治者所为，而是有着广泛的社会基础"[②]。

---

①　参见黎秀石：《见证日本投降》，广州：广东人民出版社2005年版，第142—143页。

②　参见赵刚：《〈终战诏书〉背后的思考》，《随笔》2010年第6期。

◎ 日本民众接受了"太平洋战争史观"，真正的忏悔还没有开始，追究战争责任却已经被全面禁止……

日本民众拒绝就战争责任问题"忏悔"，却基本接受了GHQ（联合国军最高司令官）大力宣传的"太平洋战争史观"，即放弃使用"大东亚战争"①而代之以"太平洋战争"（更显美日战争的意味），一方面是突出美国在战争中的作用，主张美国为战胜日本军国主义做出了"最大贡献"，另一方面主张以军部为中心的军国主义者是侵略战争的主要责任者，天皇、宫中派（天皇身边的重臣）、财界、舆论界等属于"稳健派"，是军国主义的"对立势力"，强调日本军国主义者"隐瞒了事实"，"欺瞒了民众"。

这种完全以美国和西方国家利益为基础、以美式价值观评价日本侵略战争的"太平洋战争史观"——只追究了以军部为中心的"军国主义者"的战争责任，而把天皇、宫中集团、财界人士、新闻界人士等"稳健派"作为与"军国主义者"对立的势力看待，"忽略了追究战时体制下舆论机构、社会团体对侵略战争的责任，以及普通民众应该如何正确认识战争等问题"，给"追究战争责任"造成了深远的影响。②

因此，"一亿总忏悔论"从一开始就模糊了"战争责任"

---

① 显然，危险的"大东亚战争"更有"攘夷运动"的意味，而几乎日本所有的对外战争都是以自卫战争为名义，或是冠之以"亚洲解放之义战"和"东亚安定"的"大义名分"。

② 其他重要影响包括：第一，极力突出了美国在战争中的地位和"最大贡献"，无视中国和亚洲抗日战场的存在，抹杀中国、朝鲜以及东南亚诸国反法西斯的历史贡献。第二，忽略了日本对中国台湾、朝鲜的殖民统治问题。所以在后来的东京审判中没有追究日本的殖民统治责任。第三，着意保护天皇和政界官僚、财阀等免受战争责任追究，更无意去清理酿就军国主义的社会基础和政治土壤。参见王希亮：《评"一亿总忏悔"与"天皇退位论"》，《抗日战争研究》2003年第1期。

和"败战责任"的界限，其政治用意就是要将"开战责任论"模糊为"战败原因论"，回避日本作为国家行为而应承担的发动侵略战争的责任，"一亿总忏悔论"的真相就是"一亿不忏悔"。

庇护天皇、政治家、右翼、财阀的"指导者战争责任观"又削弱了对日本法西斯国家战争机器的彻底追究，模糊了参与战争、协力战争的普通民众及社会各界的战争责任意识，[①] 它的直接后果就是彻底消解了日本社会各界的战争责任意识，包括一般国民[②]的战争责任也被误导和淡化。

追究日本的战争责任，是实现日本人真正"忏悔"的前提，需要国际力量和日本国内运动相结合，共同发挥作用。外因是战胜国对战败国的占领，敦促日本必须反省战争责任；内因是日本国内爆发民主运动，自发要求追究相关责任者的战争责任并深刻反省。[③] 但是由于东京审判的缺陷，如排除了对"反人道罪"的起诉，有目的地掩盖了重大的战争犯罪、没有审判最大的战犯裕仁天皇等等，未能惩罚日本犯下的战争罪行，这一促使日本彻底反省战争责任的国际审判未能达到目的；而日本对于战争责任的认识相当淡漠，从内部

---

① 关于"一亿总忏悔论"对追究日本各界战争责任的影响，参见王希亮：《评"一亿总忏悔"与"天皇退位论"》，《抗日战争研究》2003年第1期。

② 按照家永三郎在《战争责任》一书中对"一般国民"的解读，"一般国民"是指当时处于被统治地位的日本国民，不包括那些身处国家机关地位且在策划、实行、推进战争方面拥有权力的人。民间的金融资本家或产业资本家虽然不属于国家权力机关之内，而实际权力与位居国家机关中的人的权力几乎接近，甚至时有过之；因此不能将他们同列于庶民。应该包括知识文化人、媒体工作者、宗教界人士、民间自然团体和人为组织、女性与少年儿童以及日本共产党和一般大众，"至少在道义上应该负有连带责任"。

③ ［日］石田雄：《50年来战争责任论的变迁与今天的课题》，载［日］石田雄《记忆和忘却的政治学——同化政策·战争责任·集合的记忆》，东京：明石书店2000年版。转引自步平：《跨越战后：日本的战争责任认识·前言》，北京：社会科学文献出版社2011年版，第51页。

产生"追究战争责任的自觉"也一直是"一个相当困难和复杂的过程"。①

尤其是在冷战爆发后，美国迅速调整了对日政策，真正的"忏悔"还没有开始，追究战争责任问题已经在1946年3月被GHQ全面禁止。相反，否定东京审判、批判"东京审判史观"以及持有自由主义史观的人开始批判反省战争责任，这是对亚洲邻国最大的伤害。②

① 关于东京审判的缺陷，参见步平：《跨越战后：日本的战争责任认识·前言》，北京：社会科学文献出版社2011年版，第64—69页。

② 以上观点参见［日］涛川荣太：《战后历史教育的大罪》，刊载于新历史教科书编纂会编《新日本的历史开始》，东京：幻冬社1997年，第190页。［日］佐藤和男：《东京审判和国际法》，刊载于历史检讨委员会编：《大东亚战争的总括》，东京：展转社1995年版，第202页。

结束语

中国抗日战争是世界反法西斯战争的重要组成部分，中国战场是世界反法西斯战争的东方主战场，中国是世界反法西斯战场上的一支重要力量。

中国军民坚持抗战，牵制了日本陆军70%以上的力量，使其无法北上进攻苏联——避免了苏联两线作战，才能够在莫斯科保卫战的最为危急时刻，从远东地区抽调兵力，放手与德国法西斯决战。对此，斯大林非常清楚："只有当日本侵略者的手脚被捆住的时候，我们才能在德国侵略者一旦进攻我国的时候，避免两线作战"。[①]

中国战场还迟滞了日军"南进"的步伐。太平洋战争爆发后，由于中国战场牵制了日本陆军主力35个师团，使其仅能派出10个师团在太平洋战场上与美军决战。[②] 使日军首脑不得不明确战略：在解决中日战争前不可能参加欧洲事务，不可能西进帮助德国。[③] 对此，罗斯福亦承认，假如没有中国，日本可以一直冲向中东和德国配合起来，举行一个大规模的夹攻，在近东会师，把俄国完全隔离起来，吞并埃及，斩断通往地中海的一切交通线。而且，"中国人若不继续对日作战，美国很有可能在攻克日本本土各岛之后，不得不在中

[①]　《中国时事月报》1929年12月号。

[②]　太平洋战争爆发时，日本陆军兵力总计51个师团，其中在中国本部22个，中国东北13个，在朝鲜2个，日本本土留有4个，东南亚战场是10个。在中国本部作战的日军占到陆军总兵力的43%，太平洋战场的日军陆军兵力仅占19.6%，整个中国战场抗击了日本陆军国外作战总兵力的69%。参见胡德坤：《中日战争史》，武汉：武汉大学出版社2005年版，第456—457页。

[③]　谢启美，王杏芳：《中国与联合国》，北京：世界知识出版社1995年版，第9页。

国大陆进行一场大战"① 。但是，显然中国"为我们赢得了时间，宝贵的时间"② 。

在这场波及60多个国家和地区，五分之四世界人口被卷入的反法西斯侵略战争中，中国的抗日战争开始时间最早、持续时间最长。③ 中国军民长期英勇抗战，大量消耗和削弱了日本法西斯的战争实力，有力地支持了美、英等盟国在太平洋战场上的作战，在战略上有力地配合和援助了世界反法西斯战争。

当美军在太平洋战场上遭遇凶残的日军而节节败退的时候，国际友人们开始惊异于我国坚强抵抗的力量与精神，他们都承认：

假如没有中国伟大的抗战，太平洋上各自由民族的命运恐怕早已被决定。因为中国抗战的原故，现在为自由而奋斗的战争才得继续。④

特别是1937年日本全面侵华战争以来，战火燃烧到了华北、华中和华南地区，中国共产党倡导建立并坚决维护抗日民族统一战线，依靠全面抗战路线，开辟了广阔的敌后战

---

① ［美］罗伯特·达莱克著：陈启迪等译：《罗斯福与美国对外政策（1931—1945）》（下册），北京：商务印书馆1984年版，第704页。

② ［美］富兰克林·罗斯福著；关在汉编译：《罗斯福选集》，北京：商务印书馆1982年版，第328页。

③ 中国抗日战争从1931年九一八事变到1945年日本投降总计14年；美国对日作战从1941年12月太平洋战争爆发到日本投降，时间不足4年；苏联从1945年8月对日宣战到日本投降，时间不到1个月。

④ 曹聚仁，舒宗侨编著：《中国抗战画史》（下），北京：中国文史出版社2011年版，第663页。

场，与国民政府正面战场配合作战，取得了辉煌的战绩。

八年全面抗战期间，在正面战场共进行大规模会战22次，重要战役200余次，大小战斗近20万次，320余万将士血染沙场，旅以上将领牺牲189人，歼灭日军150余万人，伪军118万人。战争结束时接收投降日军128万余人，接收投降伪军146万余人。[①] 在敌后战场，共产党领导的抗日武装作战12.5万次（主要是游击战），消灭日、伪军170万人，人民军队发展到120余万人，建立了约100万平方公里、近1亿人口、19个省区的抗日根据地，[②] 迫使日军的占领只限于主要交通线和重要城市，只要有日本人的地方，共产党人就跟着进入组织民众反抗，"这辉煌的武功——令日本人为之咋舌"[③]。以至于美国军事评论家威尔纳在《日本大陆战略的危机》一文中称赞说：

在第二次世界大战中，没有一个地方的游击战能够担当

---

① 参见罗焕章：《中国人民是打败日本帝国主义的决定因素》，《抗日战争与中国历史——"九一八"事变60周年国际学术讨论会文集》，沈阳：辽宁人民出版社1991年版，第65页。

关于日军在中国战场伤亡人数，历来统计不一。有说总计歼灭日军133万人，不包括其在东北地区前6年中的伤亡数和滇缅作战中被中国军队毙伤数，参见宋时轮：《不可磨灭的历史贡献》，《世界历史》1985年第8期。有说总计歼灭日军233万人，正面战场歼灭日军约53万人，敌后战场歼灭日军52万人，受降日军128万多人，参见郭汝瑰、黄玉章：《中国抗日战争正面战场作战记》，南京：江苏人民出版社2002年版，第1417页；还有根据《日本陆海军事典》引用厚生省1956年调查数据统计，日军共有70.6万人死亡，参见张明金、刘立勤：《侵华日军历史上的105个师团》，北京：解放军出版社2010年，第426—427页。

② 《难忘"八·一五"——抗日战争胜利时刻的回眸》，《人民日报》1995年8月15日。

③ 美国当代著名记者、政治评论家白修德，英文名西奥多·怀特，《时代》杂志驻亚洲记者，他在这一句感叹之后，紧接着也承认共产党人的快速发展"让蒋介石的中央政府军惶恐不安"。[美]白修德著；崔陈译：《中国抗战秘闻——白修德回忆录》，郑州：河南人民出版社1988年版，第81页。

游击战在中国将要而且能够担负的战略任务。日本的后方充满了中国游击队，他们有15年的战斗经验。①

◀ 1945年1月27日，中国远征军、驻印军在缅甸芒友会师，缅北滇西反攻作战取得完全胜利

　　中国坚持抗战，不仅有力地策应和配合了世界反法西斯战争的全局，而且为盟国和受侵略国家提供了人力、物力和道义援助。仅在1942年到1945年3年中，30万中国远征军就以伤亡10万人的代价，与盟军协同作战将日本侵略者赶出了缅甸，为缅甸和东南亚各国人民的解放事业作出了重大贡献。② 同时，抗日战争也使中国付出了至为惨痛的代价。据不完全统计，中国军民伤亡3500余万人，日本侵略给中国造成的直接经济损失为1000亿美元，间接经济损失5000亿美元

---

① 威尔纳：《日本大陆战略的危机》，《解放日报》1945年7月18日。

② 参见肖裕声，付晓斌：《中国维护世界和平与地区安全的历史作用》，《军事历史》2008年第1期。

（按1937年的比值计算）。① 这就是中国人民对世界反法西斯战争作出的巨大贡献。

正是基于此，抗战胜利之际，中国的国际地位空前提升，一举跻身美英苏中四大国行列。1942年1月1日，中国与美英苏三国作为发起国，与赞同《大西洋宪章》、支持成立国际反法西斯统一战线的其他二十二国共同发表了《二十六国宣言》（《联合国家共同宣言》）。承认维护世界和平的重要性，承认不同社会制度国家的共处与合作，推动战后世界经济与政治的发展，中国是雅尔塔体系的创建国之一。雅尔塔体系在一定程度上满足了中国对维护民族独立和国家主权完整的诉求，中国的大国地位继续得到了认可：1945年6月25日，以英法俄中西五种文字书写的《联合国宪章》，由50国首席代表一致通过，中国成为联合国安理会常任理事国。作为反法西斯战争胜利的重要成果——维护战后和平与安全的国际机构，联合国以"大国一致"作为安理会运作的基础原则，这使得中国作为常任理事国能够参与国际事务，发挥举足轻重的作用。

给人类带来浩劫的第二次世界大战已永远地成为历史，但是战争的阴霾从未彻底散去，漫长的"战后"并未结束，挑战公理正义的势力一直都在告诉世人：战争并不遥远，历史也不是不能重演。

---

① 参见李忠杰：《抗日战争时期中国人口伤亡和财产损失调研丛书总序》，《人民日报》2014年12月10日；罗焕章：《中国人民是打败日本帝国主义的决定因素》，《抗日战争与中国历史——"九一八"事变60周年国际学术讨论会文集》，沈阳：辽宁人民出版社1991年版，第65页。陈锦华编著：《中日关系大事辑览》，北京：中国人民大学出版社2012年版，第46—47页。

在纪念中国抗日战争胜利70周年之际，我们回顾血迹斑斑的历史，"无忏悔的日本"更让我们警醒。1945年9月2日，在东京湾的美国战列舰"密苏里"号上，《大公报》记者朱启平亲历了日本签字投降全过程。在此后的12天时间里，朱启平几次到横须贺、横滨、东京等地采访，"天天走，天天看，天天听"，他发现"战败国充满决战空气，何其反常！""无论是日本政府还是人民，在检讨这场战争时，没有一个非议这场侵略战争的本身，他们的检讨只集中在何以战败这一点。""长期侵略没错，今日之战没错，大和子孙又是世界上最优秀的民族，那么战争怎会失利呢？当然是由于意料不到的因素：原子炸弹和苏联参战。"

所见所闻，令他愕然："深感到日本目前的投降是临时休战，盟国对日必须严厉公正，以永绝战祸，中国对日尤须慎防万一"，"万一他们再起，第一个当是找中国再次寻衅复仇"。他还强调说："我不是危言耸听，这个结论是根据许多事实归纳出来的。"当年，这"许多事实"就刊登在1945年10月2至4日的《大公报》上：

"本土决战"空气

8月28日当首批美舰入东京湾时，13个日本领航员分登各舰，随同入湾。我曾和其中一个谈话。他告诉我，这场大战从日本方面而论，虽然是由军阀领导发动，但是人民大体上也一心一意拥护战争，没有反对。因此战争的责任不能单由军阀负担，日本人民也不能辞其咎。他又说，日本人民知道战争的发展对他们不利，但是还是相信可以获得最后胜利的。这次投降对人民是意外。他的话在我脑海中久久盘旋。

以后我在各处走，我渐渐感到他的话是实在的。我发现这战败国家充满了"本土决战"的空气。日本沿海遍筑防御工事。东京湾上要塞共有巨炮一百六十二尊，这些大炮是可以和美国战斗舰上的大炮对抗的。我到富士山，途中在沿海一恬静小镇上过了一夜。我在一群孩子比赛跳远的沙滩上散步，看见许多机枪在阵地沿岸散布。我在各处看见无数军人，大概是刚退伍的。他们那副敌忾神气，说来几乎不能令人相信的。某次我乘火车，旁边是个年轻军官，我请他抽烟，他万分不得已地接过烟，点上火，抽两口，便狠狠地把烟丢出窗外。一时之间竟使我糊涂了，究竟谁是战胜者？他，还是我？这类军人我后来到处遇到，表现的神情或有不同，基本的态度总是一致的。

战败国充满决战空气，何其反常！

……

战败原因

这点是最值得注意的：无论是日本政府还是人民，在检讨这场战争时，没有一个非议这场侵略战争的本身，他们的检讨只集中在何以战败这一点。换句话说，这仗是应该打的，如果打胜了，便万事如意，皆大欢喜。不对之处，就是打败了。何以打败了？

他们认为战败的原因是：一、原子炸弹——美国在科学研究上较日本进步，发明这可怕的原子炸弹，使日本人无法抵抗。好像一个人突然中了魔法，失去力量。他们因此大声疾呼提倡科学，加紧研究。二、苏联参战——他们认为苏联对日参战是乘人之危，苏联参战使他们亚洲大陆上军事形势整个改观，无法再打。

他们硬说纳粹投降后日本仍可最后胜利，日本的武士道精神永远可以战胜美国的优势武器，大和民族还是比世界上其他民族更优秀。目前的失败投降是一时挫折，将来准有翻身之日！

释疑

日本的整个近代史是部侵略史，日本统治阶级是以侵略起家的。日本的人民被六七十年侵略的成功陶醉了，因此许多人和统治阶级一般认为侵略是理所当然的。日本统治阶级和许多人都不肯承认他们近年来的历史页页都错。以往的历史都是不错的，现在这场战争是这历史发展的自然结果，怎能有错呢？六七十年大和子孙处处成功，事事成功，足证民族优秀之至，今天一朝的挫折，怎能使民族减价呢？

长期侵略没错，今日之战没错，大和子孙又是世界上最优秀的民族，那么战争怎会失利呢？当然是由于意料不到的因素：原子炸弹和苏联参战。当然是由于天皇悲天悯人，避免人类的大流血，日本并没有注定失败。日本的政府和许多人便这样自欺欺人地认识和解释这场战争！

目前的失败投降不过是一时的挫折，哪个国家民族的历史中没有挫折呢？跌倒了可以爬起来的啊！日本统治阶级和许多人便是如此打算，如此认识！这些认识、解释、盘算和认识，加在一起等于什么？目前日本的投降是临时休战，忍气吞声，伺机再起。

……

自我警惕

依目前情形，日本当永远不能再起。但是世界多变，第一次世界大战后的德国不是好像永世不得翻身吗？而1939年纳粹却再起战端。从我们中国人立场打算，不能不防这万一。

现在日本对中国的态度，真是可恶又可笑。虽然经过八年大战，日本对我国故态依然。日本完全不理会中国为何抗战，不认识我们抗战的精神，还是鲸吞蚕食的一套旧观念。他们说我们收复东北是"并吞满蒙"；名人著文大谈中日亲善，说"支那事变"是日本和蒋主席之间一点小误会。字里行间，好像大多数中国人是欢迎日军的侵略占领似的。他们还轻视中国，认为中国荏弱分裂。

他们这态度，显然引出一个结论，万一他们再起，第一个当是找中国再次寻衅复仇。①

历史是最好的教科书，历史也总是惊人的相似。

1940年出生于吉林通化的熊谷宪治，在日本投降的时候刚满5岁，根据自己懵懂的记忆和母亲后来的讲述，他回忆说："印象中，那天母亲慌慌张张地告诉我，出门看到了从来没有见过的光景，周围的中国农户家家挂出了中国旗帜。啊，大家如梦初醒，这是别人的国家，别人的土地。我们日本人一直占领着别人的土地。"1962年出生的秋山博史是日本典型的战后一代，他的日本兵爷爷曾在中国作战，战后从不向家人提起中国的事情——这是绝大多数日本侵华老兵的惯

---

① 朱启平：《69年前中国记者亲历：日本投降只是临时休战》，《军事文摘》2005年第7期。

常做法。但是秋山清晰地记得有一年的8月15日，电视中出现了"战殁者追悼仪式"直播画面，他的爷爷一个箭步上去关掉了电视。在秋山看来，这时他的爷爷有一种厌恶情绪，不愿意因此勾起对那场战争的记忆，秋山认为"这也是战争给人带来的永久创伤吧"[①]。

只有到了日本投降的那一天，日本人才发现"这是别人的国家，别人的土地，我们日本人一直占领着别人的土地"。日本人并非不知道自己的罪恶，只是在自己的罪恶被人家揭露时才感到罪恶的存在，但是日本人选择解脱自己罪恶的办法不是接受惩罚，而是"一个箭步上去关掉了电视，不愿意因此勾起对那场战争的记忆"——如果没有暴露，没有旁观者就要掩盖下去，就故意视而不见、以为能够瞒天过海，这真是无羞耻的"耻感文化"的集大成表现。

8月15日，在日本政府和媒体的正式称谓中是"终战日"，而不是"战败日"，这种故意的"视而不见"的表述，完全回避了日本发动的那场侵略战争所承载的罪恶和教训。作为战争中的施暴者，日本的罪恶在战后没有受到应有的惩罚，战争罪责未能得到彻底清算：美国出于对抗苏联的战略需要，免除了裕仁天皇的战犯惩罚，日本实际达到了"有条件投降"的目的，而日本政府和天皇利用了"一亿总忏悔"，以表面上的"全民有罪论"，实际上的"全民无罪论"，模糊了战争责任。战败投降的日本却自称"终战"，并在1956年《经济白皮书》中宣布"战后已经结束"。但是"二战"结束已经70

[①] "8·15"日本投降日：正义和平之光不时被阴霾遮掩。
http://hebei.ifeng.com/edu/wenhua/detail_2014_08/15/2771742_0.shtml（2015-5-19）.

多年，距离日本所谓的"战后已经结束"已超过60年——仍然顽固地逃避战争责任，经常美化侵略战争，至今未能与侵略过、蹂躏过的亚洲国家和人民达成和解！不能真诚地对战争罪恶进行忏悔，"日本的战后"如何能结束？

每年的8月15日，日本内阁成员都要集体参拜靖国神社，文部省接连审定通过右翼学者编写的历史教科书，右翼分子不断美化侵略战争、否定南京大屠杀，首相拒绝明确承认《波茨坦公告》，政府对慰安妇历史既不承认也不道歉，等等，这些反复出现的对战争罪行的无忏悔行径，无不引起亚洲各国政府和民众的强烈抗议，也无时无刻不在提醒中国和全世界爱好和平的人们：日本至今没有为侵略战争造成的罪责进行忏悔！也从来没有与当年侵略过、蹂躏过的亚洲国家和民众达成和解！"日本的战后"怎么能结束？

安倍政府2019年加紧了修宪步伐，为对外使用武力松绑，不断地挑战数千万鲜活生命换来的世界和平秩序！这是全世界所有爱好和平的国家和人们必须要警惕和坚决反对的。

附　录

日本投降了

《大公报》社评　1945年8月16日

剑外忽传收蓟北，初闻涕泪满衣裳。却看妻子愁何在，漫卷诗书喜欲狂。

白日放歌须纵酒，青春作伴好还乡。即从巴峡穿巫峡，便下襄阳向洛阳。

日本投降了！抗战结束了！在八年苦战之余，得见这胜利的伟大日子到来，我们真是欢欣，真是感激，在笑颜上流下泪来！

中华民族不是没有光荣的历史，中华民族更不是一个卑屈的民族，但是近百年来，尤其自甲午战争这五十年来，中国受这个后起的邻邦的侵略压迫，真是耻辱重重，记不胜记。此时活着的中国人，六十岁以下的人，自从记得事情以来，谁不是满头脑满心灵的日本对我们的掠夺欺压以至不堪言说的凌辱？中国本无负于日本，且毋宁还有灌溉提携之谊；但是日本一旦羽翼成熟，便以侵略中国甚至灭亡中国为国策。自甲午之战，日本在辽东一域击败了清朝统治的中国，自此便矜伐夸大，沾沾以强国自喜，再十年而击败帝俄，又十年而投机欧战，劫得帝德在东方的藏物，日本遂俨然成为世界的巨强了。日本于此时既实际的宰治了我们东北，又据夺了山东半岛，它尚不以此为满足，二十一条要求豁然表露灭亡中国的野心，虽然签订了九国公约，而决无遵守的诚意。请日本军阀想想，九一八之夜你们干的什么事？自炸南满铁路，突袭北大营，就那样到处烧杀劫掠，在不抵抗之下，吞没了整个的东北。你们那时就是踌躇满志，得意洋洋，毁约背义，唯力是观，试问本庄繁、林铣十郎、荒木贞夫之举在人类史上犯了多么大的罪恶？由那时起，一挑□，再挑□，今天山海关，明天热河，今天古北口，明天进长城，步步进逼。既已得塘沽协定，而仍步步进逼，攫得了烟台，便跳到了卢沟桥，终把中国逼到最后的忍耐线，逼出了中国的抗战。试问酒井隆、土肥原贤二、岗村宁次之徒又犯了多么大的罪恶？既诉诸战争，日本军阀的手段又如何呢？甲午之战，日本军队把旅顺的中国人杀得精光，只留十二个人掩埋其万千同胞的尸体！在这次战事中，日本军阀大屠杀南京，伏尸十五万！松井石根那贼徒又犯了多么大的罪恶？自此以往，这八年来，随着日本军阀的铁蹄，北起大青山，南极海南岛，东起海滨，西至鄂西，迂回至湘桂以迄黔南，真是步步血股，处处罪行。桂黔线上，尸臭犹存，既濒最后失败之际，在我们所收复的牟柳桂三城，都是一片瓦砾，孑遗无存。日本军阀的暴戾，比之西方纳粹，简直是过之而无不及。到今天，豪强半世纪的日本失败了，海陆空三军解甲投向了。勃然而兴，蹶然而倒，其命运正如日本的樱花，开始极为绚烂，极盛便攸然凋零。日本人说：花是樱花，人是武士。这都是极端无常的象征。樱花盛开便攸然凋零，武士最猛勇时就是他捐躯疆场的一刹那。在日本人初以中国字制造文字的时代，就有了一首诗，其起首与结尾的两句："色与香都是要散的啊"、"我们的人生谁能维持永久呢？"那不正是日本命运的写照吗？日本国家的命运真像那个样子，是由明治起；由明治而大正，而昭和，不满三代，短短七十几年，而今蹶然倒仆了！

日本是失败了，虽然日本这样侵略我们，压迫我们，甚至凌辱我们，而在今日，我们处于胜利的地位，但我们对于日本民族，只有怜悯，只有哀矜，而绝对没有骄狂之情。我们本有"闻胜不骄"的古训，蒋主席告全国军民同胞，"我中国同胞须知'不念旧恶'及'与人为善'为我民族传统至高至贵的德性，我们一贯声言，只认日本黩武的军阀为敌，不以日本人民为敌。"若冤冤相报，无有已时，那绝不是人类相处及世界安宁之道。老实说，我们除了那深恶痛绝日本军阀的严重错误及万恶罪行外，却从不鄙视日本人民。看昨天昭和宣布投降诏书时的东京景象，以及内外军民一致奉诏的忠诚，实在令人悲悯，甚且值得尊敬。日本这民族是不平常的，只要放弃了穷兵黩武的思想，打开了狭隘骄矜的情抱，在民主世界的广野上，日本民族是可以改造，可以复兴的。

日本投降了！中国抗战胜利了！世界和平重现了！中国人在今天真可以抬头看人了！我们焉得不喜？受八年的长期苦难，遭累万的生命牺牲，得见今日。我们畅饮胜利之酒，同时留下感激之泪。我们感激最高统帅的英明领导，以他那副坚强的意志，使国家历万险而不挠。我们感激全国的英勇将士，以他们的前仆后继，奋斗牺牲，使国家在屡败屡战中获得最后的胜利。我们感激全国忠贞爱国的同胞及奉公尽职的官吏，以着大群人的忠贞守职，给千灾百难的抗战构成不拔的基础。我们感激盟国及其人民的同情，援助以及共同作战，没有广大的世界的民主阵容，中国抗战是难以获得胜利的。我们感激罗斯福故总统，杜鲁门总统，邱吉尔前首相，史达林委员长，以及各盟邦的政治家学者将士们的指导与援助，没有这些，中国抗战是难以获得胜利的。我们有说不尽的感激之情，这感激之情在每个中国人的心头，将会构成伟大的力量，使中国在抗战胜利的路上更走上建国成功的路上。

由抗战到胜利，历时八年多，在抗战初期，有谁做过今天的梦？以本报同人来说，七七变起，平津失陷，我们的津版先断；八一三变起，大战三月，淞沪沦陷，我们的沪版又停；翌年，武汉撤退，我们的汉版迁渝；太平洋战起，我们的港版沦陷；去年敌军长驱入桂，我们的桂版也绝。八年来颠沛流离，只剩渝版，坚卫抗战大局，以迄最后胜利的到来！八年来所想望的胜利到来了，为今日的中国人民真是光荣极了！这是第一点感想。我们以前忧虑胜利的艰难，近两年来，任何人都知道胜利是必然能得到了，但大家却又有一种悄然的深忧，就是胜利既属必然，但我们如何能使国家不乱呢？今天日本投降了，一使我们的胜利实现，同时也使我们内乱的危机大大减少。人人在忧虑内乱，而内乱的危机是在反攻期间。而今日本投降，以后沦陷区的光复，使和平收复，自然大减内乱的危险。这最是此时国人所开心的。解决国家问题，民主宪政是一条坦途。国民党既决心还政于民，国民政府也准备结束训政，民主宪政的实现，应该是水到渠成的事了。

在我们欢庆胜利到来之时，国内也有一个令人兴奋的新闻，就是蒋主席致电毛泽东先生，请其克日来渝，共商国是。这真令人兴奋欣慰。当此重大时会，国家今后的治乱，人民固然全体有责，而起转折与善导，毕竟握于一二贤明领袖人物之手。蒋主席既掬诚相邀，期共商讨；毛先生自然也应该不吝一行，以定国是。果使国家的统一与团结完成于一席谈，那真是喜上加喜，不但八年抗战为不虚，且将奠定国家建设的千年大计！忠贞爱国的中国人，都在翘待毛先生的惠然肯来了！

杜子美闻捷诗，有"青春作伴好还乡"之句。抗战胜利了，使流离播迁的人们人人能够快乐还乡，我们的胜利可算是胜利无缺了。我们以闻捷而喜，并为还乡而祝！

对日寇的最后一战

毛泽东

八月八日，苏联政府宣布对日作战，中国人民表示热烈的欢迎。由于苏联这一行动，对日战争的时间将大大缩短。对日战争已处在最后阶段，最后地战胜日本侵略者及其一切走狗的时间已经到来了。在这种情况下，中国人民的一切抗日力量应举行全国规模的反攻，密切而有效力地配合苏联及其他同盟国作战。八路军、新四军及其他人民军队，应在一切可能条件下，对于一切不愿投降的侵略者及其走狗实行广泛的进攻，歼灭这些敌人的力量，夺取其武器和资财，猛烈地扩大解放区，缩小沦陷区。必须放手组织武装工作队，成百队成千队地深入敌后之敌后，组织人民，破击敌人的交通线，配合正规军作战。必须放手发动沦陷区的千百万群众，立即组织地下军，准备武装起义，配合从外部进攻的军队，消灭敌人。解放区的巩固仍应注意。今冬明春，应在现有一万万人民和一切新解放区的人民中，普遍地实行减租减息，发展生产，组织人民政权和人民武装，加强民兵工作，加强军队的纪律，坚持各界人民的统一战线，防止浪费人力物力。凡此一切，都是为着加强我军对敌人的进攻。全国人民必须注意制止内战危险，努力促成民主联合政府的建立。

中国民族解放战争的新阶段已经到来了，全国人民应该加强团结，为夺取最后胜利而斗争。

1945年8月9日，毛泽东发表《对日寇的最后一战》讲演。

《解放日报》1945年8月10日

延安总部发布受降及配合苏军作战等 七号命令

延安总部命令第一号

日本已宣布无条件投降，同盟国在波茨顿宣言基础上将会商受降办法。因此我特向我解放区所有武装部队发布下列命令：

一、各解放区任何抗日武装部队均得依据波茨顿宣言规定向其附近各城镇交通要道之敌人军队及其指挥机关送出通牒，限其于一定时间向我附近部队缴出全部武装，在缴械后，我军当以优待俘虏条例给以生命安全之保护。

二、各解放区任何抗日武装部队均得向其附近之一切伪军伪政权送出通牒，限其于敌寇投降签字后，率队反正听候编遣，逾期即须全部缴出武装。

三、各解放区所有抗日武装部队如遇敌伪武装部队拒绝投降缴械，即应予以坚决消灭。

四、我军对任何敌伪所占城镇交通要道都有全权派兵接受，进入占领实行军事管理，维持秩序，并委任专员负责管理该地区之一切行政事宜，如有任何破坏或反抗事件发生，均须以汉奸论罪。

总司令 朱德

1945年8月10日24时

延安总部命令第二号

为配合苏联红军进入中国境内作战，并准备接受日、"满"敌伪军投降，我命令：

一、原东北军吕正操所部由山西绥远现地，向察哈尔、热河进发。

二、原东北军张学诗所部由河北、察哈尔现地，向热河、辽宁进发。

三、原东北军万毅所部由山东河北现地，向辽宁进发。

四、现驻河北、热河、辽宁边境之李运昌部即日向辽宁、吉林进发。

总司令　朱德

1945年8月11日8时

延安总部命令第三号

为配合外蒙古人民共和国军队进入内蒙及绥热察等地作战，并准备接受日、"蒙"敌伪军投降，我命令：

一、贺龙所部由绥远现地向北行动。

二、聂荣臻所部由察哈尔、热河现地向北行动。

总司令　朱德

1945年8月11日9时

延安总部命令第四号

为实现肃清同蒲路沿线及汾河流域之敌伪军，并准备接受敌伪军投降与进入太原之任务，我命令：

一、所有山西解放军统归贺龙指挥，统一行动。

二、在达成任务时，应克服一切困难，击破前进路上一切敌伪之阻碍，如遇抗拒，应坚决消灭之。

总司令　朱德

1945年8月11日10时半

延安总部命令第五号

为肃清中国境内交通要道之敌伪军队，并准备接受敌伪军投降，我命令：

所有沿北宁路、平绥路、平汉路、同蒲路、沧石路、正太路、白晋路、道清路、津浦路、陇海路、粤汉路、沪宁路、京芜路、沪杭路、广九路、潮汕路等铁路线及其他解放区一切敌伪交通要道两侧之中国解放区抗日军队统应积极举行进攻，迫使敌伪无条件投降。在执行上项任务时，应克服一切困难，击破前进路上一切敌伪之阻碍，如遇抗拒，应坚决消灭之。

总司令　朱德

1945年8月11日11时

延安总部命令第六号

为配合苏联红军进入中国及朝鲜境内作战，解放朝鲜人民，我命令：

现地华北对日作战之朝鲜义勇队司令武亭、副司令朴孝三、朴一禹立即统率所部，随同八路军及原东北军各部向东北进兵，消灭敌伪，并组织在东北之朝鲜人民，以便达成解放朝鲜之任务。

总司令　朱德

1945年8月11日12时

延安总部命令第七号

当我解放区抗日部队进入敌伪侵占之城镇要塞后，我命令各部队司令员负责实施下列紧急军事管制。

一、规定管制区域，指定警戒部队，委任卫戍司令，负责实施军事戒严。

二、划出安置俘虏及日本居留民区域，实施军事管制。

三、登记及逮捕战争罪犯及卖国奸贼。

四、控制一切军事性质的机关、仓库、工厂、学校、兵营及要塞，严禁自由出入。

五、控制一切轮船、火车、军用汽车、水陆码头及邮政、电话、电报、无线电机关，实施严格军事检查。

六、控制一切军用和商用的飞机场及其仓库，派兵驻守，严行保护。

七、维持秩序，保护居民，严防反动破坏分子及残留敌探奸细进行破坏活动，如有发现，应行军事制裁。

八、居民中如有抗日武装组织，应令其报告人数武器，归该地区卫戍司令指挥。

九、通告居民不得藏匿敌伪分子及散枪武器，一经发现，应予严惩。

十、管制粮食，煤炭及水电，严禁奸商囤积操纵。

总司令　朱德

1945年8月11日18时

（以上选自《解放日报》）

朱总司令命令冈村宁次投降

（1945年8月15日15时）

中国解放区抗日军总司令朱德将军，致南京日军最高指挥官冈村宁次急电如下：

南京冈村宁次将军：

（一）日本政府已正式接受波茨顿宣言条款宣布投降。

（二）你应下令你所指挥下的一切部队，停止一切军事行动，听候中国解放区八路军、新四军及华南抗日纵队的命令，向我方投降。除被国民党政府的军队所包围的部分外。

（三）关于投降事宜，在华北的日军，应由你命令下村定将军派出代表至八路军阜平地区，接受聂荣臻将军的命令，在华东的日军，应由你直接派出代表至新四军军部所在地天长地区，接受陈毅将军的命令；在鄂豫两省的日军，应由你命令在武汉的代表，至新四军第五师大悟山地区，接受李先念将军的命令；在广东的日军，应由你指定在广州的代表，至华南抗日纵队东莞地区，接受曾生将军的命令。

（四）所有在华北、华东、华中、及华南之日军（被国民党军队包围的日军在外），应暂时保存一切武器、资材，静候我军受降，不得接受八路军、新四军及华南抗日纵队以外之命令。

（五）所有华北、华东之飞机、舰船，应即停留原地；但沿黄海、渤海之中国海岸的舰船，应分别集中于连云港、青岛、威海卫、天津。

（六）一切物资设备，不得破坏。

（七）你及你所指挥的在华北、华东、华中、及华南的日军指挥官，对执行上述命令应负绝对的责任。

中国解放区抗日军总司令朱德将军

（选自《解放日报》）

黎明的信号

作者 鲁 藜

啊 大锣 大锣

啊 大鼓 大鼓大喇叭

鼓呦打呦

同志们 吹得更响吧

狂热得更狂热呦

把我们的生命更美丽的

装饰起来吧

啊来了 又来了

妈妈也抱孩子来了

来吧 来吧

把可爱的孩子举在头上

把孩子送到星空里去

把我们美丽的幻想

送到世界更宽阔的地面

上去啊

向天上 向天上

把红色的太阳点起来

听吧 听吧

兄弟姐妹们

黑夜已经走到了末路

晨鸡已经叫唤了

黑暗开始从东方总崩溃

那祖国的土地上

已吹起了黎明的信号

看吧 看吧

看光明要泛滥了东方

让我们行进吧

兄弟姐妹们

向海洋 天空 大地前进吧

把那同志流血的地方

变成新主义的花园

把那人民受难的地方

播种自由和幸福

去啊 去啊

黎明的光芒万丈

照耀在我们进军的道路上

兄弟们 姐妹们 去啊

啊大锣大锣

啊大鼓大鼓大喇叭

鼓呦打呦

同志们 吹得更响吧

狂热得更狂热呦

把我们的生命更美丽的

装饰起来吧

啊来了　又来了

妈妈也抱孩子来了

来吧　来吧

把可爱的孩子举在头上

把孩子送到星空里去

把我们美丽的幻想

送到世界更宽阔的地面

上去啊

向天上　向天上

把红色的太阳点起来

听吧　听吧

兄弟姐妹们

黑夜已经走到了末路

晨鸡已经叫唤了

黑暗开始从东方总崩溃

那祖国的土地上

已吹起了黎明的信号

看吧　看吧

看光明要泛滥了东方

让我们行进吧

兄弟姐妹们

向海洋　天空　大地前进吧

把那同志流血的地方

变成新主义的花园

把那人民受难的地方

播种自由和幸福

去啊　去啊
黎明的光芒万丈
照耀在我们进军的道路上
兄弟们　姐妹们　去啊

啊大锣大锣
啊大鼓大鼓大喇叭
鼓呦打呦
同志们　吹得更响吧
狂热得更狂热呦
把我们的生命更美丽的
装饰起来吧
啊来了　又来了
妈妈也抱孩子来了
来吧　来吧
把可爱的孩子举在头上
把孩子送到星空里去
把我们美丽的幻想
送到世界更宽阔的地面
上去啊

向天上　向天上
把红色的太阳点起来
听吧　听吧

兄弟姐妹们

黑夜已经走到了末路

晨鸡已经叫唤了

黑暗开始从东方总崩溃

那祖国的土地上

已吹起了黎明的信号

看吧　看吧

看光明要泛滥了东方

让我们行进吧

兄弟姐妹们

向海洋　天空　大地前进吧

把那同志流血的地方

变成新主义的花园

把那人民受难的地方

播种自由和幸福

去啊　去啊

黎明的光芒万丈

照耀在我们进军的道路上

兄弟们　姐妹们去啊

（原载重庆《新华日报》1945年9月3日）

八 年

作者 严 辰

八年了，

那野蛮的法西斯侵略者，

在我们广大而美丽的土地上，

奴役着

凌辱着

残杀着，

撒播着毁灭和死亡的种子。

八年了，

我们咬紧牙根，

拼着充满愤恨的血肉之躯，

反抗着

战斗着

牺牲着，

在复仇和生存的热望里面。

八年——

这是一段漫长的、漫长的时间！

它每一分钟都用血来涂写，

每一秒钟都留下了悲壮的烙印。

呵，这些可歌可泣的日子，

我们永远不会忘记，

也永远不应该忘记!

八年了!

然而,

被征服的不是我们,

不是我们善良而正直的中国人民;

像堤埂挡不住的潮水,

我们却激起了更大的怒吼。

毁灭的是他——

是那日本法西斯,

那吸血的军阀、财阀、官僚政客,

和所有侵略的刽子手,

和民族叛逆——汉奸帮凶们……

让那些蛆虫来不及忏悔吧,

让他们在真理和正义面前发抖,

让他们在中国的、日本的、全世界的人民

面前跪下去吧!

而我们的法律是:

把他们坚决、彻底、干净地全部消灭。

(原载《新华日报》1945年9月4日)

人民的狂欢节①

作者 艾 青

"日本无条件投降了！"

消息像闪电

划过黑夜的天空

人们从各个角落涌出

向街上奔走

向广场奔走

"日本投降了！"

没有话比这

更动人

更美丽！

有人在点燃火把

有人在传递火把

有人举着火把来

拿着火把的都出发了

一个、两个、三个、四个……

愈来愈多了……

愈来愈多了……

什么地方在不停地敲着钟，

---

① 王季平主编：《八·一五这一天》，北京：光明日报出版社1985年版，第477—480页。

钟声向世界宣告：

"正义胜利了！"

"伟大的人民胜利了！"

"苦难的人民胜利了！"

快乐的锣鼓响了……

人群，到处都是人群

感激传染着感激，

欢喜传染着欢喜；

个个都挺着胸脯。

高高地举着火把，

跟随锣鼓队

拥向街市……

所有的门都打开，

迎接欢乐，

款待欢乐，

欢乐是今天夜晚最高贵的客人。

锣鼓的声音

直冲到天上……

连星星都要震下来了！

洋槐树都震得抖动了！

火把照耀着队伍，

锣鼓伴送着队伍，

队伍来到了空场，

队伍走成一个又厚又大的圆圈，

人人的脸映着火光，

人人的心像火把一样，

忧愁被锣鼓赶跑了!

阴影被火光吓退了!

锣鼓更响了

火把更亮了

天地合抱了

笑呀! 叫呀!

奔呀! 跳呀!

舞蹈呀!

拥抱呀!

没有人能抑制住自己的感情!

人人的心都像火把一样燃烧……

地壳在群众的脚下震动了!

这是伟大的狂欢节!

胜利的狂欢节!

解放的狂欢节!

这是中国人民

用眼泪换来的欢乐,

用血汗栽培的花朵,

这是毛泽东同志朱总司令

八路军新四军带给我们的幸福!

这是斯大林元帅

伟大红军带给我们的幸福!

这是人民和自由解放的婚礼!

男的个个是新郎,

女的个个是新娘!

告诉我:

什么夜晚

能比今天

更动人？

更美丽？

告诉我：

什么欢乐

能象今天夜晚

这样激动万人的心呢？？

1945年8月10日夜

（选自《解放日报》）

抗日战争胜利①

作者　谢觉哉

八月十五复仇节，
八月十五胜利天。
伏尸流血五千里，
卧薪尝胆一百年。
虎待全擒须扫穴，
鱼还未得莫忘荃。
拼将福祉贻孙子，
嘉岭山头看月圆。

1945年中秋

---

① 王季平主编：《八·一五这一天》，北京：光明日报出版社1985年版，第473页。

庆贺胜利诗二首①

作者 柳亚子

1945年8月10日夜电传倭寇乞降，12日补赋一首

殷雷爆竹沸渝城，长夜居然曙色明。

负重农工嗟力竭，贪天奸幸侈功成。

横流举世吾滋惧，义战能持国尚荣。

翘首东南新捷报，江淮子弟盼收京。

1945年9月3日为庆祝胜利日有作七迭城字韵

还我河山百二城，阴霾扫尽睹光明。

半生颠沛肠犹热，廿载艰虞志竟成。

团结和平群力瘁，富强康乐兆民荣。

嘤鸣求友真堪喜，抵掌雄谈意态京。

---

① 王季平主编：《八·一五这一天》，北京：光明日报出版社1985年版，第474—475页。

闻日本投降作付中华乐府（曲）①

于右任　撰曲

（一）万家爆竹通宵，人类祥光乍晓，万壶且试开怀抱，镜里髯翁渐老。

（二）金刚山上云埋，鸭绿江心浪摆，卢沟月暗长城坏，胡马嘶风数载。

（三）黄河水绕边墙，白帝云封绣壤，万灵效命全民向，大任开来继往。

（四）区区海峡波惊，莽莽红场月冷，兴亡转瞬归天命，不作降王系颈。

（五）谁弹捷克哀歌，谁纵波兰战火，诸姬尽矣巴黎破，两面鏖兵曰可。

（六）欧洲守望何人，群众哀号隐隐，海洋巨霸从今尽，来日之歌笑引。

（七）当年兵火流离，口渴谁来送水，渔人晒网樵夫睡，都是离宫废垒。

（八）高原木落天宽，故国风和日暖，等慈寺下歌声断，常使英雄泪满。

（九）至诚不外无私，真理方知有始，受降城下逢天使，大道之行在此。

---

① 江肇基编：《日本帝国的毁灭：纪日本投降始末》，昆明：扫荡报社1945年版。

（十）自由成长如何，大战方收战果，中华民族争相贺，王道干城是我。

民国三十四年九月十六日夜　右任

选自《南风》一卷六期

陈占彪著《三岛蜷伏　日月重光：抗战胜利受降现场》，生活·读书·新知三联书店，2015年版。

抗战胜利歌①

作者 贺敬之

东边天上出了虹，

四海五岳现红光，

胜利的日子来到了，

中国人民大解放，

我们是胜利者，

我们是主人，

到东北到华北，

进太原进北平，

我们快步向前进。

新光景从今就开始，

要我们马上走向前去，

敌人伪军快投降，

你不投降就消灭你。

我们是胜利者，

我们是主人，

到东北到华北，

到太原进北平，

我们快步向前进。

---

① 王季平主编：《八·一五这一天》，北京：光明日报出版社1985年版，第481—
482页。

今天我们就出发，

路上的娃娃们笑哈哈，

我们紧紧抱起他，

这是胜利呵，他解的下。

我们是胜利者，

我们是主人，

到东北到华北，

进太原进北平，

我们快步向前进。

沦陷区的人民欢迎我们，

大家相见拉住衣衿，

几年来的痛苦受够了，

今天见了救命的八路军。

我们是胜利者，

我们是主人，

到东北到华北

进太原进北平，

我们快步向前进。

反动派你别来想，

不让你再来把我们害，

新民主主义要实行，

人民的中国造起来。

我们是胜利者，

我们是主人，

到东北到华北，

进太原进北平，

我们快步向前进。

（选自《边区群众报》）

登台杂感

作者　梅兰芳

　　沉默了八年之后，如今又要登台了。读者诸君也许想象得到：对于一个演戏的人，尤其像我这样年龄的，八年的空白在生命史上是一宗怎样大的损失，这损失是永远无法补偿的。在过去这一段漫长的岁月中，我心如止水，留上胡子，咬紧牙关，平静而沉闷地生活着，一想到这个问题，我就觉得这战争使我老了许多。然而当胜利消息传来的时候，我高兴得再也沉不住气，我忽然觉得我反而年轻了。我的心一直向上飘，浑身充满了活力，不知从哪儿飞来了一种自信，我相信我永远不会老，正如我们长春不老的祖国一样。前两天承几位外籍记者先生光临，在谈话中问起我还想唱几年戏，我不禁脱口而出道："很多年，我还希望能演许多许多年呢！"

　　因为要演戏，近来我充满着活动的情结。吊嗓子，练身段，每天兴冲冲地忙着，这种心情，使我重温到在科班中初次登台时的旧梦，一方面是害怕，一方面是欢喜。那种兴奋竟是这样地吻合！八年了，长时间的荒废老是那么憋着，因为怕人听见，连吊吊嗓子的机会都没有。胜利后当我试向空气中送出第一句唱词的时候，那心情的愉快真是无可形容。我还能够唱，四十年的朝夕琢磨还没有完全忘记。可是也许玩意儿生疏了，观众能给我大量的包涵吗？我怎么能够满足观众对我的期望？

然而我知道，这一切大概不成问题。因为我这一次的登台，有一个更大的意义，这就是为了抗战的胜利。在抗战期间，我自己有一个决定：胜利以前我决不唱戏。胜利以后，我又有一个新的决定：必须把第一次登台的义务献给祖国，献给我们的政府。当时我想，假如政府还都的时候，有一个庆祝会，我愿意在举国欢腾声中献身舞台。现在我把这点热诚献给上海了，为了庆祝这都市的新生，我同样以无限的愉快去完成我的心愿。

我必须感谢一切关心我的全国人士。这几年来您们对我的鼓励太大了，您们提高了我的自尊心，加强了我对于民族的忠诚。请原谅我的率直，我对于政治同题向来没有什么心得。至于爱国心，我想每一个人都是有的吧？我自然不能例外。假如我在戏剧艺术上还有多少成就，那么这成就应该属于国家的，平时我有权利靠这点技艺来维持生活，来发展我的事业；可是在战时，在跟我们祖国站在敌对地位的场合底下，我没有权利随便丧失民族的尊严，这是我的一个简单的信念。也可以说是一个国民最低限度应有的信念。社会人士对我的奖饰，实在超过了我所可能承受的限度。《自由西报》的记者先生说我"一直实行着个人的抗战"，使我感激而且惭愧。

光荣属于我们贤明领袖，和艰苦卓绝的全国军民，只有他们，才配接受我们最大的敬礼。在这双重的国庆节，请让我以一片鼓舞欢忻，献上我对于民族的微末忠忱。

（原载上海《文汇报》1945年10月10日第二版）

首版后记
胜利者和失败者的心态

《胜利日》终于完稿，一场文字旅行之后，久久激荡的复杂心情渐渐得以平静。

22年前我开始研究日本史，有关抗战与日本这个主题的涉猎从未间断。按理说，写作这部《胜利日》的心态应该从容且平静。始料未及的是，动笔之时，不能自已的民族激情依然无法阻挡地从心中被唤醒。中华民族何其悲情，3500万死难的先辈是永远不能忘记的生命；中华民族又何其可敬，我们经受并最终将侵略者赶出了家园；那场残酷的战争，铭记着一个伟大民族的"苦难辉煌"！

写作这部书的过程充满了心灵考验。在我看来，一个历史学者的书写，既是以史家的严谨去还原历史现场，更要带着生命的温度，用清澈如水的文字，映现出历史现场中受难者的倒影。这是本书最想表达的理想，是将丰富的历史内容凝于一个"节日"的表达。

从"胜利日"的角度纪念抗战，展示其中胜利者和失败者的心态，以及他们度过了怎样的一天，这也可以说是一部时间缩短为"胜利日"的"断代史"，抑或"世界人民的心灵史"！

本书所涉人物众多，既包括身在延安及各个根据地的各界人士，又包括重庆上至国民政府、学者名流，下至普通百姓；既包括欧美国家的反应，又包括投降者复杂的心情，力求构成一种多棱的、立体的历史现场。书稿所涉史料庞杂，广泛参考了传记、日记、档案、画报、回忆录、报刊文摘、研究论文、专门史文献、网络资料等。诸多国内外学者的研究成果、历史见证者的回忆录、新闻记者对历史当事人的采访文章以及资深历史爱好者的网络公开资料等，都对本书的写作有很大帮助和启示——凡有引用，均在注释中注意标注，特此致谢！如有遗漏与不妥，还请谅解为盼！

2015年是中国人民抗日战争胜利70周年。我们重温这段历史，不是要延续仇恨。我们深切缅怀在那场战争中英勇献身的英烈和失去生命的同胞，乃是要汲取历史教训，防止悲剧重演：决不允许否认和歪曲侵略历史，决不允许日本军国主义卷土重来。同时，也是大声地宣告：世界正义者团结起来"共同奠定的'二战'胜利成果"，不容挑战！

正义必将战胜邪恶，真理必将战胜强权。我们不会忘记在争取民族独立、抗击侵略的各个战场上，千百万浴血奋战、流血牺牲的将士们，他们都是可歌可泣的民族英雄，值得国人永远纪念；我们也不会忘记给中华民族造成巨大伤害的"武装到牙齿"的侵略者，让我们面临了亡国的威胁。在纪念"抗战胜利日"的时候，铭记苦难，重温历史，也是珍爱和平、推动我们砥砺前行的一种力量！

安　平

2015年6月于沈阳文化路79号